高等师范院校学科教学（历史）专业丛书
丛书主编 徐彬

ZHONGXUE LISHI JIAOXUE SHEJI

中学历史教学设计

王德民 著

安徽师范大学出版社
·芜湖·

图书在版编目(CIP)数据

中学历史教学设计 / 王德民著.—芜湖:安徽师范大学出版社,2017.12(2024.7重印)
ISBN 978-7-5676-3320-9

Ⅰ.①中… Ⅱ.①王… Ⅲ.①中学历史课-教学设计 Ⅳ.①G633.512

中国版本图书馆CIP数据核字(2017)第284373号

中学历史教学设计 王德民 著

责任编辑:辛新新
装帧设计:任 彤
出版发行:安徽师范大学出版社
芜湖市九华南路189号安徽师范大学花津校区
网 址:http://www.ahnupress.com/
发 行 部:0553-3883578 5910327 5910310(传真)
印 刷:苏州市古得堡数码印刷有限公司
版 次:2017年12月第1版
印 次:2024年7月第10次印刷
规 格:710 mm × 1000 mm 1/16
印 张:15.5
字 数:270千字
书 号:ISBN 978-7-5676-3320-9
定 价:54.50元

前　言

2003年，我到安徽师范大学历史与社会学院任教，担任了本科生历史教育课程的主讲任务。时值历史新课程改革启动之际，各种新课程理论涌入历史学科教学领域，我相继将新课程改革理念融入历史教学，并尽可能探索凸显学科特色、与实践紧密结合的教学设计理论。

2007年，我到华东师范大学课程与教学研究所攻读博士以后，进一步学习了学科教学设计的相关理论，尤其是接触到"教学设计理论与模型的国际前沿研究"系列译丛后，对教学设计有了更深入的认识。教学设计是集教育心理、教育技术、系统科学、课程论、教学论等多元理论于一体的综合性设计，其理论视野既宽泛融合，关注知识建构、意义协商、学习参与，又支持教学实践与有效教学目标的达成。在当前中国教育政策下，结合学科教学实践，我认为，历史教学设计更可能倾向于支持教学实践与有效教学目标的达成。彰显"形而下"的、实践性的教学设计理念，应该是历史教学设计关注的重点。事实上，在历史教育实践领域，高校历史教学设计课程的开设，也主要是在中观或微观层面阐述中学历史课堂教学的相关问题，旨在提高师范生的教育教学能力，增强师范教育的针对性和实用性，从而实现师范教育的培养目标。

本书立足于我国基础教育课程改革与中学历史教学实践，以提升历史课堂教学的有效性为主要目标，以教师可操作性为基本出发点，逐一探讨了历史课堂与核心素养、历史教学立意、历史课堂教学目标、历史教材分析与学情分析、历史教学重难点、历史教学流程与环节、历史教学方法与策略、历史故事与历史细节、史料选用、历史课堂环境、历史课堂教学评价与反思等基本问题。本书以教师"可教"的操作性为主线，与调动学生内在的主体性结合起来进行阐述，既与历史课程改革的时代精神相契合，又最大限度地彰显历史教学设计的实践理念。

本书既可用作高等师范院校历史教育专业教材，也可用作中学历史教师教育的培训用书。由于本书同时兼有个人专著性质，我的目标是，通过本书向读者提供对有关历史教学设计方面进行深入思考的空间，提供历史教学设计的理论聚焦点与实践“抓手”，以供读者迁移与拓展。

王德民

2017年11月

目　录

第一章　教学设计理论与历史课堂 ……001

一、何谓教学设计 ……001

二、教学设计的理论基础 ……003

三、优质课设计的操作性理解 ……004

（一）优质课是什么样子 ……005

（二）操作层面的优质课设计重点关注什么 ……006

四、历史课堂教学设计的基本要素 ……008

（一）历史学情分析 ……008

（二）历史教学目标 ……008

（三）历史教学内容 ……008

（四）历史教学方法与结构 ……009

（五）历史教学情境 ……009

（六）历史教学评价 ……010

五、历史优质课设计的操作性维度 ……010

（一）实践层面“一节好的历史课”的标准 ……010

（二）历史优质课设计的操作性维度 ……012

六、相关文件对历史教学设计的要求 ……018

（一）对课程标准的理解与把握 ……019

（二）对历史教材的理解与把握 ……020

（三）如何确定教学目标、形式与方法 ……021

（四）如何实施教学评价 ……022

第二章　历史课堂与历史核心素养 ……………………………………024

一、何谓历史核心素养 ……………………………………………………024
二、历史核心素养的构成要素 ……………………………………………026
三、历史核心素养与课堂教学过程 ………………………………………029
（一）时空观念、证据意识是历史知识习得的前提 ……………………029
（二）历史理解、历史解释是历史学科能力培养的基础 ………………030
（三）历史评判是理性反思、历史智慧生成的必要构成 ………………031
四、历史核心素养的操作性举例 …………………………………………032

第三章　历史教学立意的设计 …………………………………………037

一、何谓教学立意 …………………………………………………………037
（一）教学立意的概念溯源 ………………………………………………037
（二）教学立意的内涵辩证 ………………………………………………039
（三）教学立意与历史课堂其他要素的关系 ……………………………041
二、历史教学立意的特征 …………………………………………………044
（一）教学立意是深刻的，能够反映本课所涉及内容的历史真相 ……044
（二）教学立意是辩证的，能够贯通本课所涉及历史发展的前后
阶段 ……………………………………………………………………044
（三）教学立意是兼容的，能够整合本课所涉及的教材内容、方法和
策略 ……………………………………………………………………045
三、审视历史教学立意的标准 ……………………………………………046
（一）教学立意要聚焦，不要松散 ………………………………………046
（二）教学立意要具体，不要抽象 ………………………………………046
（三）教学立意要贯通，不要孤立 ………………………………………047
四、确立历史教学立意的策略 ……………………………………………048
（一）从课程标准中挖掘教学立意 ………………………………………048
（二）从单元的各个课节主题中贯通教学立意 …………………………049
（三）基于教材提炼教学立意 ……………………………………………050
（四）基于学术成果引申教学立意 ………………………………………052
（五）基于史学特质拓展教学立意 ………………………………………053

五、历史教学立意设计的操作性举例 ……054

第四章　历史课堂教学目标的设计 ……060

一、何谓历史课堂教学目标 ……060
(一)从纵向层次审视历史课堂教学目标 ……060
(二)从横向维度审视历史课堂教学目标 ……062
二、确立历史课堂教学目标的维度 ……063
三、确立历史课堂教学目标的策略 ……065
(一)历史课堂教学目标设计的流程 ……065
(二)历史课堂教学目标的表述 ……066
四、如何依据教学立意设计课堂教学目标 ……069
(一)历史课堂教学目标与教学立意的关系 ……069
(二)依据教学立意进行教学目标的设计 ……070
五、历史课堂教学目标的认识误区及原因分析 ……071
六、历史课堂教学目标的操作性举例 ……076

第五章　历史教材分析与学情分析的设计 ……078

一、何谓历史教材 ……078
二、历史教科书的结构 ……080
(一)课文 ……080
(二)课文辅助部分 ……080
三、如何分析历史教材 ……081
(一)立足历史课程标准 ……081
(二)分析历史教材的基本内容与结构 ……082
(三)整合、重构历史教材内容 ……083
四、如何开发课程资源 ……084
五、何谓学情分析 ……084
六、学情分析的策略 ……085
(一)学情分析要与具体的教学内容相联系 ……086
(二)学情分析要做到具体化与细化 ……086
七、历史教材分析、学情分析设计的操作性举例 ……087

第六章　历史教学重点和难点的设计 ……089

一、何谓历史教学重点 ……089
二、确立历史教学重点的依据 ……090
（一）外在的可能性依据 ……090
（二）内在的根本性依据 ……092
三、突破历史教学重点的策略 ……094
（一）聚焦历史教学立意的内容指向 ……094
（二）落实与贯通历史课程标准的内容目标 ……098
四、何谓历史教学难点 ……103
五、历史教学难点的确定 ……104
六、突破历史教学难点的策略 ……106
（一）适时补充必要知识点 ……106
（二）巧妙设置认知冲突 ……107
（三）多维度设置情境体验 ……108
（四）适当设置价值观冲突 ……109
七、历史教学重难点设计的操作性举例 ……110

第七章　历史教学流程与环节的设计 ……113

一、何谓历史教学流程与环节 ……113
二、历史教学流程与环节的主要类型 ……115
（一）“传递—接受”类型 ……116
（二）“自学—指导”类型 ……116
（三）教学常规环节类型 ……117
（四）教学逻辑类型 ……117
三、历史教学逻辑的构建策略 ……118
（一）基于教材的知识逻辑构建教学逻辑 ……118
（二）基于学生的认知逻辑构建教学逻辑 ……120
（三）基于历史的认识逻辑构建教学逻辑 ……122
四、历史教学流程与环节的其他构成 ……125
（一）导课环节 ……126

(二)结课环节 ……127
(三)板书设计 ……128
五、历史教学流程与环节设计的操作性举例 ……132

第八章　历史教学方法与策略的设计 ……138

一、何谓历史教学方法 ……138
二、历史教学方法的类型及运用 ……139
(一)历史教学方法的类型 ……139
(二)历史教学方法的运用 ……140
三、历史教学方法的综合性选择 ……145
四、何谓历史教学策略 ……146
五、历史教学策略的主要特征与运用 ……148
(一)历史教学策略的主要特征 ……148
(二)历史教学策略的运用 ……149
六、合作学习策略的有效实施 ……149
(一)合作学习要有明确目标 ……150
(二)合作学习要有适当示范、指导 ……151
(三)合作学习要有协商、探讨与建构 ……152
(四)合作学习要有评价 ……153
七、历史教学方法与策略设计的操作性举例 ……155

第九章　历史故事与历史细节的设计 ……159

一、何谓历史故事 ……159
二、设计历史故事的准则 ……160
(一)隐含矛盾争议,创设认知冲突 ……160
(二)蕴含批判价值,培养批判性思维 ……161
(三)生动、求真亦求精简 ……162
三、设计历史故事的策略 ……163
(一)揭示历史因素,用故事拓展事件原因 ……163
(二)再现历史场景,用故事“神入”历史人物 ……164
(三)渲染历史背景,用故事补充教学逻辑 ……166

(四)深化历史联系,用故事贯通重要概念 ……167
四、何谓历史细节 ……169
五、设计历史细节的准则 ……171
(一)历史细节要真实可信 ……171
(二)历史细节要典型,有针对性 ……171
(三)历史细节要有角度、聚焦点与参照标尺 ……172
六、设计历史细节的策略 ……173
(一)通过细节对比,创设认知悬念 ……173
(二)通过细节描述,渲染历史情境 ……173
(三)通过细节关注,聚焦历史特征 ……175
(四)通过细节凸显,体验历史智慧 ……175
(五)通过细节定格,深化历史主题 ……176
七、历史故事与历史细节设计的操作性举例 ……178

第十章　史料的选用与教学设计 ……182

一、何谓史料 ……182
二、史料的分类 ……183
三、如何辨析史料 ……184
四、如何选择史料 ……185
(一)选择可信度高的史料 ……185
(二)选择核心史料 ……186
五、如何运用史料 ……187
六、口述史料的价值与获取 ……189
(一)口述史料的价值 ……190
(二)口述史料的获取步骤 ……190
(三)口述史料的获取准则 ……191
(四)口述史料的成果制作 ……192
七、史料教学与学生的证据素养 ……192
八、史料选用的操作性举例 ……198

第十一章　历史课堂环境的设计……203
一、何谓历史课堂环境……203
二、历史课堂环境的构成要素……204
（一）物理环境……204
（二）常规性心理环境……205
（三）基于学科特征的历史情境……206
三、创设历史课堂环境的策略……206
（一）创设良好的常规性物理环境……206
（二）课堂教学中正向、积极教学气氛的设计……207
（三）预设课堂教学活动中即时情境的调控……207
（四）对课堂教学活动内容的预设与调整……208
四、构建历史情境的手段与途径……209
（一）借助多媒体手段构建历史情境……209
（二）通过设置问题构建历史情境……209
（三）通过挖掘热点构建历史情境……210
（四）通过开展活动构建历史情境……210
五、历史课堂环境设计的操作性举例……215

第十二章　历史课堂教学评价与反思的设计……218
一、何谓历史课堂教学评价……218
二、历史课堂教学评价的类型……220
（一）依据评价性质的分类……220
（二）依据评价主体的分类……221
三、历史课堂教学评价的基本要素和方法……222
（一）历史课堂教学评价的基本要素……222
（二）历史课堂教学评价的主要方法——课堂听课……224
四、历史课堂教学评价的设计……226
五、何谓历史教学反思……226
六、历史教学反思的类型……227
七、历史教学反思的维度……229

八、历史教学反思的操作性举例 ……………………………………231

主要参考文献 ……………………………………………………234

一、一般教育理论书目 …………………………………………234

二、历史教育理论书目 …………………………………………235

第一章　教学设计理论与历史课堂

若将历史课堂视作一个系统，历史课堂的教学活动就需要规范性设计理论，其中教学设计理论对历史课堂是非常重要的。

一、何谓教学设计

教学设计作为舶来品，于20世纪80年代由欧美国家传入我国。对"教学设计"的理解，中外学者有着不同的界定。典型观点列举如下：

（1）教学设计是支持学习者的学习过程，具有如下五点基本假设:①目的是帮助个体学习；②由多阶段构成，既有即时的，也有长期的；③系统设计的教学能极大地影响个人的发展；④以系统的方式进行；⑤必须建立在人类如何学习知识上。①

（2）"教学设计有明确的教学目标，着眼于激发、促进、辅助学生的学习，并以帮助每个学生的学习为目的。"②

（3）"教学设计是研究教学系统、教学过程和制订教学计划的系统方法。它以传播理论和学习理论为基础，应用系统的观点和方法，分析教学中的问题和需求，确定目标，建立解决问题的步骤，选择相应的教学策略和教学媒体，然后分析、评价其结果，使教学效果达到最优。"③

（4）教学设计，或称教学系统设计，是一种实施教学系统方法的具体的可操作的程序。它综合了教学过程中诸如教学目标、教学内容、教学对象、教学策

① 加涅.教学设计原理[M].皮连生，等译.上海：华东师范大学出版社，1999：1-21.

② 中华人民共和国国家教育委员会电化教育司.教学媒体与教学设计[M].北京：高等教育出版社，1990：181.

③ 中华人民共和国国家教育委员会电化教育司.教学媒体与教学设计[M].北京：高等教育出版社，1990：181.

略、教学媒体和教学评价等基本要素，将系统方法的设计过程加以模式化。①

(5)“教学设计是运用系统方法分析教学问题和确定教学目标，建立解决教学问题的策略方案、试行解决方案、评价试行结果和对方案进行修改的过程。”②

(6)教学设计是一种“旨在促进教学活动程序化，精确化和合理化的现代教学技术”③。

(7)教学设计是在一定的观点和方法指导下，依据现代教育理论和教师的经验，对教学活动进行规划和安排的一种操作的过程。④

(8)教学设计是指解决教学问题的系统方法。其目的是追求教学效果的最优化。教学设计包括分析、设计、制定/开发、实施、评价/修改教学问题解决方案的全过程，即应用系统方法对教学过程的诸要素、环节及其相互关系进行科学的分析、描述、计划或规定，为所需的教学活动制定具体可行、可操作性的程序或方案。⑤

可以看出，对教学设计的界定，学者们大致从教学设计的形态、教学设计的功能或揭示教学设计的本质等角度进行。概括而言，教学设计具有以下特征：

(1)教学设计以系统方法为指导，将组成教学过程的各要素视为相互影响、相互联系的有机系统，通过分析各教学要素及其内在问题与需求，确立教学顺序，以达到教学效果最优化。

(2)教学设计也可视为将教学原理转换成教学材料与教学活动的计划，它要遵循教学过程的基本准则，选择与确立教学目标，以解决教什么的问题。

(3)教学设计是以实现教学目标为指向的策略性、计划性活动，它以计划或规划安排的形式，对怎样达成教学目标进行创造性决策与规划，以解决怎样教的问题。

(4)教学设计是促进学习的创造性设计过程，它的功能在于运用系统方法设计教学过程，以最终提升学生的学习效果。

---

① 张祖忻，等.教学设计——基本原理与方法[M].上海：上海外语教育出版社，1992：24.

② 乌美娜.教学设计[M].北京：高等教育出版社，1994：11.

③ 鲍嵘.教学设计理性及其限制[J].教育评论，1998(3)：32.

④ 南国农，李运林.电化教育学[M].北京：高等教育出版社，1998：230.

⑤ 祝智庭，钟志贤.现代教育技术——促进多元智能发展[M].上海：华东师范大学出版社，2003：196.

二、教学设计的理论基础

教学设计作为系统性的、对教学活动的操作性规划与安排，旨在提升学生的学习效果，达到教学效果的最优化，由此也必然需要一定的理论支撑。关于教学设计的理论基础，教学理论界存在多种观点，可归纳为以下几种观点：

(1)“单基础”论，即认为教学设计的理论基础是认知学习理论，并强调主要是指加涅的认识学习理论。①

(2)“三基础”论，即认为教学设计是以学习理论、教学理论和传播学理论为基础。②

(3)“四基础”论，即认为教学设计理论基础包括四个组成部分，即系统论、学习理论、教学理论和传播学理论，并强调学习理论应当是四种理论中最重要的理论。③

(4)“五基础”论，即认为教学设计要以学习心理理论、现代教学理论、设计科学理论、系统理论和教育传播学理论为基础。④

(5)“六基础”论，即认为学习理论、传播学理论、视听理论、系统科学理论、认识论和教育哲学共同构成了教学设计的理论基础。⑤

以上观点所涉及的理论包括学习理论、传播学理论、系统理论、教学理论、设计科学理论、视听理论等。不过，从教师可操作的层面看，教学理论、学习理论、系统理论应该作为重点理论予以关注。这三个理论与教学设计所要考虑的几个基本要素密切相关。

教学理论奠基并催生了教学设计。与之紧密关联的理论首推巴班斯基的教学过程最优化理论，它把系统方法作为一般科学方法引入教学研究领域，将教学理论研究的重要范畴如教师、学生、目标、内容、形式、方法等作为基本要素置于系统之中，对其进行系统考察与研究，为教学设计的产生与发展提供了理论依据。教学理论中的其他理论思想，如斯金纳的程序教学理论、赞可夫的最近发展区理论、瓦根舍因的范例教学理论、布鲁纳的“引导—

① 李克东.多媒体组合优化教学设计的原理与方法[J].电化教育研究，1990(4)：18-24.

② 乌美娜.教学设计[M].北京：高等教育出版社，1994：12.

③ 何克抗.从信息时代的教育与培训看教学设计理论的新发展[J].中国电化教育，1998(11)：9-16.

④ 张筱兰.论教学设计[J].电化教育研究，1998(1)：24.

⑤ 冯学斌，万勇.教学设计的理论基础[J].电化教育研究，1998，19(1)：24-26.

发现法"教学理论、布鲁姆的目标分类理论等,都为教学设计提供了坚实的理论基础。

学习理论是教学设计的理论基础,教学设计需要以学生的学习为中心。学习理论回答的是教学活动中学生如何学的问题。比如,加涅的学习层级理论,将智慧技能的学习分为连锁、辨别、具体概念、定义概念、规则、高级规则六个层次,每个高一级的层次都以低一级的层次为基础。他将学习结果分为言语信息、智慧技能、认知策略、动作技能和态度五种类型,各种类型的学习条件是不同的。在他的学习结构模式中,明确地指出了认知策略同智慧技能的区别。[①]布鲁纳的发现学习,揭示了由例证到概念和规律的学习程序,其教学的外部条件是教师举出关于概念或规律的例证,内部条件是学生已掌握了相关的概念,学生的心理过程需要经过辨别、提出假设、检验假设和进行概括等几个必要阶段。

系统理论对教学设计的影响,主要体现为其相关的准则与原理。系统理论关注系统中的要素、结构及其功能状态。该理论认为,系统由许多要素构成,系统内部的各要素间的组织联系呈现出结构性,并在一定环境条件下对应着特定的功能与状态。教学设计要视整个教学活动为系统,弄清教学活动各要素的功能及其联系,揭示教学活动所外置的条件与变化。同时,系统理论还关注与之相关的作用机理,强调反馈、有序与整体,即强调系统要通过信息反馈才能实现交流与控制,教学活动要通过提问、作业、测试等方式反馈信息,以改进教学方法,因材施教,提高教学质量。

教学设计是对教学活动的规划与安排。从教师可操作的角度看,教学设计主要是为了完成特定的教学目标、提高教学效果,主要着眼于解决"如何教"的问题。此种教学设计也主要对应于我国实行班级授课制之绝大部分现实。

三、优质课设计的操作性理解

课堂教学活动需要设计。对教师而言,优质课教学会呈现出特定的样态,其实,实践性设计也会有多维度的操作要点与凭借。

① 邵瑞珍.学与教的心理学[M].上海:华东师范大学出版社,1990:101-103.

(一)优质课是什么样子

课堂既是现实的,又是错综复杂、多侧面的。课堂是一个微型社会,是社会大系统中具有特殊功能的一个小系统。在这个系统中,教师、学生和环境之间不断发生作用,常常也会产生不可回避的矛盾和冲突。他们之间的相互作用和相互影响促进课堂的不断变化和学生的不断发展。[①]从组织控制角度看,课堂是以教室为活动场所,通过师生之间的分工合作和职权、职责的制度化而有计划地协调师生活动,从而达到教育目标的一种组织系统。[②]通常意义上,课堂至少有三种主要的理解:第一种是指课堂教学的场所,即教室;第二种是指课堂教学,就是发生在教室里的教学活动;第三种是指课堂综合体,包括教学环境、教学活动、课程、师生关系等。[③]

课堂无疑是一个蕴含并交织着多要素、多层次、多结构的综合体。因此,对于如何提升、优化课堂教学质量,使之成为优质课,客观上又有着不同角度与着力点:

(1)课堂教学应被看作师生人生中一段重要的历程,是他们生命的有意义的构成部分。[④]

(2)课堂教学应该关注在成长中的人的整个生命。对智慧没有挑战性的课堂教学是不具有生成性的,没有生命气息的课堂教学也不具有生成性。从生命的高度来看,每一节课都是不可重复的激情与智慧综合生成的过程。[⑤]

(3)要重视师生的体验与感悟,加强师生的心灵对话,营造轻松和谐的课堂氛围,展现动态生成的课堂教学,建立充满信任和爱的师生关系,以此来实现课堂的生命意蕴。[⑥]

(4)优质课的标准,从学生角度来说,就是要看学生在课堂学习中自主的程度、合作的效度和探究的深度;从教师的角度来说,就是看教师在课堂中是否坚持了以学生发展为中心,是否依据课程标准施教,是否体现了人文性、综合性、

① 吴康宁.课堂教学社会学[M].南京:南京师范大学出版社,1999:3.

② 皮连生.学与教的心理学[M].上海:华东师范大学出版社,1997:332-333.

③ 王鉴.论课堂的历史形态及其变革[J].西北师大学报(社会科学版),2006,43(2):85-90.

④ 叶澜.让课堂焕发出生命活力——论中小学教学改革的深化[J].教育研究,1997,18(9):3-8.

⑤ 钟启泉,等.基础教育课程改革纲要(试行)解读[M].上海:华东师范大学出版社,2001:278.

⑥ 易红郡,尹湘鹏.从生命意蕴诠释课堂教学[J].贵州师范大学学报(社会科学版),2007(2):124-129.

开放性和实践性。[①]

(5)优质教学就是坚持三维目标整合的整体发展观,秉承注重思维过程、生活经验、开放建构和整体联系的知识观,倡导主动性、交往性、创新性和体验性学习的学习观,要求教师由传授者走向促进者,由拥有知识到拥有智慧。优质教学的核心是学生的优质发展,而促进学生的优质发展则需要优质的知识、优质的学习和优质的教师。[②]

(6)在课堂上,教师有效地将信息传递给学生,需要通过各种变化来实现,课堂变化是实现课堂教学优质、高效的重要条件之一。由于新课程教学的灵魂是创新,新课程下的课堂教学应是一个动态的、生成的过程,所以,只有创新教学方式,才能建设优质课。[③]

(7)充分利用优质教学资源,使得一堂课的各个教学环节达到最优化,并且各环节相互配合、相互促进以实施优质课教学,提高课堂授课质量和教学水平。[④]

(8)就一堂优质课教学的生成而言,虽然需要预设,需要把握基本的程序与环节,但更多地表现在动态性、连贯性、灵活性、调适性与创新性上。[⑤]

因此,优质课教学的构建可以有多种理解,在应然的层面上可以有多维度的理想塑造,在实然层面上亦对应着多角度的变通途径。

(二)操作层面的优质课设计重点关注什么

尽管理论上的优质课呈现出多姿绚烂的样态,但在实践层面上,大部分教师都会对有操作性凭借的、能够提供示范样例、可供模仿的指导心存感激。能够提供操作性凭借的指导首推教学设计,操作层面的优质课设计需要对教学设计做出深层反思。

在价值取向上,教学设计会呈现出三种样态:理性的、科学的教学设计观,艺术的、创造性的教学设计观,教学设计是理性与创造、科学与艺术的融合体。[⑥]完整的课堂教学设计,既包括课堂各构成因素的设计,又包括课堂整个系

---

① 牛学文.什么样的课是优质课[N].中国教育报,2006-08-18.

② 余文森.优质教学的教学论解读[J].教育研究,2007,28(4):66-72.

③ 张世善.普通高中课程改革的实践与思考[J].课程·教材·教法,2006(7):17-21.

④ 陈钥.高校实施优质教学初探[J].内蒙古师范大学学报(教育科学版),2006,19(3):73-75.

⑤ 明庆华,程斯辉.浅谈一堂优质课的生成[J].课程·教材·教法,2005(7):30.

⑥ 裴新宁.透视教学设计观[J].中国电化教育杂志,2003(7):18-20.

统的设计；既包括课堂静态（横断面）设计，又包括课堂动态（纵断面）设计。一般地看，教学设计常包含以下五个基本要素：教学任务及对象、教学目标、教学策略、教学过程、教学评价。对象、目标、策略、过程和评价五个基本要素相互联系、相互制约，构成了教学设计的总体框架。①

当然，教学设计的核心理论基础是学习理论，其理论前提在于关注学习环境。学习环境设计是一种非线性过程的设计，这种设计路线重视学习者学习的过程及其经验本身——课堂学习由教师展开设计，在课堂活动中不断地加以修正，借助反思复杂课堂事件的意义得以创造更有意义的经验。在这里，课堂学习的“设计—实践—反思”不是阶段性的过程，而是周而复始的循环往复的过程。②课堂学习可分为探索性学习与接受性学习。探索性学习需要以接受性学习为基础，才能进行更高层面的全新学习。③接受性学习是探究性学习的基础，探究性学习是对接受性学习的深化和继承，两者之间并没有严格的界限，很多情况下两者是相互交叉、相互融合的。④

从深层上看，学习设计的“主题”——在该教材中让学习者追求什么核心价值以及该“主题”具有怎样的发展性等，成为决定学习者在教学过程中学习质量的关键。在学习设计中仅次于“主题”的是“过程”的组织。无论怎样的“主题”，倘若不在丰富的探究与表达的“过程”中组织，那么，学习的经验是贫弱的。把学习者的学习经验作为一种认知性经验、社会性经验、伦理性经验加以丰富的“过程”，就是“设计”。⑤

从教师角度看，无论是对学习主题的设计，还是对学习过程的组织，都仍然不同程度地投射于教师的教学行为。教师需要将自己置身于真实的课堂场景中，将对课堂目标、内容、过程、方法、环境、评价等要素的理解，与学生的学习创造性相结合，设计出有效的教学方案，从而使教学设计的理性与创造、科学与艺术有机融合起来。虽然，“从课堂教学内容方面更可以清晰看到教师对课堂的主导控制，教师决定学习目标和学习内容，并且通过设计一连串的提问来引导学生达到学习目标。其实，与大多数的常态课相比，这些优质课教师的独白—

① 鲁献蓉.从传统教案走向现代教学设计——对新课程理念下的课堂教学设计的思考[J].课程·教材·教法，2004(7)：17-23.

② 钟启泉.学习环境设计：框架与课题[J].教育研究，2015，36(1)：113-121.

③ 杨文杰.探究性学习与接受性学习的有机结合[J].中国教育学刊，2013(A3)：65.

④ 雷震，张殷全，张建华.论探究性学习对接受性学习的继承性[J].教育探索，2005(5)：16-18.

⑤ 钟启泉.学习环境设计：框架与课题[J].教育研究，2015，36(1)：113-121.

控制时间是大大减少了”。①

四、历史课堂教学设计的基本要素

从上述教学设计理论看，教学设计通常考虑以下内容与步骤：确定教学目标，分析学生的个性特征与掌握知识程度，依据教学目标分析教学内容，确定教学活动进程，选择教学方法，设计教学环境，进行教学评价。由此，结合历史学科特点，从教师可操作的层面看，历史课堂教学设计的基本要素主要包括以下六个方面。

（一）历史学情分析

历史学情分析是历史课堂教学的起点。历史学情分析主要包括学生对历史知识的掌握水平、认知态度与心理发展能力等。学情分析还应包括学生在课堂教学中可能遇到的困难与问题。学情分析是为了完成教学目标而进行的，结合学情可考虑学生学习时的心理特征及遇到的困难是什么？根据学生心理特征考虑是什么原因造成了学生学习困难？学生的知识准备、迁移水平、思维能力等都可成为学情分析的重要内容。

（二）历史教学目标

历史课堂教学设计中对目标的阐述，能够体现教师对历史课程目标及内容的理解，是教师完成教学活动的指向与归宿。历史教学目标的阐述要以历史课程标准中的目标和要求为依据，参照学生的学习目标。历史教学目标的描述应当提供可观察与评价的行为样例，采用心理描述与行为描述相结合的方法，尽可能使历史教学目标具有可操作性与完备性。

（三）历史教学内容

教学内容是实现教学目标的最重要载体。教学设计中对历史教学内容的分析，不仅涉及历史教材，而且要进一步深化至对教学重点、难点的确立与把握。对于历史教材，不仅要注重对显性教材内容的理解，而且要重视对隐性教

① 丁朝蓬，刘亚萍，李洁．新课程改革优质课的教学现场样态：教与学的行为分析视角[J]．课程·教材·教法，2013(5)：52-62.

材内容的挖掘与利用，同时，还要关注学生对教材内容的认知和学习教材内容的心理。一方面，教师对教材内容应进行二次加工或再创造，对教学内容作尝试分析，另一方面，教师还要对课堂中可能发生的思维碰撞作尝试性预测，从而对教学内容做深入、综合性剖析。

从教学设计中教学内容的范围看，有相对的大、小结构之别。历史学科内容是一个大结构，但每册教材就是小结构。相对而言，教材内容是大结构，教材中的每个单元又是小结构。同样，单元内容与课堂教学内容相比，两者又存在大、小结构之分。在教学设计中，教师要有上述结构意识，将课堂教学内容置于单元、教材乃至学科内容结构之中去设计与构建。

（四）历史教学方法与结构

教有常规，教无定法。在历史教学设计中，对于多种教学方法，教师如何加以选择与确立？任何具体的教学方法都有它的特点、功能和适用范围，所谓“好的教学方法”实质上是一定条件下最适当的教学方法。历史教学方法的选择受各种课堂因素的制约，在教学设计中，教师可根据教学目标、教学内容、学生实际水平等具体情况进行合理的选择。

教学结构体现于课堂教学各个环节的相互联系，又内在地体现于课堂教学内容的逻辑关联。教学结构的设计需要适应学生学习的内在规律，并根据具体的教学目标、教学对象及教学内容，恰当地选择教学环节。对于课堂教学各环节的选择与组织，既要采取适宜的不同环节和类型，又要根据其内在逻辑关系作协调性“组装”，以确保教学结构中的诸环节衔接畅顺与自然。

（五）历史教学情境

历史教学情境是指从事历史学习的环境和条件，比如，为学生提供历史材料、学习工具以及人际交流方面的支持。教学设计要求真实的学习任务与现实条件相匹配，并为学生探究、发现、批判性探索提供更多情境化机会。对历史教学设计而言，构建教学情境很大程度上意味着对历史情境的模拟与创设。要尽可能建构性地获得历史知识，将历史学习置于相近的历史情境之中，并通过深入历史情境，为实现历史的“同情”与理解创设外部条件。

(六)历史教学评价

教学评价是课堂教学的必要部分,它既是教学活动本身,又为教学活动提供反馈。历史教学若要达到既定的教学目标,需要在常态的不断反馈、测评中得以实现。在历史课堂中,教师可通过观察、课堂提问、练习、测验等手段,及时了解学生的学习情况,取得反馈信息。在教学设计中,教师要围绕教学目标,对课堂中所要提的问题、习题、史料运用等都要进行精心设计。

五、历史优质课设计的操作性维度

历史优质课有自己的学科实践标准。对教师而言,如何设计一节历史优质课有主要的、可操作性的实践维度。

(一)实践层面"一节好的历史课"的标准

新课程改革以来,历史课堂实践已发生了深刻变化。因为此变化,评价"一节好的历史课"的标准也观点纷呈,维度各异,列举如下:

(1)是否符合历史课程标准的要求,是否正确处理了主体与主导的关系,是否把知识与能力、过程与方法、情感态度与价值观三维目标的关系处理得紧密融洽,是否运用了最有效的教学手段,是否发挥了自身的特长与优势,是否把过程性评价充分贯穿于教学过程之中。①

(2)学生在课堂上有学习兴趣,有发自内心或身临其境的情绪体验,能积极参与探究有价值的历史问题,并通过反思获得历史认识和历史智慧。②

(3)突出学科特征和学科目标,在创新教学时其立意要突出历史学科价值;落实新课程改革要求,在目标创新时重视"过程"与"结果"的平衡,便于课堂生成,创设学生发展的空间;结合学生的实际需求,在方法创新时追求"接受"与"探究"的平衡,促进学生的有效学习;结合教学内容需求,在过程创新时做好教师"主导"和学生"主体"的平衡;尊重学生个体需求,利用多元教学来兼顾学生

① 张显传.一堂优秀历史课的标准是什么[J].历史教学(中学版),2007(3):21-23.

② 周道贵.什么是一堂好的历史课——由我的中学时代历史课想到的[J].历史教学(中学版),2008(1):39-40.

"整体发展"与"个体成长"的需求。①

(4)一节值得称道的历史课其根本诉求就是"求真"。坚持以学生为本,坚持科学的探究与批判精神,在课堂上尽可能还原历史的本来面貌,就是一节历史课的真谛所在。教师应引导学生知道"历史是什么",明白"为什么研究历史",以促进他们习得并掌握历史概念及其体系,借此达成历史学科的三维目标。②

(5)一节好课,应具备"高远的主题立意""关节点的教学内容""有效度的史料""可探究的问题"这四个要素。需要有一条统领教学内容灵魂的主线,同时,要在这一主线的引领下,选取几个"关节点"内容进行支撑,演绎和佐证该主题的立意,这便于学生以此为据,深化对所学内容和主题立意的理解。"关节点"内容,需要以有效的史料进行铺陈和烘托,在呈现史料的基础上,要自然生出具有探究价值的"问题",这是激活学生思维能力的动力源。③

(6)形成正确的历史意识,对于中学生的历史学习十分关键,也是评价一节好的历史课的重要标准。④

(7)教学主线是否明了,学习方法能否活用,辨析能力是否体现,情感渗透是否自如。⑤

(8)将课程内容的选择作为评课的首要标准。一节课选择的内容决定了这节课可以训练的思维意识。⑥

(9)一节好的历史课包括:有效课堂是基于教学智慧的预设,有效课堂是重视教学情境的过程,有效课堂是追求教学效果的对话,有效课堂是重视教学实践的反思。而且,教学目标各要素要有机融合,教学情境创设合理,学生发展充分;教师引导恰当,信息交流渠道畅通,知识建构扎实,能力训练有效,预设、生成精彩。⑦

① 许春风.课堂教学要在创新中求平衡:谈"一节好的历史课"标准[J].历史教学(上半月刊),2012(12):16-18.

② 李稚勇.历史课唯有求真:论中学历史课的价值追求[J].历史教学(上半月刊),2013(11):3-9.

③ 马巧高,马晓云.构建"一节好课"的四个要素:以《美国1787年宪法》一课为例[J].历史教学(中学版),2013(12):22-27.

④ 朱煜.历史课要重视培养学生的历史意识:也谈"一节好的历史课"标准[J].历史教学(上半月刊),2014(2):20-25.

⑤ 朱可.拨动学生思想的琴弦——一堂好历史课的观察视角[J].历史教学(中学版),2014(3):21-27.

⑥ 任世江.浅谈评课的首要标准及历史思维能力分类目标[J].历史教学(中学版),2014(3):13-16.

⑦ 葛家梅.有效教学观下一节历史好课的实践智慧[J].历史教学(中学版),2014(4):37-42.

(10)从课堂教学语言角度来看,一节好的历史课应做到“浅出而不浅薄,通俗而不媚(庸)俗”。即教师应运用贴近现实生活和学生实际的观念和语言帮助学生解读历史,但应避免落入“浅薄化”和“媚(庸)俗化”的误区。①

(11)揭示历史真相、拓展教学内容、希望教师有自己的见解、提高学业成绩等,是学生对历史课的共同期待。②

(12)构成一节好的历史课的要素或许有很多,但基本要素是“故事”“学法”与“灵魂”。一节高中历史常态课,如果具备了这三个要素,应当就是好课了。③

上述涉及“一节好的历史课”的标准的观点中,主要谈及了历史学科价值、学科目标、教学立意、教学内容、教学主线、课程内容选择、课堂语言、教师素养、历史意识、历史智慧、史料、“故事”“学法”“灵魂”等概念,这些概念层次不一,内涵各异,都从不同层面、角度与历史课堂产生着强弱不一的影响或关联,它们也构成了如何多元地看待“一节好的历史课”的实践性标准。

(二)历史优质课设计的操作性维度

虽然评判“一节好的历史课”的标准呈现出不同层次、不同视角的差异,但是,从教师日常授课所涉及的环节和要素看,一节优质的历史课的操作性标准主要体现于以下几个维度。④

1. 立意与目标

这是评判一节课通常所涉及的首要问题,通俗地讲,即一节课要“干什么”“达成什么”。换句话说,就是一节课要有一个主旨、中心,其具体体现就是教学立意。教学立意是基于课程目标与史学要旨的聚合与贯通。一节好的历史课,其教学立意至少具有以下特征:

(1)在课程维度上能对本课目标进行聚合与凝练。教学立意源于课程目标,这也是教学设计需要遵循的基本前提。不过,由于课程目标“略而疏”,与课堂教学目标存有一定落差,再加上课程目标是三维的,其“知识与能力”“过程与

① 胡欣红.浅出而不浅薄,通俗而不媚俗——从课堂教学语言视角谈“一堂好课的标准”兼与朱煜老师商榷[J].历史教学(上半月刊),2014(11):53-55.

② 李玉.从学生诉求看一堂好课的标准——以《抗日战争》为例[J].历史教学(上半月刊),2014(11):49-52.

③ 戴加平.好课三要素:故事、学法、灵魂——“一节好的历史课”标准之我见[J].历史教学(上半月刊),2014(11):46-48.

④ 王德民,赵玉洁.“一节好的历史课”标准的操作性维度探讨[J].历史教学(中学版),2014(8):59-63.

方法”“情感态度与价值观”目标在落实过程中易于离散，这就要求教学立意能对课堂教学目标进行聚合与凝练。比如，《鸦片战争》一课，课程标准中并不能找到具体的目标要求，只有相关的内容目标：“列举1840年至1900年间西方列强的侵华史实，概述中国军民反抗外来侵略斗争的事迹，体会中华民族英勇不屈的斗争精神。”在教学设计中，教师通常会依据教材内容，确立让学生“知道英国全球殖民扩张政策与锋芒”“理解鸦片走私及其对中国社会的危害”“了解虎门销烟、鸦片战争爆发及战争中清军爱国将士抗击英军的史实”“理解鸦片战争对中国社会的影响”“痛恨英国殖民者发动侵略战争”等目标。上述目标尽管具体，但显然较为分散，且浮于表面，倘若在教学中能揭示这是一场由处于农业文明国家的爱国将士英勇抗击渐已步入近代工业文明国家的殖民者的战争，事实上其教学立意就对上述目标做了提炼。

(2)在史学维度上能对本课内容进行聚焦与贯通。鉴于课程标准中以“模块—专题”方式确立其内容的目标要求，专题间的内容又常是跳跃、断裂的，这就会使课程目标所确定的教学内容在史学上并不连贯，进而会导致学生理解上的障碍。因此，一节好的历史课的教学立意还需对本课内容进行贯通。仍以《鸦片战争》一课为例，课程目标所强调的是西方列强的侵华史实以及中国军民抗击外来侵略的史实和精神，依据课程目标所确定的本课内容，通常只强调英国殖民侵略这一“外患”，对晚清王朝的“内腐”揭示不足。然而，作为高中必修课程的重要内容，鸦片战争是中国近代史的肇始与开端，晚清王朝的“内腐”恰恰是近代中国被动挨打的内在根源，一节好的历史课需揭示出这一内在根源，以奠定学生理解此后晚清王朝何以屡屡战败并何以屡屡被迫签订一系列不平等条约的认识基础。由此，其教学立意还需聚焦于晚清王朝的腐朽与愚昧，以贯通此历史阶段。

一节好的历史课，其教学目标也要具备上述特征，即它不仅能进一步凝练，而且能贯通本课内容所涉及的前后历史阶段。

2. 重点与难点

教学重点作为一节课内容的聚焦所在，是达成本课立意、目标的最重要内容依托。一节好的历史课，其教学重点应与本课立意、目标紧密相连。在教学实践中，倘若一节课的立意或目标不明确，其教学重点通常会发生偏离。比如，《从战时共产主义到斯大林模式》一课，课程标准要求“了解俄国国内战争后苏维埃政权面临的形势，认识战时共产主义政策向新经济政策转变的必要性”“列举‘斯大林模式’的主要表现，认识其在实践中的经验教训”。在这里，课程标准并没明确要认识“斯大林模式”哪些方面的经验教训。在课堂教学中，教师通常着重从政治、文化、社会等方面分析“斯大林模式”产生的必然性，揭示其弊端，主要包括分析斯大林的政治观点和个性以及其用政治手段结束新经济政策；分析俄罗斯民族的文化特点、社会传统，以此去揭示斯大林模式的文化与社会根源；分析斯大林模式时期苏联的肃反、民族大清洗、农民反抗等活动，以此说明斯大林模式的弊端。应该说，以上内容确实与斯大林模式有关联，也确实能多侧面地分析与揭示斯大林模式产生的原因及其弊端。不过，如果仔细分析，本课属于必修2经济史部分，其上、下专题分别为“罗斯福新政与资本主义运行机制的调节”“当今世界经济的全球化趋势”，本课应聚焦于经济领域的探讨，以上内容显然脱离了教学的重心。笔者以为，斯大林模式体现了落后国家如何走向现代化的一种探索与尝试，本课教学恰恰要揭示斯大林模式在经济领域里的经验教训，即作为经济体制的斯大林模式，其发展模式有何特点？一个处于经济和军事包围中的落后国家如何加快工业化、实施经济赶超战略？因此，本课教学就要着重于探讨斯大林模式的经济构成，揭示其经济运行机制及其优缺点，并以此进一步讨论其与罗斯福新政的异同、对新中国成立初期经济模式的影响、经验与得失，从经济方面探讨资本主义与社会主义相互间的既矛盾、对立又借鉴、统一的辩证关系，从深层次认识斯大林模式的经验教训。

教学重点有选择地确定了一节课的内容重心。不过，一节课内容的处理效果，很大程度上还依赖于对教学难点的突破。教学难点是一节课中教师“难教”、学生“难学”的内容。一节好的历史课，其教学难点的突破需遵循学生的认知规律。具体包括：能适时补充必要知识点，突破知识衔接之“难”；能巧妙设置认知冲突，突破知识理解之“难”；能多维度设置情境体验，突破过程感悟之“难”；能适当设置价值观冲突，突破情感体验之“难”。①以情感态度与价值观为例，鉴于情感体验属于较高层级的学习领域，不同类型学习的设计，其遵循的设计原理各有不同。“概念和原理的学习属于知识的建构，必须巧妙地设置认知冲突；技能的建构是操作的学习，必须有真实性的任务驱动；情感、意志的建构属于价值与审美观念的学习，必须设置价值观冲突并获得情感体验。”②因此，突破

① 王德民，郑菲．遵循学生认知规律突破教学难点的实践性认识[J]．中学历史教学参考，2014(1)：85-87.

② 桑新民．建构主义的历史、哲学、文化与教育解读[J]．全球教育展望，2005(4)：53.

情感体验之“难”,可适当设置价值观冲突。比如,学习《洋务运动》时,部分学生认为,李鸿章创办洋务成为中国近代工业的奠基人,是中国的“脊梁”;部分学生认为,李鸿章签订《马关条约》《辛丑条约》等,是“卖国贼”。其实,这两种情感都是片面的。在课堂教学中,教师倘若不适时予以辨析,学生会陷入情感体验之“难”。对此,教师可补充多元材料,让学生在阅读的基础上进行辩论,并适时引入价值观冲突问题,使其在辩论中理解、明白:李鸿章办洋务为晚清名臣,执外交为晚清忠臣,如果将晚清视为渐已沦落的“国贼”,那么,为这座“破屋”而殚精竭虑、建功卓著的“裱糊匠”当属“国贼”的“脊梁”。当然,在那个“千年剧变”的年代,各种关系错综复杂,即使同一作为,在某一方向上是极端反动的,而在另一方向上却可能是非常进步,甚至是开先河的。李鸿章在鼎力挽救清王朝免于崩溃的过程中,成为中国近代工业的奠基人物,但后者从属于前者:他是集政治顽冥和经济创新于一身的中国的“脊梁”——“国贼”的“脊梁”。如此,学生的情感体验之“难”如冰释然。

当然,一节课的教学难点可能疏密不均,与教学重点也并不完全重合。然而,对教学难点的处理效果,恰恰是从内容方面评判一节课是否能被学生承认、欣赏乃至强烈认同的重要维度。

3. 逻辑与方法

如果一节课的教学重点、难点构成了其评判标准的内容性维度,那么贯穿一节课的教学逻辑、方法则成为其评判标准的策略性维度。

教学逻辑反映着教学过程中的内容组织、环节、步骤间的关系建构,其内含的“转承”“过渡”等逻辑关系是否合理、理性,是课堂教学评鉴的重要维度。一节好的历史课,其教学逻辑可具有以下特点:其一,能超越教材的知识逻辑。教材是教学内容的根基,课堂教学是以教师、教材、学生三者为主的动态互动过程。不过,限于教材体例、篇幅等因素的制约,教材所呈现的知识逻辑是静态的,且不完满,并不适应教学过程的动态要求,这就需要以教材的知识逻辑为蓝本,对其进行合理性删减、补充、合并,以实现对教材知识逻辑的超越。其二,能顺应学生的认知逻辑。课堂教学以学生为旨归,认知逻辑是促使学生“能学”“会学”的关键要素。教学逻辑虽以调整教材的知识逻辑为起点,但鉴于学生的认知逻辑呈现出个体差异,教学逻辑还需围绕教学主题设计现实的、情景化的教学流程,尽可能弥合学生的个性化理解与人类规范化知识之间的差异,以顺应学生的认知逻辑。其三,能建构历史的理论逻辑。逻辑与历史相一致,既是理性思维的最高境界，也是教学逻辑的终极指向。逻辑要以客观历史为前提或基础，逻辑的起点要与历史的起点相一致，思维的逻辑体系要与其所反映的客观历史相统一。一节好课的教学逻辑恰恰能体现以上特点。以《空前严重的资本主义世界经济危机》一课为例，教材所呈现的内容：(1)虚假“繁荣”的幻灭；(2)危机席卷资本主义世界；(3)“自由放任”政策的失败。在这里，教材仅叙述了此次经济危机的概貌、各主要资本主义国家陷入经济危机以及自由主义经济政策的失败，但此次经济危机为何演变成了资本主义世界的空前危机？“自由放任”政策为何失灵？教材缺乏必要的逻辑论证。同时，鉴于学生对经济危机缺乏了解，教材的知识逻辑并不能顺应学生的认知逻辑，因此，本课的教学逻辑可调整为以下环节：

(1)感受“经济危机”。以图片、影视乃至故事展示：股票暴跌，银行倒闭；农业急剧萎缩，农民破产；工业生产大幅下降，工人失业。由上反映出：生产过剩的“困苦”与物质丰富的“饥饿”；主要资本主义国家相继出现经济衰退。

(2)拷问“经济危机”。①经济危机何以成为资本主义世界的空前危机？以史料解析、谈话法等方式，揭示一战后美国在资本主义世界经济中的特殊地位及其影响。②万能的“自由放任”政策何以失灵？以材料呈现、讨论法等方式，揭示美国早期自由主义经济发展及此政策下社会经济的供求失衡矛盾。

(3)反思“经济危机”。①经济危机能避免吗？呈现历次经济危机爆发的材料，从早期资本主义发展史入手，揭示经济危机爆发的根源。②如何看待经济危机？由此揭示经济危机是资本主义经济政策调整的节点，为此后“罗斯福新政”的实施奠定认识基础。

以上教学逻辑，先使学生直观、形象地了解“经济危机”，再概约、理性地探究“经济危机”，顺应了学生由具象到抽象的认知逻辑。同时，还调整、完善了教材的知识逻辑：从一战后欧洲经济对美国严重依赖、美国一家独大的角度，揭示了此次经济危机必然席卷欧洲并波及世界的趋势；通过“经济危机”所呈现出的产能大量过剩、有效需求严重不足，揭示了“自由放任”政策的失败。最后，以早期资本主义发展历程为线索，揭示了从最早的经济危机产生到此次经济危机爆发的特点;以早期自由主义经济发展史,揭示了美国“自由放任”政策的由来。由此,“历史与逻辑相一致”地探究了此次“经济危机”爆发的原因。

教学方法是为达成教学目标、实施教学内容所采取的方式与手段,诸如讲授法、谈话法、讨论法、图示法等。教学方法本身并无好坏之分,其评判标准只看它与内容、所要达成目标的匹配度。一节好的历史课,其教学方法必然契合、适配于此课的内容和目标。仍以《空前严重的资本主义世界经济危机》一课为例,本课目标是以美国为例,让学生感受、了解20世纪30年代资本主义世界的经济危机,探究这场危机爆发的原因,为此后“罗斯福新政”“战后资本主义的新变化”等课程内容奠定认识基础。本课先采用图示、影视等直观教学方法,使学生初步获得经济危机的具体印象,再以史料解析、谈话法、讨论法等方法,探究“自由放任”政策的失灵、此次“经济危机”爆发的原因及影响,最后以史料归纳、问题探究等方式,进一步反思经济危机产生的本质及作用。以上方法既适合于各环节所呈现的内容,又便于达成本课目标。

4. 故事与细节

故事既是历史课堂教学的重要手段,又是历史课堂教学的重要内容。从本质上讲,故事本身可被赋予历史意义,是人们把握历史的一种方式。“百家讲坛”喜欢讲故事,其原因之一,不只在于人们乐于“听故事”,更为重要的是,故事本身就反映着所讲的那段跌宕、复杂的历史。以此而言,一节好的历史课不仅可以将故事作为课堂教学的重要补充,从整体来说,更可以将一节课视作一个“大故事”。以《改革开放》一课为例,可将此课设计为:“万书记奇遇:母女一条破裤子”“小岗村密约”“深圳的诞生”“走向全世界:发展才是硬道理”“时代的印记:流行语中的心声”五个层层递进、紧密相连的故事,以故事的形式来呈现改革开放的背景、农村为什么改革、怎么改革以及城市为什么开放、怎么开放等关键内容,整节课都可设计成关于“改革开放”的“大故事”。

细节是故事的“浓缩”与提炼。在课堂教学中,它不仅是课堂关注的兴奋点,是学生感知中的感知,更为本质的是,它能聚焦、穿透史实,于史实表象中把握历史本质。一节好的历史课不仅需要有史料、故事作铺陈与支撑,更可从中精选细节,以促生课堂的精彩。比如,《新文化运动》一课,要让学生理解北京大学“兼容并包,办学自由”的思想,可选取以下图片(见图1-1)。

图1-1 北大钟声

以上图片可供观察的内容很多,但若提示学生关注以下细节:(1)图片中人物的衣着(长袍马褂、西装革履、中式套装等);(2)图片中人物的思想(辜鸿铭:传统保守;陈独秀:激进开放;刘师培:亦古亦新)。如此,可从其“趋新”与“抱古”的衣着、“激进”与“保守”的思想,感受新文化运动时期北京大学“兼容并包”的博大气度,进而可使学生更深入地理解北京大学何以能成为新文化运动的主要活动基地。

以上,探讨了一节课通常所涉及的立意与目标、重点与难点、逻辑与方法、故事与细节,这些都属于课堂教学的操作性维度。在教学实践中,倘若能有效整合上述维度,一节课的教学价值自会体现其中:既可确保课程内容的“史真”与“历史味”,又可培养学生的历史意识与思维能力。对教师而言,如何协调与统合上述操作性维度,能进一步体现教师自身的专业素养与实践智慧。

六、相关文件对历史教学设计的要求

《中小学和幼儿园教师资格考试标准及大纲(试行)》初中和高中部分规定:了解分析学生学习需求的基本方法,能根据学生已有的知识水平和学习经验,准确说明所选内容与学生已学知识的联系;了解学习内容的选择与分析学生特点的基本方法,能根据学生的认知特征和课程标准的要求确定教学目标、教学重点和难点;掌握教案设计的要求、方法和技巧,能恰当地描述教学目标,选择适当的教学方法,合理安排教学过程和教学内容,在规定的时间内完成所选教学内容的教案设计。

《中学教师资格考试面试大纲》规定:了解课程的目标和要求,准确把握教学内容;根据教学内容和课程标准的要求确定教学目标、教学重点和难点;教学设计要体现学生的主体性,因材施教,选择合适的教学形式与方法。并规定在教学实施过程中注重对学生进行评价,能客观评价自己的教学效果。

综合以上文件要求,若要做好教学设计,教师至少需要理解以下方面的内容。

(一)对课程标准的理解与把握

课程标准是国家设置学校课程的基本的纲领性文件,是国家对基础教育课程的基本规范和质量要求。它是教材编写、教学、评估和考试命题的依据,是国家管理和评价课程的基础。课程标准是教材、教学和评价的出发点和归宿。由于课程标准规定的是国家对国民在某方面或某领域的基本素质要求,它对教材编写、教学和评价都具有重要指导意义。无论教材、教学还是评价,出发点都是为了课程标准中所规定的那些国民素质的培养,最终的落脚点也都是这些基本素质要求。

历史课程标准主要包括前言、课程目标、内容标准、实施建议等部分。历史课程标准的前言,主要说明本标准制定的背景、课程性质或课程功能以及标准、设计的基本思路。历史课程标准的课程目标,主要从三维目标或核心素养,按照国家教育规划纲要及素质教育要求,来阐述本门课程的总体目标。内容标准则是结合上述的课程目标,结合具体的课程内容,用尽可能清晰的行为动词来阐述。就内容标准的呈现方式来看,主要是对内容标准本体的描述,其特点是:使用行为动词;每条标准分有层次;整合必要的知识、技能与态度要素或核心素养;内容是具体的而非抽象的。历史课程标准的实施建议,主要包括教与学的建议、评价建议、课程资源的开发与利用建议以及教材编写建议等。这些建议都是指导性的,而非指令性的。另外,在易误解的地方或陈述新出现的重要内容时,提供适当的典型性的案例,教师据此可以将其作为一种范例,作为理解内容标准的凭借与“把手”。

历史课程标准不仅从总体上对本学段的目标做了概述，而且还在“内容标准”部分呈现了具体的板块（模块）目标以及各板块（模块）学习要点的内容目标。板块（模块）目标是较为具体的，是针对不同板块（模块）内容的学习要求；内容目标则是各板块（模块）内的、从属于学习要点的目标，是针对某一学习要点的指标要求。它们代表了课程目标针对不同学段、不同具体内容的要求，呈现出由总到分、由抽象到具体的层级性特点，为不同时段教学活动的进行提供了依据和参照。

在教学设计中，教师需要推敲内容标准中的板块（模块）以及主题（专题）内容要求，并具体地深入理解所讲内容所对应的内容标准中的学习要点，在深刻理解课程标准的基础上，对内容标准中的相关学习要点进行解构，再在具体的教学情境中，结合教材的内容，形成课堂教学目标。“基于课程标准的教学要求教师‘像专家一样’整体地思考标准、教材、教学与评价的一致性，并在自己的专业权力范围内做出正确的课程决定。”[①]

（二）对历史教材的理解与把握

历史教材，又称历史教科书（狭义），是指以文字和图形等语言符号形式反映一定的历史课程内容的教学用书，它是历史课程内容直接的物质载体。历史教材是师生历史教学活动的中介，是教师实现教学目标的工具和跳板。

在教学设计中，在理解课程标准的前提下，教师要钻研教材，尽可能地将所涉及的教学材料，包括教科书、教学参考书、练习册等浏览一遍，然后以教科书为中心加以综合地分析，搞清教科书内容的内在联系。一是，研究课文内容在整个课题中的地位，在整册教科书以至整个历史教学体系中的位置；二是，首先，研究课文内容要点之间的内在逻辑联系，理清脉络，弄清教材思路。例如，秦末农民战争是初中阶段中国历史教材的重点，它包括很多内容，教师就要研究各部分内容之间的联系，找出带有根本性、关键性的问题：(1)秦末为什么会爆发全国性的农民战争？(2)起义军为什么能够势如破竹、一直打到咸阳附近？(3)规模如此之大的陈胜、吴广起义为什么很快失败了？(4)秦朝终于被推翻说明了什么问题？其次，要深入地分析教科书内容的多重价值，挖掘历史内容的认知价值和情感价值，揭示教科书内容背后所蕴含的思想、观点和方法，设计丰

① 崔允漷.课程实施的新取向：基于课程标准的教学[J].教育研究，2009，30(1)：76.

富多彩的学习情境和探究活动。三是，要重视使用教科书提供的素材和例子，教科书是教材系统中的最主要教材，从教科书中寻找教学素材和例子对于教师来说是最为方便也是最为有效的方法。当然，更为重要的是，要根据学生实际情况合理调整教科书的结构体系，教师要在深入理解和全面把握教科书编写体系的基础上，根据所教学生的实际情况，合理调整教材体系，形成自己的教学思路，真正做到"用教材教"而不是"教教材"。

（三）如何确定教学目标、形式与方法

在教学设计中，基于课程标准与教材，确定教学目标时还要注意：要深入分析教材，不仅要掌握教材的深度和广度，还要研究教材的编写意图，使教学目标更切合教学内容；教学目标的制定，要坚持学生的量力性原则，不能脱离学生实际而定得过高或过低；教学目标要突出重点；教学目标的表述要简练明确。

课堂教学目标、教学内容确定后，教师要进而考虑此节课将用哪些教学手段或方法。教无定法，教学有规。面对多种多样的教学方法与形式，哪些是教学设计中应优先考虑的？这些都需要根据具体因素加以确定。一般来说，选择历史教学的形式与方法时，需要考虑的主要依据有以下几点：(1)历史教学的具体目标。不同的历史教学目标，需要不同的教学方法与形式来实现。掌握历史知识，宜选择讲授法、阅读法等；发展能力，宜选择讨论法；陶冶个性，宜选择参观法、欣赏法等。(2)历史教学内容。内容决定方法，不同内容需要不同的方法。(3)学生的身心发展状况和年龄特征。如在低年级，主要采用谈话法、讲述法；在高年级，宜采用讨论法。(4)教师自身的素养。任何教学方法都是"死"的，只有教师能正确、准确和创造性地运用，才能成为活的教学方法。教师的素养总是一定的，并不是每一个教师都有能力使用好任何教学方法。有的教学方法很好，但教师缺乏必要的素养条件，自己驾驭不了，也不能在历史教学中产生良好效果。教师的某些特长、某些不足和运用某种方法的实际可能性，都是选择教学方法的重要依据。总之，教师选择教学方法要扬长避短。有的教师的口头表达能力强，可选用讲授法；有的教师口头表达能力弱，可选择演示法、讨论法等。(5)教学时间和效率的要求。好的教学方法，能在规定的时间内完成教学任务，实现教学目标，并能使教师教得轻松，学生学得愉快。

（四）如何实施教学评价

根据历史课程改革理念，历史课堂教学评价必须坚持以学生发展为本的教育理念，同时，也必须坚持以教师自身的专业发展为本。这就要求历史课堂教学评价需要关注教师、学生两方面的行为和变化。基于此，历史课堂教学评价的基本要素可从以下几个方面进行：

（1）教学目标。教学目标不仅是课堂教学活动的出发点和归宿，还是课堂教学评价的重要参照。在历史课堂教学中，要根据历史教学内容以及学生的历史知识水平，确定比较适宜的教学目标。教学目标的基本要求是要具备科学性、合理性、明确性以及可检测性。教学目标主要用来评价教师对一节课的历史教学是否体现历史课程目标的三个基本维度，即知识与能力、过程与方法、情感态度与价值观，是否体现历史课程对学生科学精神和人文精神的关怀。对学生而言，主要通过学生的课堂学习，评价学生的学习目标是否明确，是否具有合理性。

（2）教材处理。历史教材是根据历史课程标准编写的教学用书，它根据历史课程标准中的内容标准要点及要求，用文字的形式进行系统阐述，是历史课程标准的具体化。历史教材在历史课堂教学中具有重要作用，它不仅是学生学习历史的重要材料，也是教师从事历史教学工作的重要工具。教师要上好历史课，就必须钻研和真正吃透历史教材，精心组织和科学处理历史教材。在历史课堂教学中，教师不能把历史教材内容原封不动地搬到历史课堂上，而必须根据历史教学目标、学生的掌握知识情况以及认知特点，对历史教材进行合理地调整与处理，重新组织、科学安排教学程序，选择合理的教学方法，使历史教材能够发挥最佳作用。

（3）教学方法选择。教学方法是为了完成一定的教学目标，师生双方在教学活动中采用的手段或策略。当前的历史新课程改革非常强调培养学生的创新精神和实践能力，鼓励学生积极主动地参与历史教学，培养学生的自学能力。因此，教学方法的选择要做到的是，有利于学生学习的积极性、主动性的调动和主体地位的落实，有利于学生良好学习习惯的形成和学习能力的培养，有利于学生特长的充分发挥，有利于学生创新能力和实践能力的培养，有利于学生的全面发展。

（4）学法指导。指导学生掌握良好的学习方法是历史课堂教学的重要环节。对学生的学习方法进行指导，具体包括指导学生养成良好的学习历史的习惯，指导学生学会拟定学习历史的计划，指导学生掌握学习历史的方法，指导学生掌握查阅历史工具书与查找历史参考资料的方法等。

(5)教学过程。这里主要评价教师在历史课堂教学中，各个环节安排是否合理、科学，结构是否紧凑，层次脉络是否清晰；同时，各种课堂教学要素的组合是否有一个最佳的结合点，是否能以学生的学习为中心，通过创设富有情趣的教学情境来组织学生参与学习活动。

(6)现代教育技术。历史课堂教学中运用现代教育技术特别是历史多媒体教学，是历史教学发展的趋势。在历史课堂教学中，教师如果对现代教育技术能够操作熟练、运用适当，且教学效果良好，就应该给予充分的肯定。现代教育技术尤其是历史多媒体教学是历史课堂教学评价的重要方面。当然，这里的教育技术运用必须恰如其分，运用得当，而不是喧宾夺主，华而不实。

(7)师生互动。从某种角度上讲，历史课堂教学是一个互动的过程。教师能否充分调动学生的积极性，在发挥教师主导作用的同时突出学生的主体地位，反映了历史课堂教学中师生的配合默契程度。师生之间的相互合作程度高，对提高历史课堂教学质量和达成历史教学目标具有十分重要的作用。该要素被纳入历史课堂教学的评价体系中，主要评价教师能否充分调动学生的学习积极性，以提供给学生更多的参与机会，培养学生的主动参与、主动学习意识和主动探究精神。

(8)教师教学态度。教师教学态度反映了教师的敬业精神，反映了教师的职业道德水平，是教师素质的一个重要方面，也是体现历史课堂教学质量高低的重要参照。教师教学态度主要包括教师参与教学的激情、教师的教学准备、教师对学生的态度等方面的内容。

思考题：

(1)教学设计的理论基础有哪些？

(2)操作层面的优质课堂设计重点关注什么？

(3)历史课堂设计的基本要素有哪些？

(4)如何理解“一节好的历史课”的标准？

第二章　历史课堂与历史核心素养

在新一轮基础教育课程改革中，迎接历史课堂转型的挑战，难以绕过“历史核心素养”这一重要问题。历史核心素养指导、引领着中学历史课程教学的改革。没有历史核心素养，历史课堂改革就缺少了灵魂。

一、何谓历史核心素养

核心素养是课程改革深化的基点，它是基于终身学习理念、未来教育规划战略提出的。教育理论界对核心素养的主要观点如下：

（1）素养是个体在特定的情境下能成功地满足情境的复杂要求与挑战，它是在个体与情境的有效互动中生成的；素养与知识（或认知）、能力（或技能）、态度（或情意）等概念的不同在于，它强调知识、能力、态度的统整。①

（2）素养是指同职业上的实力和人生的成功直接相关的涵盖了社会技能与动机、人格特征在内的统整的能力。②

（3）基础教育界所称“核心素养”的内涵可以从三个层次上来把握：最底层的“双基指向”，以基础知识和基本技能为核心；中间层的“问题解决指向”，以解决问题过程中所获得的基本方法为核心；最上层的“科学（广义）思维指向”，指在系统的学习中通过体验、认识及内化等过程逐步形成的相对稳定的思考问题、解决问题的思维方法和价值观，实质上是初步得到的认识世界和改造世界的世界观和方法论。③

可以看出，核心素养关注学生个体在现在及未来社会中应该具备的关键能

---

① 柳夕浪.从“素质”到“核心素养”——关于“培养什么样的人”的进一步追问[J].教育科学研究，2014(3)：5-11.

② 钟启泉.基于核心素养的课程发展：挑战与课题[J].全球教育展望，2016(1)：3-25.

③ 李艺，钟柏昌.谈“核心素养”[J].教育研究，2015，36(9)：17-23.

力、知识技能、态度及情感，它一般被认为是关键能力与态度品质的综合。历史教育界结合历史学科特点，提出与历史核心素养相关的观点主要有以下几种：

（1）从历史素养与学科能力的关系出发，有论者将历史素养界定为：通过日常教化和自我积累而获得的历史知识、能力、意识、情感以及价值观的有机构成与综合反映。其所表现出来的是能够从历史和历史学的角度发现问题、思考问题及解决问题的富有个性的心理品质。①

（2）从历史学科素养与史学的关系出发，有论者通过解读史学研究过程，归纳了历史学科素养的基本构成："从研究动机的视角看，学术的历史学具有现实性。这决定了中学历史课程具有强烈的生活意识或现实意识。从研究抓手的视角看，史料是整个历史学研究的基础和操作对象。这决定了中学历史课程具有浓厚的证据意识。从研究过程的视角看，学术的历史学，是一个问题解决的过程，具有问题意识。学术的历史学，还是一个理解的过程，具有融合意识。史著等历史研究成果，可分为客观史实、历史叙事、历史认识和历史评价等四个层次，这决定了中学历史学科素养具有分层意识。"②

（3）从国际学生评估项目对学科素养的界定出发，有论者比较了中美历史教学的学科素养关注点的差异，将历史学科素养划分为学生对历史知识的理解、历史知识在新情境中的运用、对历史学科方法的反思、历史元认知的发展等维度。③

（4）从历史学科核心素养与高中历史教学实践的关系出发，有论者将历史学科核心素养界定为"中学生为适应现在生活及面对未来挑战，所应具备的核心历史知识、历史思维能力以及认同、尊重和融入历史的态度。"④其中，核心历史知识包括时间知识、空间知识、人物知识、史观知识；历史思维能力包括运用时空知识准确表达历史能力、历史理解能力、历史逻辑推理能力、历史解释能力；认同、尊重和融入历史的态度包括对自身的态度，对民族、国家和社会的态度，对世界各国和各民族的态度。

（5）从历史核心素养与历史学的关系出发，有论者论述了历史学作为历史核心素养的基本前提的局限，指出历史思维是历史学科核心素养的重要特征，

① 吴伟．历史学科能力与历史素养［J］．历史教学（中学版），2012（11）：3-8.

② 刘俊利．学术的历史学与中学历史学科素养［J］．教育研究与评论（中学教育教学版），2010（1）：22.

③ 王德民．中美历史教学的学科素养关注点差异分析与启示［J］．全球教育展望，2015（8）：123-128.

④ 张华中．基于实践的历史学科核心素养体系刍议：以普通高中为例［J］．历史教学（上半月刊），2015（9）：36.

并指出历史学科核心素养的重大功能在于认识自我。①

综合地看，历史教育界提出了历史素养、历史学科素养与历史核心素养三个概念，不同视角得出的界定各不相同。这里面既有语境、视角差异，又有关注主题的不同偏重。这其中，他们更多地将历史核心素养看成是历史知识、能力、意识及品质的有机统整与综合。

二、历史核心素养的构成要素

核心素养的阐释可以有多种角度，但应该承认，核心素养首先是一个政策性概念。“在讨论一个政策概念时，充分考虑概念的政策指向应是首要的角度。”②核心素养是针对全球化、信息化大背景下我国学生的创新精神与实践能力不足、社会责任感不强等问题提出的，其政策主旨仍在于立德树人这一教育根本任务的落实。目前，国家层面仍在讨论、修改学生发展核心素养体系，在高中课程标准修改过程中，各学科都在提出本学科的核心素养。历史课程作为学校教育人文课程的重要组成部分，其历史核心素养的构建至少需要依托以下支撑点：

（1）历史课程作为人文课程在落实立德树人这一教育根本任务中的作用。作为立德树人这一教育根本任务的“顶层设计”，我国学生的核心素养已大致确定为九大方面：社会责任、国家认同、国际理解；人文底蕴、科学精神、审美情趣；身心健康、学会学习、实践创新。历史核心素养作为学科层面的核心素养，其与“我国学生的核心素养”之间是局部与全局、特性与共性、具象与抽象的关系。换言之，“学校课程的学科之间拥有共性、个性与多样性的特征”③，历史课程要发挥自身学科的独特性，并尽量协调与其他学科间的共性，聚焦自身在落实立德树人这一教育根本任务中的作用。

（2）历史课程作为人文课程的学科思维特质。“立德树人”本质上是人的教育。“人的教育和课程强调的是对学生思想、人格、态度的培养。”④这里的“思想”并非简单指思想品德之思想，更指特定课程中所包含的学科核心思想或思维方

① 张汉林．从历史学谈历史学科的核心素养[J]．历史教学（上半月刊），2016(5)：14-18.

② 辛涛．学生发展核心素养研究应注意几个问题[J]．华东师范大学学报（教育科学版），2016(1)：6.

③ 钟启泉．核心素养的“核心”在哪里——核心素养研究的构图[N]．中国教育报，2015-4-1.

④ 李艺，钟柏昌．谈“核心素养”[J]．教育研究，2015(9)：19.

法。“任何学科的构成总是包含了知识、方法、价值观这三个层面的要素:其一,构成该学科的基础知识和基本概念的体系;其二,该学科的基础知识和基本概念体系背后的思考方式与行为方式;其三,该思考方式与行为方式背后的情感、态度和价值观。”[①]学科思维凝聚了学科特有的理解问题与解决问题的思维方式,以及其背后真善美之类的价值观与态度。历史课程作为人文课程,其学科思维更兼具人类的心智记忆、人性反省与对话。“精神及心智力量照亮的是它所处的现实处境;它所借助的是那些除了能在人的精神中存在以外别无所寄的过去;借助它而照亮现实。而只有记忆才使人们的精神心智能建立自己意识的形式及内容。”[②]依托历史学科思维,并在思维层面聚焦、提炼其培养学生内在品质的学科素养,是构建历史核心素养的重要支撑点。

(3)现行历史课程目标中的合理性成果。从实践操作的可能性看,构建历史核心素养并非纯粹的理论推演,而要有现实的成果积淀。现行历史课程目标中的三维目标划分,与历史核心素养有一定程度的重合。有学者认为,基础教育界所称“核心素养”的内涵可以从三个层次上来把握(前文已介绍)。这意味着,借鉴现行历史课程目标中的合理成分,包括中、美、英等国家的有益性成果,也是构建历史核心素养的重要支撑点。

依据上述构建支撑点,历史核心素养至少可遴选以下基本要素:

(1)时空观念。时间与空间是历史的两个最基本要素。历史性与时间性密切相关。“历史”的本质是“变迁”与发展,为了确切地显示人和物所发生的变迁,必须将这种变迁置于一种时间框架中,时间观念是感知、理解历史的首要认知性前提。但同时,时间观念又依附于空间观念,人类需要借助空间给时间定位,“时间和空间,不管它是存在,还只是人的思考中错觉的范畴,都是不可分割的统一体”[③]。时空观念既是学生认识过去、感知特定历史人物和事件的必要前提,又是理解历史变迁、把握历史与现实联系的认知依托。

(2)证据意识。史料是史学研究的基础,更是学生感受、确证历史的证据来源。在历史本体意义上,历史绝不是用叙述写成的,它总是用凭证或变成了凭证并被当作凭证使用的叙述写成的。[④]在学生的“认知世界”里,史料恰恰充当

① 钟启泉.新课程背景下学科教学的若干认识问题[J].教育发展研究,2008(C4):7.

② 德罗伊森.历史知识理论[M].胡昌智,译.北京:北京大学出版社,2006:10.

③ 汤因比,池田大作.展望二十一世纪[M].荀春生,等译.北京:国际文化出版公司,1985:341.

④ 何兆武.历史理论与史学理论:近现代西方史学著作选[M].北京:商务印书馆,1999:522.

着学生重构历史情境的证据。证据意识既要求学生懂得“用证据说话”，更要“一分证据说一分话”，即要能辨析史料真伪，能从不同类型史料中提取有效信息，能够辨清、理解史料作者的意图。证据意识不仅包含了必要的逻辑推理、分析与比较等能力，还蕴含着更深层的求真的科学精神与态度。

(3)历史理解。历史研究离不开人，这就涉及人的思想与心灵。“历史的知识是关于心灵在过去曾经做过什么事的知识，同时它也是在重做这件事；过去的永存性就活动在现在之中。”[①]认识历史不仅要考证史料，辨别其真伪，更要赋予其意义与价值，由此需要历史理解。历史理解主要指向历史认识的内在心理过程，它要求学生能够依据可靠史料设身处地认识具体的史实，对历史人物、事件要有“同情的理解”，能够感悟和理解历史上的各种事件和人物，能够体现出尊重和理解他人、客观处理问题的态度。

(4)历史解释。历史解释与历史理解既有联系，又有区别。历史解释涵盖且超出历史理解。基于历史理解，历史解释更偏重指向历史意义的外在表达过程。参照卡西尔区分自然与人文现象为信号系统与符号存在的有关思想，历史意义在此不等于文字意义，而是要在历史的上下文中解读的实践和文化意义。[②]历史解释要求学生既能区分历史叙述中的史实与解释，能对所学内容中的历史结论做出分析，更能结合实践赋予历史问题以现实意义。

(5)历史评判。历史评判在其直接性上是对被评判的历史对象施加价值判断，即对某一历史时代、事件、人物的评价是以特定价值取向或价值倾向为依据的。历史评判涉及事实与价值，是事实判断与价值判断的辩证统一。历史评判更直接地映射了历史思维，历史思维包括历史意识，这需要及时的反复思考。它包含时间和变革的理性思维以及对过去、现在和未来三者之间的依赖性和独特性的识别。[③]某种程度上，历史评判也是一种自我反思性的、指向未来的思维。历史评判要求学生能依据一定价值观对史实做出判断，能分辨历史上的真伪、善恶、进步与倒退等，并能将对历史的认识延伸至对自身成长与社会现实的认识上，形成积极进步的世界观、人生观与价值观。

以上所遴选的历史核心素养的基本要素，对应并契合着其构建依据：时空

① 柯林武德.历史的观念[M].何兆武，张文杰，译.北京：商务印书馆，1997：307.

② 卡西尔.人论[M].甘阳，译.上海：上海译文出版社，1985：220.

③ 译自：DRAKE F D，NELSON L R.Engagement in teaching history：theory and practices for middle and secondary teachers[M].New York：Pearson Education，2005：55.

观念、证据意识外在地规定着探究历史的条件与方法，历史理解、历史解释与历史评判却内在地洞见着理解历史的人文精神与价值，两者统合于历史学既具实证又兼诠释的人文学科特质中。更进一步地，时空观念、证据意识所蕴含的求真态度与科学精神，历史理解、历史解释与历史评判所生发的人文关怀与社会责任（可具体细化为人生态度、民族情感、国家认同、世界意识等），都在不同层面具体地回应着“立德树人”教育的根本宗旨。从实践上看，时空观念、证据意识、历史理解、历史解释与历史评判等作为历史核心素养的基本要素，与美、英等国家的历史学科思维所界定的内含要素有一定程度的重合，也与现行历史课程目标的某些成分相近，有可借鉴的、可行的现实操作空间。

三、历史核心素养与课堂教学过程

课堂教学过程是促进学生发展的过程。从学生角度看，这种发展既包括历史知识的习得，也包括历史学科能力的实践运用，还涉及历史理性反思以及历史智慧的生成。历史核心素养与上述发展密切相关。

（一）时空观念、证据意识是历史知识习得的前提

历史知识不仅涉及人名、地点和事件，而且涉及年代、变化与延续、史料与证据、原因与结果等。学生对历史知识的习得，不仅需要顺应原有的时空认知结构，还需要内化新的时空认知结构。这些又可从人类整体与学生个体两个层面加以探讨。

从人类整体层面看，人类的时空观念与历史记忆相伴相生。人类最初的记忆对象是空间形象和空间位置关系。空间记忆的深化和抽象化便产生了时间记忆。人类个体的记忆是一种生活经验的整理，而人类群体的记忆则成为历史经验的延续。无论是个体还是群体，都是在生活经验和历史经验之上成长和发展起来的。由空间观念发展到时间观念的过程，就是人类心智成长发展的过程。①

从学生个体层面看，学生的心理时间具有分段性。过去时间和未来时间在心理结构上是对称的。时间总是从无限的“过去”经“现在”，向着无限的“未来”

① 汤因比，池田大作．展望二十一世纪［M］．北京：国际文化出版公司，1985：340－341．

去的。人们也倾向于把时间看成是从过去、经过现在到将来的连续体。[①]不仅如此,无论叙述历史事件,还是探讨历史人物,都离不开时空观念以及证据意识的基本支撑。"时空就是属于人的、社会的时空,只是在不同的讨论语境中表现出不同的社会规定性。……时空具有测度性(测度时空)和价值性(价值时空)的双重规定性。"[②]历史知识需要证据意识加以确证。历史知识还需要时空观念赋予认知秩序。有意义事件组成的时序表征具有空间特性,有意义事件构成的历史知识是通过内在的时空确认加以紧密联系的。现象学认为,我们具有利用视觉感知的内容,它奠定了空间显现的基础,空间显现是指各种确定的、在空间中这样或那样被安置的事物的显现。如果我们从所有超越的意指中抽象出来,并且把感知显现还原为被给予的原生内容,那么这些内容就产生出视觉领域的连续统一。现象学的素材是时间立义,是客观意义上的时间之物显现于其中的体验。从现象学角度看,给予我们的还有体验因素,它们奠定了时间立义本身的基础,这些体验因素也就是一种特殊时间性的立义内容。[③]借鉴现象学的上述观点,学生只有将曾经发生的历史事件(或出现的历史人物)赋予经验上的时空确认,才能习得意义性的、含有内在时空秩序的历史知识。

时空观念对于历史知识习得的重要性还在于,历史知识所指向的"过去"可以凭借时空观念变成"现在"的,也可以成为"将来"的。"当个体心灵面对历史之前,历史是自在的,而当个体心灵与历史发生交往行为时,个体心灵与历史这两个系统发生了主体间性关系,历史在个体心灵中成为确定的现实,而个体心灵则成为历史存在的方式,两者之间被相互确证。"[④]对学生而言,历史知识的习得正是借助于时空观念、于各种不同维度史料中去理解不同历史条件下人们的生存境遇和他们在其中的体验、感受,在历史延续的时空隧道中走进历史人物的心灵,进而使个人获得理解、体验与意义。

(二)历史理解、历史解释是历史学科能力培养的基础

从某种程度上讲,历史学科能力培养主要体现于历史知识于新情境中的迁移与运用。在这里,情境是基于历史理解的、依附于历史学科的"情境",是

① 阮昆良,黄希庭.时序表征的空间特性[J].心理科学,2013,36(3):739-742.

② 王林平,高云涌.时空二元论的理论困难及其解决出路——对国内有关马克思社会时空观研究的前提批判[J].哲学研究,2013(8):11.

③ 埃德蒙德·胡塞尔.内时间意识现象学[M].倪梁康,译.北京:商务印书馆,2017:40.

④ 张政文.历史的三种时间量度与三种理解范式[J].中国社会科学,2011(2):62.

镶嵌于具体的“问题”中或者成为激活掩埋于历史内容之中“问题”的外在条件。在历史课堂教学过程中，历史知识在新情境中的迁移与运用，更直接地体现于以史料为载体的和对历史人物、事件、制度等的历史理解、对话与解释中。

历史理解以时空观念和史料的确证为基础，在技术层面强调对史料严格的实证性研究，同时注重对历史语境的解读与复原，包括对文献或经他人加工过的史料所包含的信息的文本语境的复原；对过去发生的实际语境的复原；对文本作者的概念、理论或宏大理论框架与思想的复原。所有这些，都是在培养精神和意识层面所具有的跨越过去与现在的认识或理解的能力，也就是所谓的“同情的理解”。当然，史学中理想的历史理解，就是对历史语境的真了解。对历史学者而言，“所谓真了解者，必神游冥想，与立说之古人，处于同一境界，而对于其持论所以不得不如是之苦心孤诣，表一种之同情，始能批评其学说之是非得失，而无隔阂肤廓之论。”[①]在历史课堂中，虽没有史学研究要求的严格与精深，但强调学生对历史语境的深入把握与理解。

历史解释在某种程度上是历史理解的外在表达，是发掘历史意义、赋予史实以生命的认识方式。“根据历史作为过去、现在与未来的有意义的时间关联的观念，解释把纯粹的事实、史料批判的结果转变为历史事实，解释把经验证据转化为历史。”[②]在历史课堂教学过程中，学生不仅要基于史料发现与理解史实和现象，更要以史料为依托进行历史探究，对历史材料进行解读与组合，构建对历史的多元阐释。

无论历史理解，还是历史解释，都是学习者内化历史知识后的情境理解与运用，是培养历史学科能力的必要基础。

（三）历史评判是理性反思、历史智慧生成的必要构成

理性反思是智慧生成的必经环节，也是学生发展的高层级阶段。历史课堂教学不仅要求学生有扎实的知识，能够识别知识存在的不同形态，而且能够在不同的知识单元之间构建联系，以适应不同情境与运用的需要，同时，还需要对

---

① 陈寅恪.冯友兰中国哲学史上册审查报告[M].//陈美延.陈寅恪集·金明馆丛稿二编.北京：生活·读书·新知三联书店，2001：279.

② 约恩·吕森.历史秩序的失落[M].//汤因比，等.历史的话语：现代西方历史哲学译文集.桂林：广西师范大学出版社，2002：79.

所学内容进行理性反思与评判，以孕育、生成历史智慧。

历史评判内生于对历史理解与历史解释的理性反思。历史理解是理解者对历史对象的理解，理解者与理解对象二者都存在于特定的历史语境之中。学生作为理解者，既具有特定的历史时代条件和思想，又有各自独特的个体性，再加上具体历史事件有特定的时间和地点的特点，都综合地体现为一种“个别性”。这种“个别性”与现在、未来的意义关联，既需要理解主体的判断与概括，更需要其思维上的理性反思与评判。“历史及其意义体系随着个体的实践要求不断改变其自身，获取现实性，生成新的意义体系，这是因为主体间性与任何其他事物一样，也是历史中的产物，它的存在具有历史性。主体与历史意义体系在实践中循环往复，不断协调，这既是我们的思想生成、变化过程，也是自觉遵循主体间性、认识主体间性的过程。”①在历史课堂教学过程中，学生恰恰通过对历史内容理解与解释的再反思，使其思维能够超越现有的历史文本，使其思想更具有洞察性、延展性，更可能生成历史智慧。

四、历史核心素养的操作性举例

案例1：“历史解释”的问题设计

鸦片战争时，琦善派人探听了一些英国的情况，并据此写了一份奏折上报朝廷，言道：该国王已物故四年，并无子嗣，仅存一女，年未及笄，即为今之国王。该国有大族二十余家，皆其国之权臣，议事另有公所，只需伊等自行商榷，不受约束。揣其词意，或前此粤省烧毁之烟，其中即有各该权臣之物。……是固蛮夷之国，犬羊之性，初未知礼义廉耻，又安知群臣上下？且系年轻弱女，尚待择配，则国非其国，意本不在保兹疆土。而其国权奸之属，只知谋取私利，更不暇计其公家……故求索不专在通市。

——选自《琦善奏探询英国各情形折》

问题：

（1）根据上述材料，你认为琦善获得了哪些情报？

（2）你如何看待琦善的这份奏折？

① 陈新.论历史叙述中的理解与解释[J].史学理论研究，2000(2)：72.

案例分析：

本题的材料是鸦片战争时期琦善的奏折，“揣其词意”以前是琦善对所探听到的英国情况的叙述，“揣其词意”以后则是他的解释。这既是学生进行分析和评判的对象，同时又是分析与评判的依据。

就史料的性质来说，琦善的奏折直接反映了当时当事人的所见、所思、所想，因此是第一手史料。使用第一手史料，其好处在于：自然地将学生带入到特定的时空中。比如本题，学生很快就定位了鸦片战争、清政府、维多利亚时代，并进而联系到教科书中所述中国的国情、英国的政情等诸多方面的知识。

案例2：“历史理解”的教学实施设计①

设计1：林则徐的“庙堂之忧”

选取1838年林则徐禀呈道光皇帝的奏折，透视19世纪上半期中国因鸦片泛滥而面临的困境，奠定学生理解此后禁烟活动的基调：

材料1：当鸦片未盛行之时，吸食者不过害及其身，故杖徒已足蔽辜；迨流毒于天下，则为害甚巨，法当从严。若犹泄泄视之，是使数十年后，中原几无可以御敌之兵，且无可以充饷之银。

——引自《林则徐集》②

问题：

（1）林则徐是如何认识鸦片泛滥带给中国的影响的？

（2）林则徐的奏折中透露出他当时什么样的心境？

案例分析：

鸦片作为毒品的危害，学生是有所耳闻的，但是19世纪上半期如此大规模的鸦片泛滥竟将导致“中原几无可以御敌之兵，且无可以充饷之银”的境地，严峻的现实宛如一击重锤激荡着学生的心灵。林则徐铿锵有力的文字展示了有识之士的紧迫感和使命感。

① 郭阿男.“了解之同情”：以《鸦片战争》一课为例[J].历史教学（中学版），2015(3)：33-36.

② 林则徐.林则徐集·奏稿（中）[M].北京：中华书局，1965：601.

设计2:林则徐的"料敌之想"

1839年5月,林则徐抵粤,经过一番考察后,在禀呈给道光皇帝的奏折中如此描述他眼中的对手:

材料2:到省后察看夷情,外似桀骜,内实惟怯。

——引自《林则徐书简》[①]

材料3:况如茶叶大黄,外国所不可一日无也。中国若靳其利而不恤其害,则夷人何以为生?

材料4:即其(英国)船坚炮利,亦只能取胜于外洋,而不能施技于内港。

——引自《林则徐年谱》[②]

问题:

(1)林则徐认为英人"外似桀骜,内实惟怯"的原因是什么?

(2)林则徐称呼英方的用词和语气折射出他什么样的心态?

案例分析:

林则徐坚决的反问语气和带有鄙意的用词也很容易让学生联想到清朝统治者长期以来秉承的"天朝上国"思想。

设计3:林则徐的"时务之举"

出于"知己知彼"的思虑,自1839年5月抵粤至1840年11月被黜期间,林则徐除了考察英方的武力之外,还做出了其他方面的努力:

材料5:日日使人刺探西事,翻译西书,又购其新闻纸。

——引自《魏源集》[③]

材料6:林则徐先后组织编写关于西方的相关书籍:(1)《华事夷言》;(2)《澳门新闻纸》;(3)《澳门月报》;(4)《四洲志》。

——整理自《林则徐年谱》[④]

材料7:购西洋各国洋炮二百余位,增排两岸。

——引自《魏源集》[⑤]

① 林则徐.林则徐书简[M].福州:福建人民出版社,1985:49.
② 来新夏.林则徐年谱[M].上海:上海人民出版社,1981:296.
③ 魏源.魏源集(上)[M].北京:中华书局,1976:174.
④ 林则徐.林则徐集·奏稿(中)[M].北京:中华书局,1965:676.
⑤ 魏源.魏源集(上)[M].北京:中华书局,1976:174.

问题:

(1)林则徐为战争的胜利做了哪些准备?

(2)林则徐是如何认识英国对外政策的?

(3)林则徐对英国的态度比起初到南粤有何不同?

案例分析:

虽然林则徐思维中"天朝上国"的思想依旧存在,但是他在"器物"的层面觉察出天朝的落后和西方的先进,进行了学习西方坚船利炮的实践以图战胜英国,"师夷长技以制夷"的时代呼声已经浮现,还探究出以英国为首的西方国家正在世界范围内推行殖民扩张。林则徐态度的转变让中国和西方先进文明靠近许多,这也是鸦片战争带给中国的重要影响之一。

设计4:林则徐的"时势之限"

材料8:夷兵除枪炮之外,击刺步伐俱非所娴,而腿足裹缠,结束严密,屈伸皆所不便,若至岸上更无能为力,是其强非不可制了。

——引自《林则徐集》①

材料9:雇瓜皮小艇30只,上装干草、松明、蘸油麻片,配以十分之一二的火药。小艇的首尾,用5尺长的铁链连接,其一头拴七八寸长的大铁钉。交战时,水手半身在水,划桨而行以近敌。接敌后用大铁钉将小艇钉在敌舰舰体上,然后纵火燃烧。

——引自《天朝的崩溃》②

问题:

(1)林则徐的制敌之策是否有效?为什么?

(2)综合上述材料分析林则徐的思想有什么特点?

案例分析:

林则徐一方面致力于了解西方,学习西方的坚船利炮,另一方面又做出用"水手划桨""纵火燃烧"攻击英舰等不合时宜的决策。至此,学生的愤悱心态酝酿成熟,教师适时点破认识历史人物的方法:应该对历史人物存有"了解之同

① 林则徐.林则徐集·奏稿(中)[M].北京:中华书局,1965:676.

② 茅海建.天朝的崩溃[M].北京:三联书店,1995:137.

情”的态度，置历史人物于具体的历史时代和历史环境中，体会他们行为的来龙去脉，避免做出“超越历史”的分析或者评价。

材料10：海邦近事，得了且了，奚暇深考……

——引自《林则徐书简》[1]

同时，林则徐也记录了京城在签订《南京条约》后的变化：

材料11：议和之后，都门仍复恬嬉，大有雨过忘雷之意。海疆之事，转喉触讳，绝口不提，即茶坊酒肆之中，亦大书“免谈时事”四字，俨有诗书偶语之禁。

——引自《鸦片战争》

案例分析：

出示材料后，不待教师解释而学生自喻，对此段历史唏嘘不已。林则徐因为战事被贬而变得谨言慎行，之前主动接触和学习西方的行为终其一生未曾再现。既然连林氏都如此，那么战后的朝廷恢复“一片祥和”也就在所难免，《南京条约》被视为“万年和约”也就成了见怪不怪的事情。

思考题：

(1)如何理解历史核心素养？

(2)历史核心素养与历史课堂教学的关系如何？

(3)在历史教学设计中如何体现历史核心素养？

① 林则徐. 林则徐书简[M]. 福州：福建人民出版社，1985：49.

第三章　历史教学立意的设计

新课程实施以来，教学立意的有无、立意是否通连与高远，常被视为一节历史优质课的首要标志。有学者声称，现在评价一节高中课，首先看的就是教学立意。①更有很多学界同仁在全国性大赛、教学设计评比中倡议，教学立意要成为历史课堂教案、教学设计的首要栏目与选项。

事实上，教学立意在宏观上能够聚焦一节历史课的教育价值与视野，在微观上能够统摄教学内容的选择与组织，决定并整合与之相应的教学逻辑和方法，其重要性不言而喻。

一、何谓教学立意

（一）教学立意的概念溯源

20世纪80年代，上海特级教师包启昌提出"一堂课一个中心"。他认为，"中心"好像是个拎攀，一堂课一个中心使学生每堂课获得的知识是完整的一串，便于学生完整理解和牢固掌握。一堂课重点突出一个基本观点，便于贯彻思想的完整性。一堂课一个中心使教学内容的系统性增强，逻辑更加严密，有利于发展学生的思维。一堂课一个中心的先决条件是深入钻研大纲、教材，明确大纲要求，弄清概念和概念体系以及教材的中心材料，然后对整篇或整章的课时做有计划的安排。②在这里，包启昌着重强调使学生"每堂课获得的知识是完整的一串""思想的完整性"等。考虑到当时"唯教材""唯知识"的时代局限，这些观点已超越了局部的教材内容，可被视为教学立意的较早起源。

① 任世江.2011年高考新课程卷第41题的立意及对教学的启示[J].历史教学（中学版），2011(9)：49-51.

② 包启昌.一堂课一个中心[J].历史教学，1984(4)：45.

20世纪90年代，为更好地完成对教材内容的讲授，有教师认为，“确定一堂课的授课主题是很重要的。所谓的主题，实际也就是教材各部分内容其内在联系的结合点。课堂教学中主题的确立，就好比使整堂课的教学内容有了一个总纲。纲举目张，由这个主题来凝聚各部分的教学内容，使教材的各教学内容围绕着这个主题或深化、或拓宽。”①在此，他们提出了一堂课的授课“主题”。而特级教师孔繁刚从提升历史教学时代感的角度，认为“教材进入课堂只是教师讲课的一幅蓝图，实际教学还必须经过教师的再创造。其中，教学要求的制定、重点的选择、难点的突破、教学的设计、史实的补充、思维的训练、结论的评价，等等，也都有一个更直接的如何体现时代精神、面对现实、服务当代的问题。”②亦是从大致相同的视角，他评价当时初到上海的特级教师李惠军执教的公开课《法国大革命》，“将法国大革命置放在整个时代背景下去考察，非常大气。把史学研究最前沿的动态和思想融入课堂，体现了历史课的时代感和生命力。”③如此，将历史课赋予了特定的时代感主题。

一线教师范多宝为增强历史课堂的生命力，认为要给历史课以“灵魂”。这个“灵魂”，“是教师在潜心钻研教材的基础上形成，在课堂教学中体现出来的一种深层次的理性认识。它是对蕴含在纷繁复杂的历史事件和现象中的本质和规律的发掘，是对历史发展兴衰成败、经验教训的总结，是对表现在历史人物身上的精神的揭示。它是统摄全课的主题，是许多具体历史知识的升华，是教师对历史发展的深刻而独到的见解，是课堂教学中确定重点、选取材料、采用方法的重要依据。”④

新课程实施以来，为提高课堂教学效率，傅元根认为，在课堂教学内容上要抓“中心”，一课的“中心”实际上是一课的重点，而且是能够统率全课、带动一般的张目之纲。如何确定一课的“中心”呢？关键是根据课程标准，依托教材内容，把握一课教材的内容在整个模块中的地位，弄清本课教材的内容构成及相互关系，然后找准本课的一个“中心”之所在。⑤后来，傅元根又进一步认为，在宏观层面上，一课需要有一个课题中心，同时，在微观层面上，一课还需要有情

① 刘建光.历史课堂教学中主题的确定[J].历史教学问题，1992(1):48.

② 孔繁刚.谈谈历史教学中的时代感[J].历史教学，1992(10):53.

③ 李惠军.行者有疆思无涯——回看30年杏坛旧事与心路片段[J].基础教育课程，2009(4):37.

④ 范多宝.给历史课以“灵魂”[J].甘肃教育，1998(C2):68.

⑤ 傅元根.普通高中历史新课程教学设计的新探索[J].历史教学，2005(5):51.

境中心、内容中心和问题中心[①]。为解决历史课堂教学的思想性与内容之间的矛盾，王继平提倡采用“主题化”课堂教学，即“把历史学习内容设计成单个或多元化的‘主题’，重新规划和整合教学内容、教学资源，以‘主题’立意作为课堂教学的主线，以学生的兴趣为导引，以学生的发展为根本目的，设计实效化的教学环节，使教学逻辑严密、紧凑，以便学生进行探究性学习，提升课堂教学的思想内涵，增强历史教学育人功能。”[②]

针对历史课堂教学中随意引入史学观点、“求新求奇”的极端现象，於以传认为，要基于对课程目标、课程内容与要求的准确认识前提下把握课程内容主旨，本质目的在于教学立意。[③]

以上选取的几个代表性观点，大致勾勒了教学立意的演变轨迹。可以看到，从最初的“一堂课一个中心”，到“一堂课的授课主题”“历史教学中的时代感”“历史课的‘灵魂’”，再到“历史课堂教学内容中心”“‘主题化’课堂教学”“历史课堂教学中的内容主旨”等，教学立意基于不同时期的课程理念与教学任务，在不同课堂教学维度上有着不同的提法，其内在的概念所指及意蕴，也有着各自的差异与变化。

（二）教学立意的内涵辩证

当前，对于“教学立意”的提法，其概念表述也有着诸多差异。以下列举代表性说法：

（1）立意本指一篇文章所确立的文意。教学立意是一节课的“灵魂”和中心，是统摄教学内容思路的体现。[④]

（2）“立”就是确立，“意”则指教学内容的思想立题，“立意”就是提炼和确立教学内容的立题。[⑤]

（3）教学立意是教学内容蕴含的教学价值和教学主题。历史教师不能仅限于对知识点的落实，应该注重挖掘历史教学内容的价值，以多元的历史视角，开

① 傅元根．对“一课一个中心”问题的再思考——兼评海南省第三届普通高中历史课堂教学优质课评比活动[J]．历史教学，2006(8)：63-65.

② 王继平．论历史科“主题化”课堂教学：以高中历史课堂教学为例[J]．历史教学问题，2012(3)：119.

③ 於以传．中学历史课堂教学把握内容主旨的基本途径与方法[J]．历史教学问题，2012(4)：121.

④ 周明．历史课堂“教学立意”不可或缺：以《发达的古代农业》一课为例[J]．历史教学(中学版)，2012(8)：30-33.

⑤ 方颖．例谈以“价值取向”立意的历史课堂教学[J]．理论与实践，2014(11)：68-69.

阔学生的历史视野,培养学生的历史智慧。从这个层面上立意,围绕这个立意组织、整合相关教学内容。教学立意的有无或高低,直接影响历史教学有效性。①

(4)教学立意是课堂教学的灵魂。教材解读重在主题的把握,贵在概念的理解,意在逻辑的疏通,难在内涵的挖掘。如此,才能提升教学立意。②

(5)教学立意是课堂教学的灵魂,它能体现教师对课程标准、教科书及新课程理念的理解与把握,决定着课堂教学的效能。③

(6)教学立意,系指预设的通过这堂课的学习,学生获得的核心概念。过去有"一堂课一个中心"或"一条主线"之说;现在也有"一个灵魂"或"一条脉络"的说法。这都是从教学内容之间的逻辑关系或灵性上来比喻。实质是强调,学生在课堂上应获得不仅能贯通该课,而且能贯通此前和以后学习的核心概念。④

(7)所谓教学立意,是教师在借鉴史学成果、深入把握相关史实的纵横、前后联系的基础上,结合课程目标所确立的本节课的中心或灵魂,是学生通过本节课学习所获得的核心内容。⑤

(8)教学立意是教师基于学术研究成果对教学内容提出的核心观点或主张。⑥

如何评判上述涉及教学立意的概念表述?它们中间必定存有正确、错误之别。

美国教育学者谢弗勒在其《教育的语言》中根据教育言论中定义的性质将定义划分为规定性定义、描述性定义和纲领性定义。其中,规定性定义是作者自己所下的定义,要求这个被界说的术语在后面的讨论中,始终表示这种规定的意义。描述性定义不是"我将用这个术语表示什么"的一类主张,而是适当地对术语或者使用该术语的方法进行界说。纲领性定义是描述性定义和规定性

① 支玉良.如何提升教学立意[J].历史教学(中学版),2011(2):25-28.

② 朱可.深入解读教材,提升教学立意——以人民版必修三《宋明理学》一课为例[J].历史教学(中学版),2012(7):20-24.

③ 王晓荣.浅谈教学立意与历史教学——以《血与火的征服与掠夺》一课为例[J].历史教学(中学版),2012(2):20-24.

④ 聂幼犁,於以传.中学历史课堂教学育人价值的理解与评价——立意、目标、逻辑、方法和策略[J].历史教学(中学版),2011(13):10-13.

⑤ 王德民,赵玉洁.说课的凝意与升华——从"说教材"到"说教学立意"[J].历史教学(中学版),2013(2):35-38.

⑥ 侯桂红.试论历史教学立意的概念、确定方法和评价标准[J].历史教学(中学版),2015(4):18-24.

定义的混合。有课程研究者指出,规定性定义表达的是“应然性”的标准,具有主观性的特点,因而同一客体可有多种多样的规定性定义;描述性定义表达的是“实然性”的标准,具有情境性的特点,因而同一客体也可有多种多样的描述性定义。可见界定一个客体,单纯的规定性定义和描述性定义都不可能是准确的定义。[①]而纲领性定义表达一种价值观或规范,要想在价值观、规范上达成一致的看法,在理论上是不可取的。借鉴谢弗勒对教育言论中定义的三种区分及相关学者的观点,以上有关教学立意的概念表述有的属于规定性定义,有的属于描述性定义,更多的则属于纲领性定义。当然,不管它们属于哪种性质的定义,都不可能是教学立意的最准确的概念表达。

事实上,有关教学立意的概念表述是从历史课堂的不同维度切入的,其概念界定所指向的层面与范围、论证的次序与角度、遵循的逻辑与规范,各不相同。比如,周明以“文章的文意”作类比,将教学立意表述为“一节课的‘灵魂’和中心”,其论证逻辑采用的是类比,论证视角是从“能让学生从更高的角度理解历史、感悟历史并运用历史”展开的。同样视“教学立意”为“课堂教学的灵魂”,朱可却是为引领史法与史观、升华史论提出的,其论证的范围与层面也仅限于教材解读,论证逻辑体现于通过教材解读中的主题把握、概念理解、逻辑疏通、内涵挖掘,对其加以归纳,以此提升教学立意。王晓荣则强调课堂教学效能,他依据学情、课程标准、史实、教材,归纳并提炼出一堂课的教学立意。

应该说,涉及教学立意的概念表述是多维度、多层面的,一方面,折射出教学立意与历史课堂其他要素间的繁复与多元的关系特征,另一方面,又揭示了要在一个定义中把一个具有多方面特征的概念对象准确、清晰地界定出来根本是不可能的。从规定性定义、描述性定义、纲领性定义的理论分析框架看,以上有关教学立意的概念表述既附带有特定的文本场域与情境,又带有概念界定者主观的价值观念与期望,它们更大程度上属于“如何提炼”“如何实施”“如何达成”之类的、操作性的涉及教学立意的概念表达。

(三)教学立意与历史课堂其他要素的关系

由教学立意的演变及其多元概念表述可看出,教学立意是以先前的教学思想为前提,并由此出发,是在承继先前的思维成果的基础上进行发展和创新

① 郝德永.关于课程本质内涵的探讨[J].课程·教材·教法,1997(8):6-11.

的。目前,有关教学立意的概念表述内涵各异,形式多样,这揭示了教学立意作为历史课堂教学的关键概念所反映的繁复交织、立体多变的教学情境及现实,教学立意与历史课堂其他要素之间存在密切关系。

1. 教学立意与教学目标

一般而言,教学目标是教师进行课堂设计需要考虑的首要问题。从学理上讲,制定教学目标的重要依据是课程标准中的相关目标要求,但鉴于课程标准的目标要求"略而疏",且教学目标又作"三维目标"设计,课堂实践中就常导致目标不聚焦。不仅如此,鉴于教学目标几乎是教师日常教学中每次翻教材、写教案时第一个被写下来的,它甚至成了教师无数次重复中不需要思考的"条件反射",成了可以跳过的摆设。

教学立意对历史课堂的重要性不言而喻,它是对教学目标的整合与凝练。有论者将教学立意喻为一节课的"灵魂",此论证虽为隐喻或类比,但其论证指向更接近于一节课的价值性目标。至于将教学立意界定为"学生在课堂上应获得不仅能贯通该课,而且能贯通此前和以后学习的核心概念",显然其定义维度接近于目标指向。在课堂实践中,鉴于不同教师的视界、学识、能力存在差异,其所设计的教案可以有不同的教学目标。同理,对同一节课,每个教师也可以有不同的教学立意,但这并不意味着具体到教师个人上一节课可以有多个教学立意。笔者不同意"一节课不止一个立意"之说,因为这既违背"一堂课一个中心"之初衷,在教学实践上也不可能。从逻辑上讲,在整节课的层面上,一节课若有两个或两个以上的"中心",那么它们也就不可能成为"中心"。至于"将一课的整体立意拆解成若干个教材子目的立意"之做法,教材子目的立意充其量也只是对一节课整体立意的多个支撑,谈不上是一节课的多个教学立意。

2. 教学立意与教学内容

教学内容是在教学过程的教与学相互作用中有意传递的主要信息。从其内容来源看,主要包括教材、进入历史课堂的被利用的其他课程资源信息以及教学过程中师生互动产生的内容。鉴于教材是教学内容创生的法定的、科学的、有一定实践验证的、承载重要社会经验与现代教育目的的素材,[①]且又作为教师写教案的重要依据,它往往成为教师提炼教学立意的重要凭借与手段。

① 李臣之.论教学内容创生:规定性要素及基本路径[J].课程·教材·教法,2007(2):3-9.

将教学立意界定为“提炼和确立教学内容的立题”“是教学内容蕴含的教学价值和教学主题”“是学生通过本节课学习所获得的核心内容”“是教师基于学术研究成果对教学内容提出的核心观点或主张”等,可被视为从内容维度对教学立意做出的定义,尽管它们强调的视角与侧重点各有不同。在课堂教学中,教学目标决定教学内容,教学内容的选择与确立,恰恰又服务、指向于教学目标,教学内容一定程度上内含着教学目标。就此而言,从内容维度界定教学立意,与前述目标维度的界定并不矛盾。

另外,从内容维度解读教学立意,还需要提及教学重点。教学重点也是历史课堂设计中教师常常遇而不见、视而不察的常见问题,日常备课教师都要写及,但倘若追问教学重点确立的依据,教师通常茫然不知。教学立意恰恰能帮助教师进一步聚焦、准确把握教学重点。

3. 教学立意与教学逻辑

教学逻辑系指课堂教学中各环节、步骤间的逻辑关系,它具体蕴涵于一节课的内容流程中。鉴于教材内容一定程度上充当着教学内容的根基,传统的课堂教学常以教材子目之间的逻辑顺序作为其教学内容的逻辑关系。

教学立意作为一节课的“灵魂”,是统摄教学内容和思路的体现,其类比视角是从教学内容之间的逻辑关系或灵性上来比喻。教学立意决定着一节课的教学逻辑,它能帮助教师“改造”并超越教材的知识逻辑,顺应学生的认知逻辑,并进而能构建历史认识的理论逻辑。

4. 教学立意与课堂评价

课堂评价是一个较为宽泛的概念,如何评价一堂课有多维度、多层面的视角和标准,然而,在“一节好的历史课”之诸多要素中,教学立意显然不可或缺。“现在评价一节高中课,首先看的就是教学立意”揭示了教学立意在课堂评价中的必要性,而“历史课要有灵魂”“教师的视界和心界关乎历史教学的境界;体察捕捉历史课的灵魂,关系到历史课的立意和格调”等此类富有活力甚或带有“煽情”的话语,则以另一类语言形式揭示了教学立意在课堂评价中的重要性。

① 王德民,赵玉洁.说课的凝意与升华:从“说教材”到“说教学立意”[J].历史教学(中学版),2013(2):35-38.

二、历史教学立意的特征[①]

(一)教学立意是深刻的,能够反映本课所涉及内容的历史真相

教学立意既然作为一节课的核心内容,它必然摄精统要,凝练深刻,能够从精言赅意中洞察本课的史实。例如,新航路开辟正值人类文明从"区域史"走向"世界史"的起始,是资本主义从西欧向全球殖民扩张的开端,而推动新航路开辟的真正动力恰恰是资本主义发展所带来的对利益与利润的疯狂追逐。林镇国老师在《新航路的开辟》一课中,将"让学生知道'英勇无畏的航海家'与'追逐利润的亡命徒'是一伙人"作为教学立意的关键内容,恰恰用凝练、通俗的语言揭示了早期文明发展中"恶是人类社会进步的杠杆"这一历史发展的原动力,既纠正了过去"人们一味强调殖民主义的残酷掠夺"的做法,又补充了现在"不少教师又偏好航海探险的大无畏气概"的认识,还原了历史真相。[②]

(二)教学立意是辩证的,能够贯通本课所涉及历史发展的前后阶段

教学立意不仅统摄本课,而且能超越本课,辩证地反映历史,将本课所涉及的历史事件前后联系起来,贯通历史发展的前后阶段。例如,清末民初,社会生活的变化是近代中国千年变局中的有机组成部分,其新变化主要出现于沿海城市,极少出现于内地农村。即使是城市,也是变与不变并存,新与旧杂糅。王长芬老师在《欧风美雨下清末民初的社会生活》一课中,将教学立意确定为"黄土地沉沦下的蓝色文明,是一种老城厢涅槃中的西洋风气"[③]。这一教学立意辩证地概括了清末民初的社会生活现状与变化,也贯通了此历史节点的前后阶段。向前承接:近代以来,西方列强用炮舰打开了中国大门,发动了鸦片战争、中法战争、甲午战争以及八国联军侵略中国的战争,并逼迫中国签订了《南京条约》《马关条约》《辛丑条约》等一系列不平等条约,致使近代中国加速沉沦。与此同

① 王德民,赵玉洁.说课的凝意与升华:从"说教材"到"说教学立意"[J].历史教学(中学版),2013(2):35-38.

② 林镇国.初中八年级《新航路的开辟》教学设计及说明[J].历史教学(中学版),2011(7):16-18.

③ 王长芬.初中七年级《欧风美雨下清末民初的社会生活》教学设计与说明[J].历史教学(中学版),2011(7):13.

时，越来越多的中国人在资本主义殖民侵略冲击下认识到世界潮流，并力图救国图强，先后掀起了洋务运动、戊戌维新、辛亥革命，开始了被迫近代化的痛苦历程，“黄土地沉沦下的蓝色文明”“老城厢涅槃中的西洋风气”正是这一痛苦历程的反映。向后延续：正是“沉沦”格局下的“涅槃”，揭示了新旧杂糅中的裂变与新生，揭示了历史的矛盾辩证，与紧接其后的新文化运动、五四运动意旨相通，使学生既可以认识到屈辱辛酸的沉沦背景，又可感受到黑暗中的“涅槃”与新生，体验到“黑暗中有光明，憎恨中有理解”的情感态度和价值观。[①]

（三）教学立意是兼容的，能够整合本课所涉及的教材内容、方法和策略

教学立意是基于课程目标的、对教材内容的提炼，是对目标、内容乃至方法与策略的综合考量，是兼容的。在实践中，可以以此为准绳，对本课所涉及的教材内容、方法、策略等进行整合。以《欧风美雨下清末民初的社会生活》一课为例略做说明：

内容整合：“黄土地沉沦下的蓝色文明，老城厢涅槃中的西洋风气”，揭示了在近代中国受西方列强殖民侵略而不断沉沦的总体格局下，同时又不可避免地受到西方资本主义政治、经济、文化等近代化文明的影响。这种影响集中在经济方面，并引起了社会生活和习俗的变化。因此，在教学过程中，可将社会和经济两个方面的内容进行整合，把“清末民初的社会生活”作为教学内容的中心，而经济部分的相关知识放在社会生活的成因中去落实。这样，不仅突出了经济与社会之间内在的逻辑关系，而且压缩了教学内容，确保了教学的有效性。[②]

方法整合：“黄土地沉沦下的蓝色文明，老城厢涅槃中的西洋风气”，实质上强调了“沉沦”与“涅槃”的辩证史实。要让学生知道这一辩证史实，可通过外显的、有冲击力的典型图片，从衣食住行、风俗礼仪等方面突出清末民初社会生活中存在着强烈的落后与先进、腐朽与新生的对立、融合、裂变。要让学生理解这一辩证史实，可联系已学过的鸦片战争以来的知识，思考近代西方资本主义政治、经济、文化的入侵对中国社会生活造成的影响，并由此从整体上进行方法整

① 聂幼犁，於以传．中学历史课堂教学育人价值的理解与评价[J]．历史教学（中学版），2011（7）：10-13.

② 王长芬．初中七年级《欧风美雨下清末民初的社会生活》教学设计与说明[J]．历史教学（中学版），2011（7）：13-15.

合。首先，进行事实观察，以教师展示史料、讲解和暗示为主，引导学生归纳基本特点；其次，进行成因探究，以教师提问、提示和补充材料为主，让学生总结出成因之间的联系。

策略整合："黄土地沉沦下的蓝色文明，老城厢涅槃中的西洋风气"，对学生而言，有着不同的认知难度，可根据教学实际情况作不同的策略整合。如果学生对近代中国社会生活"沉沦"背景下"涅槃"、裂变的原因理解不好，可在学生了解基本史实的前提下，改原来设计的成因探究为教师讲授，重点讲解此内容。如果学生理解较好，可在此基础上提出延续性问题：社会生活的变化反过来是否会影响社会的其他方面？以此培养"社会变化有因果互换"的意识。当然，如果学生的学习兴趣很浓，探究欲望很高，还可以此作为研究性学习课题，先让学生课外搜集材料，然后把成因探究放在课堂上进行。

三、审视历史教学立意的标准

（一）教学立意要聚焦，不要松散

一堂课要有一个中心或灵魂，教学立意是其通俗表达。作为"中心"或"灵魂"，确定教学立意时要聚焦，不要松散。以《星星之火，可以燎原》一课为例，一般说及教材内容时都会涉及南昌起义、井冈山根据地的建立、红军长征，有些教师也会指出南昌起义是沉寂黑夜中所打响的果敢、意义深远的第一枪，井冈山根据地是创建农村革命根据地的开始，红军长征是保存革命力量、革命转危为安的关键，但这种"说法"很松散，并不聚焦。事实上，本课的课题是《星星之火，可以燎原》，说课中应紧紧围绕这一课题，让学生明白：南昌起义、井冈山根据地的建立为什么会变为"星星之火"？为什么说"星星之火"可以"燎原"？"燎原"的情况如何？为何又"熄灭"了？长征为何成功，使其变成了"火炬"？如此聚焦，教材内容就有了主线，说课也就有了"灵魂"。

（二）教学立意要具体，不要抽象

确定教学立意时虽然要聚焦，但也不是向抽象方面"走"。所谓"本课教材在本单元中处于什么位置""本课是关于什么的内容"等，是抽象的形式之谈；而所谓"本课内容有什么影响""本课内容对培养学生起什么作用"，则是抽象的内容之谈。如此分析，实质上并没有触及教材的核心内容，也是造成说课过程中教学目标错位、教学逻辑断裂的重要因素。教学立意要聚焦，同时更要做到具体。《星星之火，可以燎原》一课，倘若循着以上的聚焦思路，不难得出以下教学立意：大革命失败后，中国共产党在血泊中意识到只有依靠广大农村，建立独立武装才可能夺取政权，于是先后发动南昌起义、秋收起义、广州起义等，建立了以井冈山为中心、分布全国的根据地，大有星火燎原之势。不幸的是，由于国民党蒋介石的围剿和内部“左倾”错误，中国共产党及其红军不得不放弃井冈山等根据地，走上艰苦卓绝、不屈不挠的长征路，并痛定思痛、抓住机遇，以北上抗日为旗帜，依靠军事策略和官兵一致的大无畏革命英雄和乐观主义精神，终抵延安，开始了走向“燎原”的征程。[①]如此确定教学立意，“南昌起义”“井冈山根据地的建立”“红军长征”等重要历史事件都贯穿其中，且内容关联，逻辑通畅，教学立意的指涉十分具体。

（三）教学立意要贯通，不要孤立

教学立意虽然是对本节说课内容的凝练，但显然并不局限于本节课。教学立意要上接下连，前后贯通。这里的贯通，既有史实联系的贯通，也有教学逻辑的贯通。史实联系的贯通，是针对本课史实与前、后课史实联系的贯通。南昌起义、井冈山根据地的建立，之所以成为“星星之火”，是针对前课的国民大革命失败格局、中国共产党处于绝地的时代背景而言的。“星星之火”之所以能燎原，与井冈山根据地建立的原因及其他革命根据地发展的经验有直接关联。虽然受国民党的军事围剿以及中国共产党“左倾”错误的影响，“星星之火”后来遭受重挫，但长征后它最终成为燎原的革命“火炬”，与中国共产党的政治军事策略、大无畏的革命英雄和乐观主义精神密切相关，这也与后课中关于抗日战争的史实相贯通。从教学逻辑上看，针对学生的认知经验，本课的导入可接着前课，直接讲述“星星之火”在绝地中迸发。鉴于教材内容仅涉及南昌起义、井冈山根据地的建立，可补充其他根据地建立的情况与经验，用事实告诉学生“星星之火”应当“可以燎原”，由此，“星星之火”即井冈山等革命根据地的建立与发展的原因、经验和教训，也就成为本课的教学难点。

① 此教学立意参考了聂幼犁教授指导、赵霞老师执教的《星星之火，可以燎原》一课说课稿。

四、确立历史教学立意的策略

(一)从课程标准中挖掘教学立意

课程标准是国家设置学校课程基本的纲领性文件,是国家对基础教育课程的基本规范和质量要求。它是教材编写、教学、评价和考试的依据,是国家管理和评价课程的基础。[①]从某种程度上讲,课程标准是对一定层级学校的教学科目及其内容范围和教学组织程序的规范界定,体现了对某方面或某领域基本素质要求的规定,具体又体现于课程标准中所确定的课程目标和课程内容。课程目标的指向功能主要体现在它规定了各科教材、教学中所要实现的课程目标和各科教材、教学中所要学习的课程内容,规定了评价哪些基本素质以及评价的基本标准。就其内在本质而言,它是教材、教学和评价的灵魂,也是整个基础教育课程的灵魂。

历史课程标准不仅对历史课程内容进行了规划,而且规定了历史学习的要求和价值取向。历史课程标准中的内容标准部分,主要是针对特定历史学科内容而制定的具体目标要求,具体包括板块(模块)目标以及各学习要点的内容目标,它是所有学生学习此部分内容后所必须达到的目标,也是教师选择学科知识、确定教学主题的指向标。

课程标准的上述属性,意味着可以从课程标准的内容标准中挖掘教学立意。主要分两种类型:一类是显性的,即课程标准中的相关内容已较明确地提示了主旨意向。比如,《美国联邦政府的建立》一课,其课程标准的内容要求是"说出美国《1787年宪法》的主要内容和联邦制的权力结构,比较美国总统制与英国君主立宪制的异同。"据此,有教师认为,从世界范围来讲,与当时很多国家的政治制度相比较,美国的总统共和制显现出有些超前的民主型,形成了自己政治制度的特色。因此,本课的教学立意应确定为:美国《1787年宪法》确立了美国三权分立的总统共和制政体,是世界政治制度史上的重要创新,它是美国国情和民情及其独特的立国经验的产物。另一类是隐性的,即课程标准的内容要求的表述里隐含着教学立意的提示。如"人文精神的起源及其发展"这一单

① 钟启泉,崔允漷,张华,等.为了中华民族的复兴,为了每位学生的发展:《基础教育课程改革纲要(试行)》解读[M].上海:华东师范大学出版社,2001:278.

元(下设三课:《西方人文主义思想的起源》《文艺复兴和宗教改革》《启蒙运动》)主要叙述了人文主义的起源和发展。课程标准的内容要求是:"(1)了解古代希腊智者学派和苏格拉底等人对人的价值的阐述,理解人文精神的内涵。(2)知道薄伽丘等人的主要作品和马丁·路德等人的主要思想,认识文艺复兴和宗教改革时期人文主义的含义。(3)简述孟德斯鸠、伏尔泰、卢梭、康德等启蒙思想家的观点,概括启蒙运动对人文主义思想的发展。"这三条中有两条都提示教师可以从"人文精神的内涵"或"人文主义的含义"挖掘教学立意。因此,有教师就抓住"人文精神的内涵"发展的阶段特征———人性、人本、人权,来确定教学立意:文艺复兴时期要求打破以神为中心,突出人的价值,这时的"人文精神的内涵"是"人性",认识到作为群体的人的存在;宗教改革时期提倡反对教皇、教廷的说教与统治,信徒自己去阅读《圣经》,"人文精神的内涵"发展为"人本",突出作为个体的人的价值;启蒙运动时期要求打破一切外在权威,突出人独立思考的理性,强调天赋人权、自由平等、三权分立,此时"人文精神的内涵"发展为了"人权"。这种稍挖一下的方法,需要教师有意识地仔细阅读与分析课程标准和教材。①

(二)从单元的各个课节主题中贯通教学立意

单元是课程螺旋式上升的基本单位,也是课程设计的基本单位。体现于教材中,几课组成一个单元,作为一个教学主题,它不仅重视对单课的内部组织,也重视各课之间的内容联系。落实于课堂中,单元是实现课堂教学目标的相对完整的过程,是教学过程的基本单位。把一个单元看作一个教学整体,在这个单元教学整体观的指导下,它可通过对比寻找单元内各课的共同点与不同点,据此提炼教学主线。单元是衡量教师教学和教材驾驭能力的基本单位。

单元的特性及其由几个课节主题组成的结构状况,启示教师可以从单元的各个课节主题中贯通教学立意。也就是说,可以根据课程标准对单元主题(内容模块)核心观点的目标要求,把单元主题的整体要求贯通、分解于该单元的每一课中,从而确定此课的教学立意。此种策略需要尤其关注课程标准中单元主题的核心观点及教科书的单元导言。以初中《民族团结与中外交流》一课为例,这一课属于"繁荣昌盛的隋唐文明"单元主题,该单元主题的整体要求是了解隋

① 侯桂红.试论历史教学立意的概念、确定方法和评价标准[J].历史教学(中学版),2015(4):18-24.

唐的繁荣，单元中的各课分别从政治、经济、民族关系、对外关系、文化等各个侧面证明单元核心观点，因此具体到这一课的教学立意可以确定为“民族团结与中外交流是隋唐尤其是唐朝繁荣的原因，也是唐朝繁荣的表现。”①

另外，还可以基于单元主题，归纳单元内各课节内容蕴含的历史逻辑，从历史逻辑的贯通中定位、把握此课的教学立意。比如，《法国大革命》一课，有教师先从本单元所包含的英国革命、美国独立战争和法国大革命等课节内容中归纳贯通各课内容的历史逻辑：英国革命在实践中催生了启蒙思想，英国革命成为启蒙运动酝酿产生的土壤。但伟大的革命一旦成功，便使产生革命的原因消失，革命由于本身的成功，反而变得不可理解了，②英国革命胜利的同时，反而使启蒙思想在英国失去了激动人心的力量。美国独立战争是启蒙思想经过法国思想家系统化、理论化之后的首次实践。其胜利是对启蒙思想所表达的价值观的一次肯定，但其民族解放的另一重意义则使得这次革命对于处在旧制度下的欧洲文明而言，缺乏可供效仿的典型性。而历时26年的法国大革命，高举自由的大旗，发出振聋发聩的呐喊，为在旧制度下渴望冲破樊笼的欧洲大陆提供了可资效法的楷模。又不惜以强制性手段将启蒙运动的思想武器亲手塞到左邻右舍的手中，对旧制度在欧洲大陆上的崩溃乃至世界的现代化进程起到了重要的推动作用。找到了这一历史逻辑，《法国大革命》一课的教学立意逐渐凝聚成型：“法国大革命是启蒙思想与18世纪晚期法国社会现实碰撞的产物，是人们对于启蒙思想的实践，但其曲折和反复也激发人们不断反思、重新认识启蒙思想。”③

（三）基于教材提炼教学立意

教材是课堂教学的最重要教学资源和工具。教材以一定的内容和形式具体体现了课程标准的内容和要求。优质教材可以使学生已有的生活经验和认知结构与学校的科学知识、概念与价值观念建立有意义的联系，在学生的感性世界和科学的理性世界之间架起最短的桥梁。④

历史教材根据历史课程标准编写，但同时它又呈现了编者所理解和认同的

① 於以传.中学历史课堂教学把握内容主旨的基本途径与方法[J].历史教学问题，2012(4)：122.

② 托克维尔.旧制度与大革命[M].王千石，译.北京：九州出版社，2013：44.

③ 陈宇静.在历史的三维中勾勒课堂的“灵魂”：对《法国大革命》一课的回顾与反思[J].历史教学(上半月刊)，2015(4)：14.

④ 刘继和.“教材”概念的解析及其重建[J].全球教育展望，2005(2)：49.

历史。从大的层面讲，它体现了国家意志；从小的层面说，它是编者对历史的阐释。教材有着自己的内在精神和主题。从策略上讲，教师可以将教材所呈现的观点、价值，甚至将教材的观点性标题直接提炼为教学立意。具体又可分为：

其一，直接摘取或凝练教材的标题，以此作为教学立意。教材的标题，就大小而言，可具体分为单元、课节或一目的标题，但它们通常又是统摄、阐释教学内容的核心观点或主张。有些可以直接作为教学立意。比如，《发达的古代农业》一课中的第二目“精耕细作的传统农业”，就可以直接立意为“精耕细作”，即可揭示中国古代农业的特征和内涵。[①]在更多的情况下，可以对教材标题进行凝练或加工，据此生成教学立意。教材的一般性标题通常取自课程标准中课程内容的二级或三级标题，这些表述往往经过了“课程标准”制定者的深思熟虑，其本身蕴含着丰富信息，由此可从教材标题的含义中把握、确立教学立意。以初中《清末民初的文化教育》一课为例，此课既要揭示标题所内含的史学意义，又要把握其时代特色，扣住“清末民初的时代特征”和“文化教育的本质诉求”是关键。“这一课的内容主旨绝不是简单地按‘京剧与话剧’‘《申报》与商务印书馆’‘癸卯学制’三目平均提炼，更不是把教学处理成戏剧史、报刊史和教育史等专业史的系统叙述，而是要从课文三个目的具体内容中抽离、概括出共性的指向，即京剧指向传统的戏曲，而话剧在当时来讲属于新剧种，它诞生的背景与目的是什么？它与京剧在受众上有什么本质的差异?《申报》的文章与商务印书馆印制的书籍，在内容上有何特点？为什么既有历史传统的，又有现代色彩的？癸卯学制后的课程设置有什么特点？为什么既有儒家经学，又有格致、工科、商科、农科、医科、法政和文学等科目？在教学方式上较之过往有何不同？为什么会不同？所有这些指向文化教育的内容仅仅停留在文化层面和教育层面吗？这些致力于文化教育的人士这样做的根本目的又是什么？如果把这些内容与问题梳理清楚了，这课的内容主旨（教学立意）就可概括为：文化救国与教育救国是中国近代多数知识分子面对民族危亡所做出的选择，其着眼点在于开风气、启民智；处于新旧体制交替时期的文化与教育，在观念上既有继承也有创新，在内容上既有广度也有深度，在受众上既指向社会精英也面向普罗大众，体现了清末民初特有的时代特色。”[②]

---

① 侯桂红.试论历史教学立意的概念、确定方法和评价标准[J].历史教学（中学版），2015(4)：18-24.

② 於以传.中学历史课堂教学把握内容主旨的基本途径与方法[J].历史教学问题，2012(4)：122.

其二，提炼教材内容的核心观点。教材内容所反映的史实虽是唯一的，但历史书写是多元的。教材内容会有意无意地向我们提供一些多样化的观念和视角，这些观念和视角可能并不清晰，可能隐藏在字里行间，也可能存在于教材的非正文内容中，还可能隐含在相关章节的关联与迁移中。因此，需要教师对教材内容进行深度思考，对相关联的章节内容进行取舍、整合，提取共性思想。或者利用教材引用的史实进行拓展与综合，深化对历史的感悟。比如，高中《王权与教权》一课，课文内含"加洛林王朝的建立""丕平献土""查理加冕""卡诺莎觐见""阿维尼翁之囚"五个具有代表性的史实，揭示中世纪西欧教权与王权之间的关系。在教学中，要注重以点带面地勾勒历史发展的大致轨迹，果断地割舍掉细枝末节，只讲主流。因此，这一课的内容主旨(教学立意)可以概括为：西欧封建社会王权与教权之间的关系，以教权加强王权始，以教权渐趋衰弱终，其本质是一种互相利用、互相依存、互相争斗和互相制衡的关系。[①]

(四)基于学术成果引申教学立意

历史课堂需要学术奠基。从某种程度上讲，无论是课程标准内容，还是教材观点，进入历史课堂时都需要教师作专业、学术的学理性审视。教师要及时研读史学成果，针对历史课堂的特定教学内容，定位其在专业历史发展中的阶段与特征，分析本课教学内容在长时段历史进程中的特点、地位与作用，并结合本课目标、学生特点等要素，概括、引申出能够统摄本课教学内涵和价值的教学立意。

基于学术成果引申教学立意，分为两种情况：一种情况是归纳、拓展教材中的学术新观点，由此引申教学立意。比如，《秦末农民起义》一课包含"秦的暴政"和"第一次农民起义"两目，这课的重点是在第一目引出的"秦为何短命而亡"上做文章。但注意教材对秦亡原因的叙述，除了揭示"暴政"这一主因外，还有这样几处表述："秦朝……在长期群雄角逐中积累起来的经验，并不完全适合统一后社会发展的需要。秦朝统治者不能审时度势，改弦易辙""秦……仍沿用旧制，令身处今安徽、河南交界处的陈胜、吴广等900名农民北戍渔阳，连同往返，至少也得数月""秦统一后，……六国臣民对秦的归属感和秦制的认同，都非在短时期能够建立的"，由这些与以往教材不同的表述(学术观点)，不难概括出

① 於以传.中学历史课堂教学把握内容主旨的基本途径与方法[J].历史教学问题，2012(4)：122.

本课的内容主旨：从主因看，秦亡于暴政而导致的农民起义，但深入看，秦王朝没能正确地审时度势，调整统治政策；六国臣民对秦的归属感和秦制的认同度不够等，均是导致秦短期而亡的原因所在。同样的例子还有《社会变革与百家争鸣》，这一课的表述中有“春秋战国时期，……经济、政治、文化等各个领域都发生了急剧的变革”“最深刻的变”“整个社会呈现出前所未有的追逐利益、实力竞争的新局面”等词句（学术观点），如何抓住这些词句做足文章、揭示主旨是关键。如果想明白了这点，那么学习“百家争鸣”的内容，“为何争鸣”“争鸣什么”也就有了依托。这一课的内容主旨可以概括为：春秋战国时期，经济领域的变革是使整个社会呈现出追逐利益、实力竞争局面的关键。“百家争鸣”也正是在这种局面下围绕着如何治理社会、安定人心而展开的。①另一种情况是借助课外学习的学术成果，将其应用于课堂，从中引申教学立意。比如，根据新航路开辟在世界历史发展中的地位，即史学界一般将新航路开辟作为世界近代史的重要前奏之一，有教师将《新航路的开辟》一课的教学立意确定为：新航路是人类文明从“区域史”走向“世界史”的起点，是资本主义从西欧走向全球殖民扩张的开端。②还有教师根据已有学术成果，认为《希腊先哲的精神觉醒》一课的内容排列是从最初的自然哲学到社会哲学、人的哲学，其中推动希腊哲学前进的动力是“幸福”，所以，“希腊先哲的精神觉醒”就是对人类幸福感的追求。由此将本课的教学立意确定为“为了人类的幸福感”。③

（五）基于史学特质拓展教学立意

所谓史学特质，就是诸如历史意识、史学方法等史学所独具的学科品质。基于史学特质拓展教学立意，主要指凭借“如何探究过去”“如何认识历史”的视角、方法去把握与拓展教学立意。比如，作为中国古代史开篇的《中华文明的摇篮》一课，其教学立意就不应局限于“满天星斗，八方雄起”等中华文明起源与形成的特点，而更应揭示出“如何从考古发现和神话传说中认识远古历史”的思想方法；《文献与考古中的夏文化》一课，其教学立意也不仅仅落脚于从“大同之世”进入“小康之世”，从“天下为公”转变为“天下为家”这类夏朝所具备的国家

① 於以传．中学历史课堂教学把握内容主旨的基本途径与方法［J］．历史教学问题，2012(4)：120-124.

② 林镇国．初中八年级《新航路开辟》教学设计及说明［J］．历史教学（中学版），2011(7)：16-18.

③ 王继平．论历史科“主题化”课堂教学：以高中历史课堂教学为例［J］．历史教学问题，2012(3)：119-121.

基本特征上，而更应揭示出“如何从考古发现、后世的文献记载中认识夏的历史”的思想方法；《商朝与青铜文化》一课的教学立意，也同样不仅是落脚于商朝文明的种种表现与特征上，而是揭示出“如何从考古发现、后世及当时的文献记载中认识商的历史，从而认定商朝历史为信史”的思想方法。再比如，《唐朝的诗与画》一课，如果按教材“李白与杜甫”“吴道子”两目序列，处理成诗与画作者生平介绍，或是诗与画欣赏课，就完全不是历史课的路数。但如果把这一课的教学立意设定为：唐代诗与画的兴盛与其特定的时代背景有不可割裂的联系，作为文学艺术作品的诗与画，能够印证作者所处的时代和作者本人对历史的认识。这就蕴含着两个目标，一是将文学艺术的发展置于特定历史背景中，从而揭示出其与历史发展的双向互动作用；二是侧重从文学艺术作品的证史价值入手，揭示历史材料的宽广性和其证史的价值所在。[①]如此做法，事实上也深化、拓展了教学立意。

以上主要从课程标准、单元主题、教材内容、史学成果以及史学特质等教师容易操作、便于实践的角度，探讨了确立教学立意的策略。当然，从学生方面看，教学立意的确立，最终更应适合学生的认知能力，便于学生在教学立意引导下积极参与课堂，并能对学生的认知发展、心灵成长产生积极与持久的影响。

五、历史教学立意设计的操作性举例

案例1:《欧风美雨下清末民初的社会生活》一课教学立意的设计

《清末民初的社会与经济》一课包含两个内容，一是移风易俗，二是黄金时代，主要说明清末民初中国在社会与经济层面发生的变化。因为考虑到对于七年级的学生来说，要在一节课的时间中了解并理解社会和经济两个方面的内容会有一定的难度。所以，对教材这两个部分的内容进行了整合，把清末民初的“社会生活”作为教学中心，而经济部分的相关知识就放在社会生活的成因中去落实。相对应的，将原来的课题调整为《欧风美雨下清末民初的社会生活》。这样，不仅突出了经济与社会之间内在的逻辑关系，而且压缩了教学内容，确保了教学的有效性。

清末民初大致是指20世纪前20年的时间，也就是辛亥革命的前后十

① 於以传.中学历史课堂教学把握内容主旨的基本途径与方法[J].历史教学问题，2012(4)：120–124.

年;社会生活,就是指中国大地上,包括城市和农村的衣食住行、风俗礼仪、道德伦理、文化教育等;而欧风美雨则是这一时期社会生活变迁的一个大的背景。

(本课立意)马克思曾经说过,鸦片战争及其结果给中国人造成了"任何诗人都难以想象"的剧变,这无疑是符合历史事实的。西方列强用炮舰打开中国的大门,用暴力获取私利,强行推行其先进的工业文明;而中国人则用腐朽的王朝体制和落后的农业文明维护着自己的独立和正义,在这一过程当中,越来越多的中国人逐步认识了世界潮流,并力图改变自己,救国图强,中国从而进入了近代化的历程。清末民初社会生活的变化正是这个过程与本质的反映,所谓惊乍中有醒悟,醒悟中有吸收,吸收中有新生,新生中有融合……清末民初社会生活的变化既是近代中国千年变局中的有机组成部分,又反过来深刻地影响着这个千年变局。

当然,清末民初社会生活的新变化主要是出现于沿海城市而极少出现于内地农村,即使是城市,也是变与不变并存,新与旧杂糅,可以说是一种黄土地沉沦下的蓝色文明,是一种老城厢涅槃中的西洋风气。如果只说"黄土地沉沦",或者只说"蓝色文明"都有失偏颇。尽管初中学生知识和经验都有所不足,但不能因此让他们形成片面的简单化的知识,应当用最形象的、直观的("大色块")方式让他们知道清末民初社会生活的复杂性。所以,在教学当中,补充一些初中学生易于接受和理解的课外史料,使他们通过本课的学习,对清末民初的社会生活有比较生动的、全面的感性认识,以及让学生有符合其特征的初步思考。从隐性课程的意义上看,学生通过对本课中清末民初社会生活的了解,促进他们对中国从农业文明向工业文明转型和半殖民地半封建社会特点的深入理解。①

案例2:中国近代史相关课节教学立意的设计②

数千年来,中华民族在人类从"点状"文明走向"块状"文明的历程中,经过了中原的中国、中国的中国、亚洲的中国之发展历程,形成了儒家文

① 本案例由上海市长宁区复旦中学王长芬老师提供,该课例获中国教育学会历史教学专业委员会举办2010年全国初中历史说课大赛特等奖。

② 聂幼犁,王德民.建设民族复兴视野下的《中国近代史》:与《历史教学》执行主编柳文全的谈话[J].历史教学(中学版),2012(8):8-15.

明。然而，明中叶后，在人类走向真正的世界历史、走向近代文明时，它却囿于现状远远落伍了，至晚清，则走上了“被世界”的中国、“被文明”的民族之路：

——代表先进工业文明的殖民主义、帝国主义列强出于它们“发财的原则”，以基督文明为旗帜，从坚船利炮为先锋，侵入已经外强中干的中国，掠夺了巨大的政治、经济和文化利益，飓风海啸般地重创和在实质上摧毁了这个古老的东方帝国，同时，也有意无意、不可避免地带来和催生了新的“物种”和气息；

——中华民族各阶级、阶层、民族和地区，基于不同的利益、处境和认识，为了捍卫自己的生存，做出了种种反应和制定了各种对策，抵抗与屈从、光荣与梦想、腐朽与顺应、顽固与改良、起义与革命、悲歌与哀号、旧制与洋规、道统与新风……，交织汇合成波澜壮阔、可歌可泣的千年巨变，开始了痛苦的近代化过程。

这是在一个曾经辉煌并“恩沐”亚洲，或又“泽被”世界的多民族的农业帝国从没落、衰亡走向再生的涅槃；是一个以自然经济为基础的“天朝上国”蜕变为在世界工业化、一体化浪潮中“被开发”的半殖民地半专制化的过程；是一个持帝国包袱的数亿生灵在危及生存的内忧外患中，被迫抗争、学习醒悟、曲折彷徨，转向现代民族国家的起步的过程。

基于以上认识，近代中国史上的重大事件概括如下：

1. 关于鸦片战争

“日不落帝国”以罪恶的鸦片贸易和坚船利炮推行其先进的工业文明，行将腐朽的“天朝上国”为捍卫自己的合法权利而战。在爱国、保族的旗帜下，部分民族英雄执著英勇地献身。然而，“陈腐世界的代表是激于道义原则，而最现代的社会的代表却是为了获得贱买贵卖的特权”。这是诗人的幻想也永远不敢创造的离奇悲剧。

2. 关于太平天国

鸦片战争后，中国农民和下层贫民首当其冲，受到了毁灭性的压迫、掠夺、打击和蔑视。中国农民和下层贫民由道德正义而迸发出“魔鬼”旋风。但是，其破坏的正是使中华民族备受凌辱和侵略的根本所在——已没落的晚清王朝。从这个意义上看，他们虽然不可能是新社会的代表，而且是最为激烈的维护旧体制的复辟者,但客观上却是中国人民反抗序幕中狂热的先声和破除障碍的力量。

3. 关于洋务运动

鸦片战争尤其是第二次鸦片战争使“天朝上国”受尽屈辱。太平天国起义加剧了晚清王朝的危机。统治者逐渐醒悟:也许“中学为体,西学为用”、启用汉族精英、学会与洋人打交道才能复兴。失败的战争、弱国的谈判、军备的购买、工厂的筹建等,把洋务领袖推向国门前沿和国际社会。他们是中国人中真正知道什么是世界、什么是列强和“落后就要挨打”的第一代,在致力于晚清王朝免于崩溃的过程中,成为集政治上无可奈何和军事、外交、经济等移花接木地创新于一身的为近代化奠基之巨擘。

4. 关于甲午战争

挺身甲午之役的将士无疑是可歌可颂的民族英雄!可惜,此时他们的可歌是以可泣为基调的。他们捍卫的这个从骨子里反近代化、反民族的专制王朝,并没有因为洋务运动的努力而挽回其沉沦和苟延残喘的命运。英雄们在民族危亡时别无选择地献身,血喷了凛然大义,气冲了苍天浑噩,惊怵了中华大地,也显示了这个晚清王朝的气数将尽和中华民族的必须重生。

5. 关于戊戌变法

以康有为、梁启超为代表的先进知识分子看到了世界潮流、列强之道和中华垂危。这是中国近代以来,第一次在极端义愤中以知识分子为主策划的、极少数开明中央官僚和地方大员鼓动的改革。不幸的是,他们依靠也只能依靠远未真正掌权的皇帝,在势力尚不足以改变现状时,历史就把他们推到了风口浪尖,背水一战,对蛰伏的后党发起攻击。无论是高看自己,还是低估对手,都是由于其弱、其险而不得不为的孤注一掷。

6. 关于义和团运动

义和团是在半殖民地半封建专制的蜕变中长大的,是农民和贫民为了维护自己的最低生活权利与尊严的靠仅有的生存本能组织的团体。他们和顽固派走到一起,愚昧、拼死地“扶清灭洋”。他们的功绩,概括起来说是:阻止了帝国主义列强瓜分中国,保存了中国几千年来的悠久文化,阻止了一场帝国主义战争的可能爆发。

7. 关于清末新政

义和团运动、庚子国变和革命党的兴起,使病入膏肓的清皇室感到末日来临，不得不回首当年血溅菜市口的惊天狂呼，以图在世界近代化潮流中“适者生存”，一边慌不择路地加紧接纳近代社会的政治制度和形式，一边却又因坚守、苟且于“家天下”的奢望和已经无法遏制的大批官僚的庸俗、腐化、作恶而失尽民心，一再误判形势和错失良机，使在自己的新政中崛起的立宪势力也严重不满，进而倒戈，把自己推到了众矢之的、危在旦夕的境地。

8. 关于辛亥革命

辛亥革命是在革命条件尚不充分，但清王朝已经一触即溃的情况下，革命党人前仆后继、以退求全的中国民族民主革命的首创伟业，可谓20世纪早期中国式的“光荣革命”，建立了“中华民国”，颁布了中国历史上第一部民主共和性质的《临时约法》，在政治上打开了中国走向近代化的文明之闸，宣告了数千年君主专制统治已是非法之政，使国人看到了近代民主政治的一线曙光，也使革命党人痛感社会的觉醒和武装力量的严重不足。

9. 关于北洋军阀

相对三民主义，北洋军阀的统治是一种反动。但这是一个很特别的历史现象：在谁都想按秦皇汉武的方式实现霸业之际，出于自己的利益和扩张的冲动，他们以最龌龊的手段阉割共和，但又用心卖力地在自己控制的地盘里推动近代军事、经济、科技和教育的发展，不自觉地“充当了革命的遗嘱执行人”，是比较典型的“恶的动力”。

10. 关于新文化运动

辛亥革命的失败及以后社会的剧烈动荡与反复，使先进的知识分子认识到普罗大众的自我失却与隔岸观火是根本原因，再次以天下为己任奋起呼号。他们请来了西方的“德先生”和“赛先生”，推行白话文、新文学，第一次在中国历史上吹响了顺应世界潮流，铲除以“孔家店”为幌子的旧文化，解放思想，吹响了近代化的号角。

11. 关于五四运动

巴黎和会引发的危机使中国社会之热点旋即从反君主专制转向反帝国主义、反殖民主义，爆发了救亡图存的五四爱国运动。白话文虽然不可逆转地普及了，但新文学变形了，新思想靠边了，两位“先生”下课了。然而，“十月革命”给愤怒、无助的中国人送来了崭新的憧憬和外援，不仅使激进的知识分子看到了普罗大众为了生计所爆发的摧毁敌人的地下之火，并走上宣传、组织、发动之路，催生了中国共产党；而且也使迷茫困顿已久的孙中山找到了最为现实的出路，遂使追求人权独立、思想解放的新文化运动自然地转向颇具中国特色的“以俄为师”的学习潮流。

思考题：

（1）如何理解历史教学立意？

（2）审视历史教学立意的标准有哪些？

（3）确立历史教学立意的策略有哪些？

第四章　历史课堂教学目标的设计

课堂教学目标是课堂教学活动的预期结果，它在一定意义上制约着课堂教学设计与实施的方向。课堂教学目标与一节课的教学立意密切相关。教学立意是课堂教学目标的聚焦与凝练，它从史学与教学的层面指导着课堂教学目标的确立与实现。

一、何谓历史课堂教学目标

历史课堂教学目标属于学科课程中的课节目标，它既有学校教育目标体系中的纵向定位，又有三维教学目标的横向界定，需要从纵、横两个维度加以辨析。

（一）从纵向层次审视历史课堂教学目标

从教育领域看，课堂教学目标与教育领域的“教育目的”“教育目标”“课程目标”等术语既有纵向从属，又有层次区分。

“教育目的是培养人的总目标。关系到把受教育者培养成为什么样的社会角色和具有什么样素质的根本性质问题，是教育实践活动的出发点。根据一定社会生产力、生产关系的需要和人自身发展的需要来确定。”[①]教育目的的核心是规定培养什么样的人。它具有历史性、一般性、概括性和抽象性。不同的社会、不同的历史阶段需要不同的社会角色，对教育提出了不同的要求，也就有了不同的教育目的。教育目的主要是指教育的总体方向，它所体现的是一定历史阶段国家教育普遍的、总体的、宏观的教育价值。

教育目标则有三方面：一是培养受教育者的总目标，二是各级各类学校、各

① 顾明远.教育大辞典[M].上海：上海教育出版社，1998：765.

专业的具体培养目标，三是教育事业发展的目标。[①]在此，教育目标主要是第二方面的指称。也就是说，教育目标是教育目的的下位概念，它所体现的是不同性质的教育和不同阶段的教育价值。如基础教育、高等教育、职业教育、成人教育分别具有不同的教育目标。

课程目标是教育目标的下位概念，它具体体现课程开发与课程设计中的教育价值。课程目标的内容、性质与方向，主要决定于教育目的和学校培养目标。教育目的和学校培养目标是通过一系列具体的课程目标落实到具体的教学实践之中。课程目标既是教育目的和学校培养目标的具体化，同时它本身又可以进一步划分为某一单元、某一课节的更为具体的目标。

课程目标又可分为三个层面，即课程总体目标、学科课程目标和课堂教学目标。课程总体目标描述的是在某一教学阶段课程设置所要实现的总目标，并为安排各类型的课程和教学内容提供依据，在我国往往体现在“课程纲要”和“培养方案”中；学科课程目标接受课程总体目标的规范，是相对具体的目标，以“课程标准”的形式呈现；课堂教学目标与具体的课堂教学相关联，是具体的、情境化的、可操作的教学目标，是对某一门学科或课程的具体内容进行教学所要达成的目标的描述，体现教学的时空差异和个体差异。[②]

在教育目的的指导下，各级学校构成了一个有机联系的教学目标系统。这个目标系统包括教育目的、学校教育目标、学科课程目标、单元教学目标、课堂教学目标五个方面，如下图4-1所示：

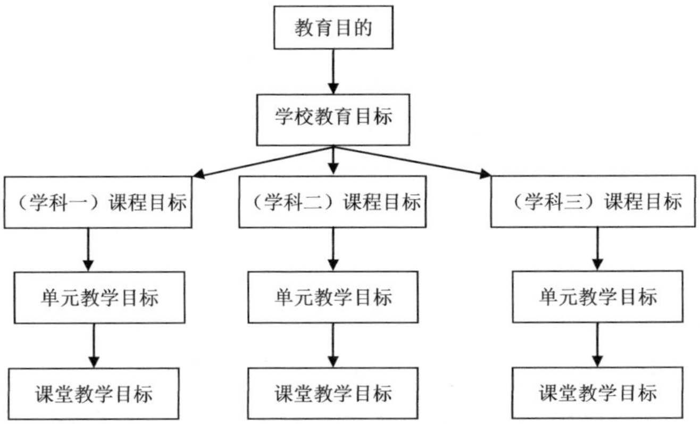

图4-1　课堂教学目标的层次性

① 顾明远.教育大辞典[M].上海：上海教育出版社，1998：764-765.

② 李高峰，汪明.对“三位一体”课程目标的解读[J].内蒙古师范大学学报（教育科学版），2009(10)：1-4.

综合地看，历史课堂教学目标体现在具体课堂中，通常是关于一节课的教学目标。它与历史学科单元目标和内容、某一具体历史课节的内容有密切关系。历史课堂教学目标与具体的历史课堂教学诸要素相连，既是历史学科课程目标的进一步具体化，又是指导、实施、评价历史课堂教学的基本依据，是具体的、情境化的、可操作的教学目标。

（二）从横向维度审视历史课堂教学目标

三维目标是从横向维度审视教学目标的术语表达，历史课堂教学目标从横向维度可划分为"知识与能力""过程与方法""情感态度与价值观"三个维度的目标。

1."知识与能力"目标

"知识与能力"的内涵关系是复杂的。知识可外在于学生个体而独立存在，能力却必须依附于学生个体，它们落实于教学之中，即体现为知识教学与能力发展的关系。从知识教学的过程看，广义的历史知识学习既涉及知识与能力，又涉及过程与方法、情感态度与价值观等内容。在历史知识的教学过程中，知识与能力是不可分的。知识的获取及呈现都伴随着相应的能力，而能力的培养及发挥也伴随着相应的知识。一定的能力是学生获取知识的必要条件，一定的知识是能力培养和提高的基础。知识所指涉的范围广，不同知识所蕴含的智力价值也有类别与层级的差异。简单的事实、现象和复杂的概念、性质、规律在智力价值上是不同的，获取后面类型的知识所需要的能力在水平和复杂程度上要比前面的类别高得多。在历史教学中，简单的历史事实与历史现象，历史现象背后所发现的较普遍性的、规律性的历史知识是不同类别与层级的知识。不同性质的历史知识，对应于不同层级的思维活动，与不同类型的历史思维能力相匹配，并能促进不同层面能力的培养与发展。历史课堂教学目标的"知识与能力"目标，是指在课堂层面所确定的"知识与能力"目标。

2."过程与方法"目标

"过程与方法"既是手段，也是目标。历史学习必然涉及一定的过程与方法，学生在体验学习过程与运用学习方法的同时，也可以掌握这些"过程与方法"。具体而言，历史学科的"过程与方法"目标主要指的是学生在学习历史的过程中获得的相对合理的、能解决历史问题的思维过程和思维方法。这里的"过程"，主要指让学生在浓缩、简化或概括的条件下，经历和体验史学界确认史实、解释与评价历史的程序；这里的“方法”，主要指掌握史学界确认史实、解释与评价历史的思维方法：小到编制历史大事年表、制作各种历史图表的思维方法，如何进行史料鉴定、把握与解释历史现象的思维方法，大到如何发现与揭示历史变化的轨迹、知晓历史演变之脉络的思维方法。[①]历史课堂教学目标的“过程与方法”目标，是指在课堂层面所确定的“过程与方法”目标。

3.“情感态度与价值观”目标

新课程在课程目标方面的改进重点之一，在于将原先的政治思想教育目标拓宽为情感态度与价值观目标。情感是与人的社会性需要相联系的较复杂、稳定的态度体验，包括道德感、美感和理智感。历史课堂教学目标的“情感态度与价值观”目标，是指在课堂层面所确定的“情感态度与价值观”目标。

综合地看，“知识与技能”（事实性知识和概念性知识）、“过程与方法”（方法水平）和“情感态度与价值观”（价值水平），只有将上述三维目标综合地挖掘、洞察与提炼，才能真正地激活学生的历史学科素养。

二、确立历史课堂教学目标的维度

美国学者泰勒曾认为，教育目标不在于要教师从事某些活动，而是要使学生行为方式发生有重大意义的变化，因此，学校教育目标的任何陈述，都应该是陈述要学生发生的变化，既指出要使学生养成哪种行为又言明这种行为的内容或能运用的生活领域。[②]从教育目标分类学角度，布卢姆等人提出，要用学生外显的行为来陈述目标，目标是有层次结构的，每种类型的学习结果之间存在着一定的层级关系，由简单到复杂按顺序排列，前一目标是后一目标的基础，因而目标具有连续性、累积性，并可以设计测验来测量每一类型的结果。[③]

从学习论角度，美国学者马杰认为，论述一个学习目标时，只需包括三个基本要素，即“行为”“条件”“标准”（见表4-1）。[④]

① 聂幼犁．中学历史课程“过程与方法”目标问题[J]．历史教学问题，2009(1)：89.

② 拉尔夫·W．泰勒．课程与教学的基本原理[M]．施良方，译．北京：人民教育出版社，1994：34-36.

③ 袁振国．当代教育学(修订版)[M]．北京：教育科学出版社，2003：172.

④ 吴立岗．教学的原理、模式和活动[M]．南宁：广西教育出版社，1998：405.

表4-1　马杰教学目标表述三要素

教学目标的要素	要问的问题	例子
学生的行为	做什么	把"事实"与"议论"标记出来
作业的条件	在什么条件下做	提供报纸上的一篇文章
合格作业的最低标准	做得怎样	至少有85%的句子标记正确

加涅进一步提出了明确表述教学目标的方式，提出了教学目标的五成分法。五成分分别是情境、习得性能的动词、对象、行动动词以及工具、限制和特殊条件。①中国台湾学者郭生玉认为，教学目标的表述原则上应包括行为主体、行为本身、行为情景、行为结果和行为标准五个基本要素。②

艾斯纳的教育鉴赏、教育批评的评价模式则增添了表意目标。表意目标不在于指出学生从事某些学习活动后所获得的行为的改变。表意目标所要的不是学生反应的同质性而是多元性，希望通过教师提供的情境，学生可以获得其个人的意义。表意目标不能采用行为目标的方式来表述，不在于学生从事教育活动后应该展示的行为结果，而在于确立学生所经历的情境。③

以安德森的教育目标分类为代表的、旨在促进有效教学的教育目标分类，将学习、教学和评价紧密联系起来，强调对学生认知条件的关注，进一步关注学生有效学习的环境建构和所需的教学策略。④以罗米索斯基的知能结构与策略适配分类为代表的、旨在促进个性发展的教育目标分类，除了继续关注有效教学外，还对学生个性发展予以关注，强调学生改造主观世界的本领，强调教学实践的人文性和生态性。⑤

综合看来，课堂教学目标的确立，既要考虑行为主体对象、学生表现行为与教学情境，又要关注学生表现行为的条件以及其与评价、实践、内容的匹配性。

① 加涅.教学设计原理[M].皮连生，庞维国，等译.上海：华东师范大学出版社，1999：131-132.

② 吴立岗.教学的原理、模式和活动[M].南宁：广西教育出版社，1998：405.

③ 黄甫全，王本陆.现代教学论学程(修订版)[M].北京：教育科学出版社，2003：195-196.

④ 盛群力.21世纪教育目标新分类[M].杭州：浙江教育出版社，2008：2-3.

⑤ 盛群力.21世纪教育目标新分类[M].杭州：浙江教育出版社，2008：138-153.

三、确立历史课堂教学目标的策略

（一）历史课堂教学目标设计的流程

1. 研究在教学目标体系中，课堂教学目标要完成的具体任务

课堂教学目标是整个教学目标体系的基本组成部分，与不同层级的教学目标有着纵向或横向的关联与对应。如果在研究整个教学目标体系的基础上来审视课堂教学目标，从宏观上把握历史学科在学校课程体系中的价值与定位，可以较为准确地确定课堂教学目标要完成的具体任务，尤其是从学科立德树人的高度定格课程教学目标的主旨与方向。

2. 研究历史课程标准

历史课程标准体现国家对不同阶段学生在知识与技能、过程与方法、情感态度与价值观等方面的基本要求，体现国家对不同阶段学生历史学科核心素养的要求。历史课程标准不仅规定了历史课程的性质、目标与内容框架，还提出了相应的教学建议和评价建议。研究历史课程标准，了解国家或社会对培养学生的学科素养方面的具体规定，以确定历史课堂教学目标的关键组成等。

3. 了解学生的实际发展水平和发展需要

学生的发展水平、素养结构、能力与知识构成是有阶段性层次的，了解学生现有的发展水平，才能知道学生的“最近发展区”在哪里，才能确定学生可以达到的历史课堂教学目标。

4. 研读历史教材内容

历史教材是历史课程内容的具体化。不同版本的历史教材对课程标准所蕴含的学科核心素养要求、课程目标有不同维度的体现与内容侧重。历史课堂教学目标设计要考虑具体的教学内容，否则课堂教学目标便没有了实际的支撑点。

5. 研究历史课堂教学立意

好的历史课要聚焦一节课的教学立意。在通读历史课程标准、教材以及此课所涉及的史学内容基础上，与本节课对应的课程目标、学科核心素养要求相调适，在整节课的层面上研究此课的教学立意，便于使课堂教学目标更加凝练与精要。

当然,在上述设计流程中,应该主要地基于历史课程标准并结合教材内容,来设计历史课堂教学目标。好的历史课要有教学立意,但如果一般教学设计中确定不出好的教学立意,或对此课没有明确的定位与把握,设计者应该主要考虑历史课程标准与教材。我国的课程标准包括前言、课程目标、内容标准、实施建议等部分,其中,内容标准就是学习者某一个阶段的学习目标,它表明了学习者在某一阶段的学习后所要达成的预期学习结果。从内容标准到教学目标,中间都会存在着一段比较大的距离。从历史课程标准中的内容标准到具体的历史课堂教学目标,需要经过多重转化,即内容标准—学年/学期目标—单元目标—课题目标—课堂教学目标。由此,教师必须在深刻理解历史课程标准的基础上对内容标准进行解构(即细化与分解),然后在具体的教学情境中,结合教材的内容和学生实际,对内容标准进行重构,形成单元/课题/课堂目标。因此,从内容标准到教学目标的转化需要一个有效的技术框架来支持。基于课程标准设定教学目标的五个步骤是:确定与教学相符合的某一具体课程内容标准;分析内容标准的句型结构和关键词;剖析或扩展关键词;构建剖析关系图;根据目标叙写规范,写出清晰的学习目标。①

从微观操作上,历史课堂教学目标的设计一般要经过以下步骤:一是目标分解。要设计历史课堂教学目标,就必须依据历史课程标准中的课程目标,通过模块(单元)目标或主题目标,层层分解,才能确定切实可行的课堂教学目标。二是任务分析。可以根据历史课堂教学目标,进行任务分析。在此,主要是指为了达成历史课堂教学目标的具体规定,对所需要学习的知识与能力、态度与情感或需要培养的学科核心素养等进行具体的解析、落实。三是目标表述。根据上述结果进行目标表述。课堂教学目标是针对学生的学习结果的具体表述。要设计出合适的历史课堂教学目标,必须对历史课堂教学的具体情境、学生的行为状态做出具体、明确的表述,再将这些表述进行分类,尽量使课堂教学目标的制定更为合理。

(二)历史课堂教学目标的表述

陈述特定的教学目标,需要从一般意义上把握教学目标的内涵与要点。主要包括:

---

① 刘颖,岳亮萍.基于课程标准设定教学目标[J].教育理论与实践,2012(10):54.

“(1)教学目标是教学任务的具体化指标,是师生双方在教学活动中预期达到的教学结果、标准,因而不只是教师所要做的事情;

(2)教学目标作为指标体系具有可操作性,给师生双方的心理行为变化提供指南性、程序性和相关联因素的系统整体性,因而不只是教学内容的纲要性陈述;

(3)教学目标应符合目标分类学研究,体现学生的全面发展要求,从知识性、发展性、教育性三个方面进行陈述,并且要能体现这三类目标的相互联系;

(4)教学目标作为实现教育目的的中介,不应囿于特定的教学内容或教学空间,应引导学生将所达成的心理行为迁移运用到社会生活中去解决问题,即教学目标具有辐射生活的功能,具有实现教育目的的功能,这种中介性特征就决定了教学目标隐蔽着迁移要求,因而教学目标不能搞封闭式的终结性陈述;

(5)教学目标作为教学活动所要达到的教学预期标准,它为教学评价提供了具体明确的依据。因此,教学目标的评价性功能决定了我们对教学目标的陈述不宜过于抽象化、概括化,否则师生检测评价教学结果时就会遇到困难。

扣准以上五点,我们在陈述教学目标时就有了最起码的标准,不仅可以杜绝出现这样或那样的错误,而且可以使我们的陈述达到规范化。”①

从课堂教学目标设计的效果来看,澳大利亚教育专家科林·马什认为,制定教学目标应遵循的标准:“范围”,即目标必须足够广泛,包括一切可能与知识、技能和价值观相关的预期的结果。“连续”,即结果必须互相关联,反映一致的价值取向。“适当”,即目标必须适合不同年级水平的学生。“有效”,即目标必须反映和说明我们对它的定义。“弹性”,即目标必须是所有学生都能达到的。“具体”,即目标不能模棱两可,而且要用词准确。②

从历史课堂教学实践看,历史课堂教学目标表述的方式主要有行为目标和表意目标两种:一种是行为目标的表述方式。行为目标的表述方式主要确定学生的学习结果是什么,所采用的行为动词要求明确清晰,可以在实际操作中测量和评价。这种表述方式主要用于知识与能力领域。如,掌握秦朝建立的时间、都城;了解秦朝为巩固统一的封建专制主义中央集权制而采取的措施;识读《秦朝疆域图》;概述秦朝灭亡的原因等。历史课堂教学目标的具体性、明确性,主要取决于行为动词的可观察性和可操作性,所以应尽量将诸如“知道、理解、

① 靳玉乐,胡志金.关于有效陈述“教学目标”的思考[J].课程·教材·教法,1997(2):44.

② 科林·马什.理解课程的关键概念[M].徐佳,吴刚平,译.北京:教育科学出版社,2009:38.

掌握”等含义不易确切把握的词具体化。谨慎选择行为动词,某一类型的行为动词一般表示学习结果的某一类型和层次。如,“识记”这一层次一般选择“指出、标明、列出、选择、背诵”等动词,“领会”这一层次一般选择“区别、估计、解释、引申、归纳、举例说明”等动词,“分析”这一层次一般选择“图示、细述理由、比较、区别、举例说明、评析”等动词。另一种是表意目标的表述方式。艾斯纳曾经论述道:表意目标是学生可以应用其过去所学的种种技能理解主题,透过这个主题,学生的技能和理解扩大了、精致了,而且能够更加显示个人特质。表意目标所要的不是学生反应的同质性,而是学生反应的多元性。在表意的理念中,教师希望提供一个情景,学生由此获得其个人的意义。而学生在此情景中生产的成品,不论理论的或品质的,都会因人而异。结果,这种情景中的评价工作不可应用共同的标准于各种成品之上,而应该促进个人反省那些成品,显示产品的特性和重要性。①在历史课堂教学中,表意目标主要描述学生的心理感受和体验,所采用的行为动词也往往是体验性的和过程性的。这种方式指向无需结果化或难以结果化的教学目标,常常用于“过程与方法、情感态度与价值观目标”,如:通过查阅历史文献资料,收集成语典故,讲述春秋争霸的故事;通过对儒、法、道代表人物思想的了解,确立积极进取的人生态度,形成敢于表达思想、尊重别人意见的个人素质等。

历史课堂教学目标表述的基本要素主要包括四个方面:一是行为主体。即主要是针对哪一个层次的学生。二是学生的行为。说明学生通过一节课的学习后,应该获得什么样的知识与能力,情感态度与价值观有什么变化。三是确定行为的条件。条件是指能够影响学生学习结果特定的限制或范围。四是表现程度。程度是指学生达到历史课堂教学目标的最低衡量标准,是阐述学生学习成就的最低水准。当然,并不是所有的历史课堂教学目标都要包括这四个要素,有时为了陈述方便也可简略。历史课堂教学目标的表述还要注意以下两个问题:其一,历史课堂教学目标表述使用的行为动词要尽可能是可理解、可评估的。教师应该根据历史课程标准提出的要求,逐步分解目标,选择恰当的行为动词来明确地表述应该达到何种结果,以加强历史课堂教学设计的可操作性。其二,历史课堂教学目标的表述要尽可能说明行为结果产生的条件和所要达到的程度。行为结果产生的条件指影响学生学习结果的特定的限制和范围。一

① 黄政杰.课程设计[M].台北:东华书局,1991:248-249.

般的表述有四种类型:关于使用手段或辅助手段,如“结合图片、教师提供的资料,识读……”;提供信息或提示,如“在《秦朝疆域图》中,找出秦的疆域四至”;时间上的限制,如“在5分钟内,阅读关于秦始皇个人的资料”;完成行为的情形,如“在课堂讨论时能够说出有关秦始皇的个人情况”等。

四、如何依据教学立意设计课堂教学目标

(一)历史课堂教学目标与教学立意的关系

评判一节课的首要问题,通俗地讲,即一节课要“干什么”“达成什么”。换句话说,就是一节课要有一个主旨、中心,其具体体现就是教学立意。教学立意是基于课程目标与史学要旨的聚合与贯通。一节好的历史课,其教学立意与课堂教学目标的关系呈现如下特征,即教学立意是对本节课教学目标的聚合与凝练。

教学立意源于课程目标,这也是教学设计需要遵循的基本前提。不过,由于课程目标“略而疏”,与课堂教学目标存有一定差异,再加上课程目标是三维的,其“知识与能力”“过程与方法”“情感态度与价值观”目标在落实过程中易于离散,这就要求教学立意能对本课目标进行聚合与凝练。比如,《鸦片战争》一课,在课程标准中并不能找到具体的目标要求,只有相关的内容目标:“列举1840年至1900年间西方列强的侵华史实,概述中国军民反抗外来侵略斗争的事迹,体会中华民族英勇不屈的斗争精神。”在教学设计中,教师通常会依据教材内容确立让学生“知道英国全球殖民扩张政策与锋芒”“理解鸦片走私及其对中国社会的危害”“了解虎门销烟、鸦片战争爆发及战争中清军爱国将士抗击英军的史实”“理解鸦片战争对中国社会的影响”“痛恨英国殖民者发动侵略战争”等目标。上述目标尽管具体,但显然较为分散,且浮于表面,倘若在教学中能揭示出这是一场由处于中世纪农业文明国家的爱国将士英勇抗击渐已步入近代工业文明国家的殖民者的战争,事实上这一教学立意就对上述目标做了提炼。

教学立意能对一节课内容进行聚焦与贯通。鉴于课程标准以“模块—专题”方式确立其内容标准,专题间的内容又常是跳跃、断裂的,这就会使课程目标所确定的教学内容在史学上并不连贯,进而会导致学生理解上的障碍。因

此，一节好的历史课的教学立意还需对本课内容进行贯通。仍以《鸦片战争》一课为例，课程目标所强调的是西方列强的侵华事实以及中国军民抗击外来侵略的事实与精神，依据课程目标所确定的本课内容，通常只强调英国殖民侵略这一“外患”，对晚清王朝的“内腐”揭示不足。然而，作为高中必修课程的重要内容，鸦片战争是中国近代史的肇始与开端，晚清王朝的“内腐”恰恰是近代中国被动挨打的内在根源，一节好的历史课需揭示出这一内在根源，以奠定学生理解此后晚清王朝何以屡屡战败并何以屡屡被迫签订一系列不平等条约的认识基础。因此，其教学立意还需聚焦于“天朝上国”的腐朽与愚昧，以贯通此历史阶段。

教学立意与课堂教学目标是相通的。一节好的历史课，其教学目标也会具备上述特征，即它不仅能进一步凝练且能贯通本课内容所涉及的前后历史阶段。

（二）依据教学立意进行教学目标的设计

在历史教学设计中，倘若根据教学立意确立课堂教学目标，需要参照课程标准中的相关内容要求，结合课堂教学目标所涉及的关键因素，如单元主题、史学内容、学生认知因素等，提炼教学立意，并以此选择、校正课堂教学三维目标。以下选择《“百家争鸣”与儒家思想的形成》一课予以说明：

《“百家争鸣”与儒家思想的形成》一课属于“中国传统文化主流思想的演变”主题单元，其相关的课程目标：知道诸子百家，认识春秋战国时期百家争鸣局面形成的重要意义；了解孔子、孟子和荀子等思想家以及儒家思想的形成。本单元还包括其他相连的三“课”内容：《罢黜百家，独尊儒术》《宋明理学》《明清之际活跃的儒家思想》。依据课程目标与单元主题，“百家争鸣”需要着重关注儒家思想与其他诸子学派思想的争鸣，“儒家思想的形成”需要着重探讨早期儒学何以后来能发展为中国传统社会的主流思想，如此才能较深入地达成本课目标，贯通本单元教学主题。

早期儒学以孔子、孟子、荀子的思想为代表，三者既有内在的传承，又有融合其他学派思想的创新与发展。更确切地说，早期儒学是在与其他学派思想的不断争鸣、互动之中创新与发展起来的。不过，鉴于诸子争鸣的内容涉及范围广、时段长，本课应聚焦于儒墨、儒道、儒法之争，着力考察其重建天下社会秩序的核心观点，并从中探讨早期儒学所具有的强调“尊尊”与“亲亲”、强化君主专制统治、维护传统宗法关系的思想潜质，以此来揭示早期儒学何以后来能发展成为中国传统社会主流思想的关键因素。

基于以上分析，本课课堂教学目标可确定为：

1. 知识与能力

了解春秋战国时期百家争鸣产生的背景，理解“士”的崛起是百家争鸣产生的关键因素；了解儒墨“仁爱”与“兼爱”、儒道“有为”与“无为”、儒法“德治”与“法治”之争的思想内容；理解孔子、孟子、荀子的思想及其内在传承；理解早期儒学何以后来能发展成为中国传统社会主流思想的关键因素。

2. 过程与方法

以故事、材料进行讨论；图片展示。

3. 情感态度与价值观

体验孔子、孟子、荀子等思想家的人文魅力，感悟他们“以天下为己任”的责任情怀；领会“百家争鸣”对中国学术文化、思想道德发展的人文意义。

五、历史课堂教学目标的认识误区及原因分析①

误区一：简单移植历史课程目标，历史课堂教学目标的内容大而空

案例《元帝国拓展统一多民族国家基业》一课教学目标的设计

通过学习成吉思汗统一蒙古和忽必烈建立元朝的史实，引导学生树立积极进取的人生观，塑造学生的坚强意志和勇敢品格；通过学习文天祥抗元的史实，对学生进行理想人格教育。

引导学生树立积极进取的人生观，塑造坚强的意志和勇敢的品格以及对学生进行理想人格教育，是历史课程目标的重要内容。对学生而言，这是一个长期的过程，非一节历史课所能完成。这样的历史课堂教学目标只是对历史课程

① 王德民.历史课堂教学目标的认识误区与原因分析[J].教育实践与研究，2006(8)：31-32.

目标的简单移植，目标内容大而空，缺乏可操作性，事实上，在一节历史课中很难实现。

案例分析：

出现上述误区的原因，主要在于没有弄清历史课程目标与历史课堂教学目标之间的关系。通常情况下，历史教学是由一节一节的课堂教学来完成，这就需要制定历史课堂教学目标，而历史课程标准是教师从事历史教学的主要依据，由此很容易导致教师照搬历史课程标准中的目标。事实上，相对课堂教学目标而言，课程目标是宽泛的，它“定位于教育内部的教育与学生的关系”“包括‘教育目的’‘培养目标’‘教学目的’和‘教学目标’。”①由此可知，历史课程目标绝不能等同于历史课堂教学目标，历史课堂教学目标的制定需要对历史课程目标一步步细化，要具有可操作性，并借助于具体的历史教材内容和历史教学活动来实现。修改如下：

通过成吉思汗统一蒙古和忽必烈建立元朝的史实，引导学生体验他们不畏艰难、积极进取的个人品质和坚强意志；文天祥抗元的特殊经历并非人人都能碰到，让学生能从中认识到责任心的重要性。

误区二：历史课堂教学目标分割孤立，缺乏具体实施的内容载体和途径

案例《和同为一家》一课教学目标的设计

1. 知识与能力

一是知道“天可汗”的含义，了解唐太宗受到少数民族拥戴的有关史实；二是讲述文成公主入藏和亲的故事，说出文成公主入藏的意义。

2. 过程与方法

学习识读历史地图的方法；掌握收集史料的方法。

3. 情感态度与价值观

理解统一多民族国家的形成与巩固；理解正确的民族关系。

① 廖哲勋，田慧生．课程新论［M］．北京：教育科学出版社，2003：148．

三个维度的目标分割孤立,彼此之间缺乏联系。从具体的教学实践活动看,除知识与能力目标有较强的指向性和操作性外,其他两个维度的目标都缺乏实施的具体载体和途径。例如,在过程与方法的教学目标中,怎样让学生学会识读历史地图的方法?在情感态度与价值观教学目标中,又怎样让学生理解统一多民族国家的形成与巩固?这些都缺乏具体的实施途径。

案例分析:

历史课堂教学目标的知识与能力、过程与方法、情感态度与价值观三个维度目标是统一的,不能人为去割裂它们。既不能简单罗列历史基础知识,也不能空谈情感态度与价值观教育。要从历史教材内容以及历史教学的具体实际出发,概括教材中所包含的历史基础知识,发掘历史教材潜在的历史能力和情感态度与价值观教育方面的因素。具体来说,在拟定课堂教学目标时,应该认真考虑如下问题:教材包括哪些历史基础知识?由此应该培养学生哪些方面的能力?对学生进行怎样的教学活动指导使其理解历史学习的过程与方法?本课知识中包含有什么情感态度与价值观?

因此,若把上述过程与方法、情感态度与价值观目标做如下修改,历史课堂教学目标的三个维度之间的联系会增强,对历史课堂教学的指导作用也会更加明显。

2. 过程与方法

通过识读《唐初边疆少数民族分布图》,了解唐周边少数民族的分布情况以及他们与唐朝密切交往的史实,学习识读历史地图的方法;收集唐朝各民族友好交往的故事,掌握收集历史资料的方法;以文成公主入藏的故事为题材,编演一幕历史剧。

3. 情感态度与价值观

通过对“松赞干布与文成公主”内容的学习,认识到文成公主入藏奠定了汉藏友好交往的基础;通过学习唐朝与周边少数民族密切联系、相互交流与共同发展的史实,认识到祖国历史是各民族人民共同缔造的,统一多民族国家的形成和巩固是各民族人民长期开发、共同建设的结果,是各族之间友好交融的结果;通过对唐朝开明民族政策的了解,树立尊重别人、宽容、平等待人的意识。

误区三：沿用以前的提法，定位不准确

艰难曲折的探索过程

1. 基础知识与技能

讲述中共八大的主要内容并分析其积极意义；讲解社会主义建设总路线的提出及“大跃进”和人民公社化运动给我国社会主义建设带来的危害；培养学生全面分析历史问题的能力；培养学生运用唯物主义观点评价历史事件、历史人物的能力。

2. 思想教育

认识社会主义建设是一个曲折漫长的过程；体会坚持中国共产党领导的重要性，坚定建设社会主义的信念。

从名称上看，仍然沿用课程改革以前的提法，这与历史课程标准确立的三维教学目标不相符合。从历史课堂教学目标确立的角度看，“讲述”“讲解”这些提法都是从教师这一方面提出来的，这也与课程改革“以学生为主体”确定教学目标的理念相违背。

案例分析：

在现实的历史课堂教学中，相当部分教师仍然认为，历史课程标准替代历史教学大纲只不过是更换了一种新的提法，“换汤不换药”，授课教师在教案中称历史教学目标之一的“情感态度与价值观”目标为“思想教育”目标的还是普遍现象。但事实上，历史课程标准替代历史教学大纲带来了方方面面的变革。以前的“思想教育”目标被“情感态度与价值观”目标所取代，“突破了以往单纯政治教育的层面，注重人文素养和科学精神的培养，把历史教育的社会教育功能与人的发展教育功能结合起来”[①]。就课程目标而言，学生是唯一的对象，教师是课程目标达成的促进者，[②]这与历史教学大纲只注重教师的“教”而忽视学

① 朱汉国，王斯德. 历史课程标准解读[M]. 北京：北京师范大学出版社，2002：16.

② 白月桥. 课程标准实验稿课程目标订定的探讨[J]. 课程·教材·教法，2004(9)：3-10.

生的“学”有着很大的区别。教师要深入钻研历史课程标准，结合历史教材内容，不仅要掌握教材内容的广度和深度，而且要研究教材的编写意图，研究学生的具体情况，使历史课堂教学目标更准确，更加具有针对性。

误区四：罗列历史教材内容，照抄历史教学参考书

这种认识误区主要有两种倾向：一种是对本节课历史教材内容进行简单罗列，有的甚至将历史教材内容子目直接罗列为历史教学的知识目标；另一种倾向是生搬硬套他人的教学目标，即现行中学历史教师教学用书中每一节课的教学目标都编制好了，有的教师在备课时就照抄下来，但在具体的历史课堂教学中却总不能实现。

案例分析：

历史课堂教学目标是对历史教材内容的高度概括，是教师经过钻研而提炼出来的对教材内容实质的体会。如果没有这种提炼和体会，教师无论照搬历史教材内容还是照抄他人已经制定好的教学目标，都会因为自己对历史教材内容没有领会而难以实现。教学是一门艺术，更是一种创造性劳动，教师如果不能因时、因地、因人而异地制定历史课堂教学目标，不能亲自参与创造，也就不能取得好的教学效果。

误区五：过于强调预设性课堂教学目标，忽视生成性课堂教学目标

> 案例：一位教师在讲授“青铜时代”内容时，设置的目标是有关青铜冶炼的知识，学生们提出的问题：青铜器是干什么用的？为什么要制造青铜器？青铜器为什么会流传至今？等等。教师忽视了学生们的问题，仍然按照自己设计好的教学程序进行，学生的情绪受到压抑，课堂教学气氛低落。

案例分析：

教师课前制定历史课堂教学目标时，不能过分强调它的预设性。教师在考虑教什么、怎么教的同时，更要考虑学生学什么？怎么学？预设性历史课堂教学目标是静态的，它能保证历史教学活动的目的性、计划性和可控性，但也容易导致历史教学的封闭，限制师生的创造性。在历史教学过程中，教师

要关注学生的问题，给学生探究、创新的机会，重视伴随历史课堂教学过程展开而自然产生的目标，这是历史教学活动中极为有价值的东西。这也要求教师对历史课堂教学目标的预设要更远、更深、更灵活，使历史教学更加充满活力。

六、历史课堂教学目标的操作性举例

案例1:《唐与周边少数民族的关系》一课教学目标的设计

课程标准：以文成公主入藏、玄奘西行等史实为例，说明唐代民族和睦。

分析：文成公主入藏、玄奘西行等属于基本史实，属于“知识与能力”目标。不过，如果以此为例，说明唐代民族和睦，这就涉及“过程与方法”“情感态度与价值观”目标。因此，课堂教学目标可做以下设计：

1. 知识与能力

了解唐太宗受到少数民族拥戴的有关史实；讲述文成公主入藏和亲的故事，说出文成公主入藏的意义；列举唐王朝对待少数民族的政策，简述“和同为一家”的含义，并能说出自己的体会。

2. 过程与方法

阅读课文提供的历史材料，学会阅读历史材料并从材料中获得有效信息；识读《唐初边疆少数民族分布图》，了解唐朝少数民族的分布情况以及他们与唐朝密切交往的史实，学习识读历史地图的方法；收集唐朝各民族友好交往的故事，编演历史剧，掌握收集历史资料的方法；在编演历史剧的过程中，培养语言表达能力和团结协作精神。

3. 情感态度与价值观

通过唐朝与周边少数民族的密切联系、相互交流与共同发展的史实，认识到祖国历史是各族人民共同缔造的，统一多民族国家的形成和巩固是各族人民长期开发、共同建设的结果，是各族之间友好交融的结果；通过对“松赞干布与文成公主”内容的学习，认识到文成公主入藏奠定了汉藏友好交往的基础；通过对唐代开明民族政策的了解，树立尊重别人、平等待人的意识，培养待人宽容、豁达的性格。

案例2:《鸦片战争》一课教学目标的设计

课程标准:讲述林则徐虎门销烟的故事;列举中英《南京条约》的主要内容,认识鸦片战争对中国近代社会的影响。

分析:“讲述林则徐虎门销烟的故事”涉及鸦片战争爆发的原因,“列举中英《南京条约》的主要内容”涉及鸦片战争的结果,“认识鸦片战争对中国近代社会的影响”涉及对鸦片战争的评价,三者在课堂中的落实不是孤立的。因此,课堂教学目标可做如下设计:

1. 知识与技能

知道英国全球殖民扩张政策与锋芒;清朝统治的腐朽与闭塞;理解鸦片走私及其对中国的危害;知道虎门销烟与鸦片战争的过程;理解《南京条约》的内容及影响。

2. 过程与方法

通过已经学过的有关世界史与中国史知识、课文第一目和战前中英贸易数据得出战争的背景,学习从史料中归纳国际格局或态势的方法;通过观察和阅读鸦片流行的结果的有关资料懂得其对中国的各种危害;强化从史料中观察社会沉浮的方法;通过观察地图知道战争的过程。练习阅读军事形势地图的方法;通过《南京条约》的主要条款分析和推断战争的结果,强化把国际条约放到当时的历史背景下判断其性质、作用与影响的阅读历史文献的能力。

3. 情感态度与价值观

痛恨清朝统治的腐朽和英国殖民主义鸦片贸易与战争的罪恶;憎恶毒品及其对人与社会的危害;赞同林则徐等的爱国主义、禁烟的正义性,感叹其必然失败的命运;谴责殖民主义商业战争的恶行,承认历史上殖民主义有双重性。

思考题:

(1)如何理解历史课堂教学目标?

(2)确立历史课堂教学目标的流程有哪些?

(3)如何理解历史课堂教学目标与教学立意的关系?

第五章　历史教材分析与学情分析的设计

在当前中国教育语境下，历史教材是历史教学内容的主要信息来源。对学生的关注是课程改革的内在主旨。历史教材分析与学情分析是历史教学设计的重要凭借。

一、何谓历史教材

如何理解历史教材，需要对教材的含义做基础性厘清。涉及教材的代表性观点如下：

(1)教材一般有两种解释：①根据一定学科的任务编选和组织具有一定范围和深度的知识和技能体系，一般以教科书的形式来具体反映；②教师指导学生学习的一切教学材料，包括教科书、讲义、讲授提纲、参考书刊、教学辅助材料等。[①]

(2)教材是教师指导学生学习的一切教学材料，包括教学大纲、教科书、讲义、参考书刊、教学辅助材料(如图片、教学影片、唱片、录音、录像、磁带)等，甚至包括有意识地用来为教学服务的实际情境。[②]

(3)教材分为下述三层含义：第一层含义相当于学科课程标准所示的教学内容；第二层含义系第一层含义的具体化形式。在分析智力与能力、意志培养目标的基础上，把它们作为一个统一的目标去选定具体的教材。第三层含义指的是在教学中使用的软件与硬件，即通常我们所说的"教材、教具"，也有人倡导称这一层含义为"学习材料"。[③]

---

① 中国大百科全书总编辑委员会教育编辑委员会．中国大百科全书·教育卷[M]．北京：中国大百科全书出版社，1985：144.

② 叶澜．新编教育学教程[M]．上海：华东师范大学出版社，1991：143.

③ 钟启泉．教材与教材研究[J]．全球教育展望，1993，22(5)：1-7.

(4)教材是在教学过程中教师用来协助学生达到教学目标的各种知识信息材料。①

(5)教科书是作为教育工具的书,教科书的特性:①作为好的思维或情感的媒介;②作为具有潜能可促使新事件发生的关于过去事件的记录;③作为思想或过程的权威记录;④作为概念或知识(信息)实体的编制者;⑤作为增加意义和丰富经验的刺激物。②

(6)从教学论角度看,教材的广义定义可界定为:"①教材规定了学生应掌握的知识体系。教材作为学生应掌握的知识体系所包括的事实、概念、法则和理论。②教材规定了学生应掌握的技能体系。同知识紧密相关的、有助于各种能力与熟练技巧的系统掌握的、心理作业和实践作业的各种步骤、作业方式和技术。③教材规定了学生应培养的思想品德。教材直接或间接地包含了为奠定学生正确的世界观的知识,以及有关政治的、道德等方面的认识、观念和规范。④根据教学内容的特点和学生的特点恰当地选择和运用教学媒体,优化教学效果。"③

上述各类观点主要强调了以下几个方面:从教材编写者的立场,强调了教材以培养目标为依据的编写性质;强调了教材在教学过程中的重要作用;将教材放在教学活动中加以考察,对其与一般书籍做了区分;将教材的概念扩展到无形的教学情境中,超越了教材作为有形实体的限制;对教材的内容形式与内在结构做了整合,揭示了教材所渗透的深层观念。

应该说,以上对教材内涵的各种界定,从各个侧面揭示了教材的本质属性。从教学设计的角度看,历史教材更属于学科课程的信息载体,更凸显历史学科内容的编制特色。作为历史学科课程内容的系统组织,历史教材聚焦了历史学科课程的静态内容规定。在教学论意义上,它是承载历史教学内容和历史信息的物化的材料,是由一定的教学目标、学习内容和学习方式分门别类组成的可供学生阅读、视听和操作的材料。当然,在中国教育语境下,历史教材更聚焦性地指向历史教科书。

① 曾天山.教材论[M].南昌:江西教育出版社,1997:7-8.

② 江山野.简明国际教育百科全书·课程[M].北京:教育科学出版社,1991:129.

③ 范印哲.教材设计与编写[M].北京:高等教育出版社,1998:3.

二、历史教科书的结构

历史教科书的结构主要由两部分构成：一部分是课文，即教科书的正文内容；另一部分是课文辅助部分，包括目录、课前提要、历史图片及图注、历史地图、文献资料、注释、课文习题、附录等。

（一）课文

课文是历史教科书的主体部分，是构成历史教科书内容的基础，教科书中的其他部分大都是围绕着课文而建构的。

一般地，课文由基本文和补充文两部分组成。基本文是作者对精选的一系列基本历史事件、历史人物、历史现象和历史过程的较完整、系统、全面地概括、叙述。在编排上，基本文一般用大号字排版，它是学生学习的主要内容，也是学生必须掌握的内容，列入学业考查范围。它是教科书诸种结构中最基本的、最稳定的部分。补充文是在课文中用小号字排版的内容，它是对基本历史史实的补充叙述。补充文的内容丰富多彩，有补充历史事件的，有补充历史人物的，有补充科技文化的，凡是基本文讲术的内容大都有补充文做进一步的具体介绍。补充文的主要作用是扩展知识，帮助学生更好地理解基本文，增加教材的生动性。

不同版本对基本文、补充文有不同的称呼，如有些版本将基本文称为正文，补充文称为副文、阅读文字。尽管称呼不同，但所指内容和功能都相差不多。

（二）课文辅助部分

课文辅助部分的功能主要表现在以下几方面：配合课文学习的功能；丰富课文内容的功能；巩固课文学习的功能。以下主要介绍三种课文辅助部分。

课前提要是指位于每一单元或每课开始的一段或几段文字，更多的版本把它称为导语、导言。它是课文辅助部分的重要组成。课前提要根据其位置可以分为两大类：一类是位于每个单元前的课前提要，一类是位于课文前的课前提要。两者的功能基本相同，大都是对本单元或本课所涉及的历史背景、历史线索、重大事件进行高度的概括。后者的形式和表现手法多样，或用精简的文字概括课文的重要内容，或用一连串富有启发性的问题引出课文的主题，或用一个有趣的故事激发学习的兴趣等来导入新课。

历史图片是一个含义较广泛的概念，这里专指历史教科书中的插图。图片按其内容可以划分为五类：人物图像、政治经济和社会生活图、科学技术图、艺术品图、地图；按其形式又可分为四种：文物照片、历史场景和事物的想象绘画图、说明图、地图。历史图片包含并传递着历史的信息，具有文字无法代替的功能。

课文习题是指在课文前、课文中或课文后设置的要求学生回答、回忆、总结、深入思考的等各种性质的问题。课文中的习题一般要求学生在课堂当中完成，使用语言表达的形式是“为什么”“想一想”“比一比”“谈一谈”等。课文后的习题一般要求学生在课后完成，还有的形式如活动建议、活动与探究、身边的历史等。

三、如何分析历史教材

教材分析包括对教科书内容的主题分析、对教科书的结构分析以及对课程标准的依据分析。如何分析历史教材，至少需要采取以下步骤与措施。

（一）立足历史课程标准

历史教材是历史课程内容的重要载体，是历史课程内容的物化形式。从课程角度讲，历史教材体现了历史课程目标，是历史课程实施中的重要凭借与手段。反过来看，分析历史教材又必须以历史课程标准为指导，这就要求教师要理解与把握历史课程标准的性质与结构，对相关内容标准的要求能做深入分析，并以此为指导，从整体上把握与理解历史教材。

鉴于初、高中历史课程以主题或模块为课程组织方式，这就需要教师对某课内容分析时，必须以课程标准为依托，对本课所在的主题单元做宏观分析。好的教材分析能够触及并揭示本课所在单元主题之间的前后关联或迁移关联，能对模块主题进行顺序重组、内容重构，并整体性关照模块主题。[①]比如，能够依据历史课程标准，分析历史教材有几个单元主题，本课所在单元主题与其他单元主题存在哪些联系？本课在本单元主题中的地位与作用如何？从更高的

① 王德民.高中历史必修模块的专题关联分析与教学建议[J].现代基础教育研究，2012(2)：116-120.

层面分析，本教材侧重从哪些方面呈现教材内容？教材编写的理念及所渗透的史观有哪些？等等。所有这些，都便于教师立足历史课程标准，从较宏观的角度分析与把握历史教材。

（二）分析历史教材的基本内容与结构

在立足课程标准前提下，教师还要更细致、深入地研究教材。教师教材研究的焦点在于如何实现教材的两个转化：其一，如何从预设教材过渡到生成教材。其二，如何使教材转化为学材。从作业方式、思维方式、活动方式、活动步骤及活动技术这一系统教学的视点出发去研究教材。①也就是说，要研究教材内容的落实路径，促进教材内容最终被学生转化与理解。

从教学设计角度看，分析教材的基本内容与结构是教师研究教材的起点与抓手。历史教材的基本结构反映了历史教材各组成要素的关系构成及特征。教师研究教材就是要注重分析教材各组成要素的关系、逻辑顺序和组织形式，体现在操作上，主要是基于本课立意把握课文中的子目内容构成、各子目之间的逻辑关系，深入理解历史教材的主要内容。具体而言，首先，要综观教科书目录。目录是全书的提纲与缩影，阅读目录能够形成对全书内容的概要理解，概括性地把握全书的总体结构以及各章、节、目之间的内容联系。其次，要认真地阅读单元主题、课节标题，理解单元、课节之间的内在联系。再次，阅读课文时方法要得当。主要包括：

（1）精读与粗读相结合。精读是对历史阅读材料做深入细致地研读。精读要求读者细读深思，反复琢磨。可以通过挑选重要材料、重点语句、主旨句、典型段落或内容加以精研细读。根据阅读材料及学生内在的阅读认知心理，精读可分为三个层次：第一层次即通过分析材料的构成短语、词句，弄懂材料文本的大意。第二层次即结合具体的历史事件、人物、现象等，弄清材料的类别，了解整个材料的语义意义。第三层次即联系宏观历史背景、历史事件产生的具体背景、过程、性质与影响等，理解文本材料的核心内容与意义。当然，精读也可挑选重要材料、语句等做精研细读。比如，可以寻找语篇材料的主旨句，来理解语篇材料的主要意思。让学生明确："一个段落是由一组具有同一个主题或思想的句子组成；段落中最关键的一句，就是主旨句，因为它告诉学生这个段落是说

① 钟启泉.教材概念与教学创新[J].教育探究，2010(1)：7-8.

什么的。然后应进行辨别教科书中某些段落的主旨句的练习。要让学生知道：主旨句说出了段落要讲的内容；段落中的其他句子是详细阐述这个主题的；主旨句通常———但并不总是———段落的第一句话。”①粗读是指对整篇课文的粗略解读。学生需要对历史课文表述的内容主次、详略做概要了解，对材料内容的重难点做出判断。粗读的要求比精读相对较低。它可凭借课文的课前提示、导语或纲目框架，理解本课内容在整个单元中的地位，了解本课内容的知识框架如何。在粗读课文的过程中，要指导学生做好笔记。一般的读书笔记由三部分组成，即简单勾画、评注与写笔记。对重点内容可用笔做出勾画符号，提高对重点内容的关注程度。写评注是将读者的理解随时记录于课文内容之侧，深化对相关内容的理解。写笔记是对课文内容更进一步的理解。总之，阅读课文时要抓住重点，对重点内容要精读。如，对历史事件的原因、性质、影响与意义的分析等，要深入地阅读并加以分析。对于课文的非重要内容，则可概括地掌握其内容要点，简要理解就行。

(2)在阅读过程中要善于发现问题，尽可能地带着问题阅读。可以有两种情况：一是教师根据课文内容，有针对性地提出问题；二是由学生提出问题。当然，阅读课文时还可灵活采用其他方法。比如，可以采用扩展法，以某个问题为起点，依据历史事件的因果关系逐步扩展、层层深入；也可以采用比较法，将阅读过程中遇到的内容概念与已学过的内容概念做比较，探讨其联系或异同。

(三)整合、重构历史教材内容

历史教材既不是唯一的历史课程资源，更不是唯一的历史教学资源。在历史教学中，既不能仅仅局限于教材内容、只凭历史教材来组织教学内容，更不能受制于教材设计顺序、按教材内容顺序来安排教学顺序。②

从上述意义上看，在历史教学设计中，还要整合与重构历史教材内容。通过对历史教材基本结构的分析，尤其是对教材各子目内容及其关系的内在把握，确定教材的整体内容特征及前后教材内容的关系，对历史教材中的具体内容进行整合。教师要紧紧把握教材特点，准确理解历史课程标准，结合教学的具体情况，对历史教材内容进行选择、取舍、加工和整合，这一对历史教材“再开

① 赵亚夫.《历史与社会》教学中提高学生阅读与写作技能的策略[J].教育科学研究，2005(9)：41.

② 王德民.历史教材“转型”与课堂教学重建[J].历史教学，2004(4)：42-44.

发”的过程，实际上也是使历史课程内容具体化的过程。①

四、如何开发课程资源

对历史课程资源的积极开发与充分利用，是历史教学顺利进行的基础条件。历史学科所具有的独特性质，使其拥有丰富的信息资源。在历史教学设计中，教师要强化历史课程资源意识，因地制宜地开发和有效利用各种课程资源。

除历史教材外，要积极利用多种课程资源。

(1)历史学科是一门综合性很强的人文学科，涉及的领域很广。要有意识地利用人文社会科学方面的读物，如通史著作、历史刊物、历史文物图册、历史地图、历史图表、通俗历史读物、历史小说、科学技术史、文学艺术史、考古和旅游等，在教学设计中广泛选择与利用。

(2)多方面开发和利用校外历史课程资源。一是利用历史遗迹、遗址，二是利用乡土教材和社区课程资源。乡土教材和社区课程资源对学生的历史学习和历史感悟大有裨益。还应随时随地发现和利用本地区丰富的人力资源，如历史见证人、历史专家学者、阅历丰富的长者等，他们能够从不同层面和多种角度为学生提供历史素材和历史见解。家庭也是历史学习的一种资源，家庭所收藏的照片、图片、实物、家谱或族谱以及长辈对往事的回忆和记录，都会在不同程度上有助于学生的历史学习。

(3)合理利用历史题材的视频资料。近年来，历史题材的影视作品大量增加，成为一种非常重要而且容易获取的历史课程资源。文献纪录片一般能够具体、生动地再现某段历史，刻画某些历史人物，叙述某些重大历史事件，有助于学生理解和认识历史，是应重点利用的影视资源。对于历史题材的影视文学作品，应选择那些比较接近历史实际、与课程内容有密切联系的作品。此外，还可有效利用各种网络资源。

五、何谓学情分析

教学设计将学情作为课堂教学的起点。学情分析体现了新课程改革的理

① 王德民．论教师对历史教材的“再开发”[J]．天津师范大学学报(基础教育版)，2007，8(2)：61-64.

念，揭示了课堂教学由学科本位、知识本位到学生主体性的转变。对学情分析的理解，代表性观点如下：

（1）从语言学的角度，“学情分析”中的“学情”可理解为“学生情况”或者“学生学习情况”的缩略语。①

（2）学情分析就是要对学生的实际情况进行分析。②

（3）学情即学生学习的情况。③

（4）学情主要是指学生的知识基础、学习方法、心理状态、理解能力、学习兴趣等。④

（5）学情即学生在课堂里的学习情况，以区别于在没有教师干预状态下学生的自发学习情况。⑤

（6）学情就是影响教与学的设计与实施的发生、发展及效果，并且与学习者相关的一切变量和因素的状况。⑥

（7）能否被界定为“学情”，至少要满足以下两个条件：首先，它对教学效果的影响是经过科学论证的；其次，存在科学有效的教学手段可以弥补它对教学产生的影响。⑦

可以看到，学情分析的指向范围有大有小。学情可以包括学生的知识掌握情况、学习兴趣、学习习惯、学生情绪、学生文化、学习生活，也可以仅指向“影响教与学效果”的那些信息。在历史教学设计中，考虑到学科教学的有效性，对学情的理解更侧重于后者，即学情分析主要侧重于对历史教学内容有显著影响的重要信息，并且，尽量地能够对学情进行准确的评估，对学情所产生的教学影响能够采取具体的教学措施来予以改进与补救。

六、学情分析的策略

学情分析是教学设计中的必要话语。它既是教学研究的重要生长点，又是

① 邵燕楠，黄燕宁．学情分析：教学研究的重要生长点[J]．中国教育学刊，2013(2)：60-63.

② 吴银银．高中生物学教学设计的学情分析：价值、内涵与方法[J]．教育探索，2011(2)：79-80.

③ 汪圣龙．学情调查：回归教育本质的起点[J]．上海教育科研，2010(11)：57.

④ 赵振旗．应加强对学情的研究[J]．当代教育科学，1988(2)：30.

⑤ 陈隆升．语文课堂教学研究———基于“学情分析”的视角[D]．上海：上海师范大学硕士学位论文，2009：79 - 81.

⑥ 丁恺．课堂教学的“学情分析”研究[D]．上海：华东师范大学硕士学位论文，2009：16.

⑦ 谢晨，胡惠闵．学情分析中“学情”的理解[J]．全球教育展望，2015(2)：20-27.

教师做好历史教学设计的基本功。若要做好学情分析,至少需要采取以下策略。

(一)学情分析要与具体的教学内容相联系

在历史教学设计中,学情分析中的常见问题,即是照抄教师参考用书或其他辅导用书上的学情分析,或者只笼统地分析学生某阶段的年龄、心理特征。如此的分析既不具体,又无实际内容,其导致的现象便是学情分析“放之四海而皆准”。

学情分析实质上是对学生具体学习情况的分析,学情分析的内容是影响学生在学习过程中有效学习的因素分析,学情分析侧重于方法、内容与实践层面,为教学设计提供行动的基础和策略指南。在历史教学设计中,学情分析更聚焦于对本课学习所可能遇到的历史问题的深入分析与预测。教师要结合具体教材内容进行深度分析与探究,尽可能预测学生可能出现的学习问题,相对本课而言,学生已学过哪些相关内容?还有哪些知识遗漏?可能还需要补充哪些方面的“额外”内容?可能还会出现哪些方面的问题?所有这些都要做出分析与评估。学情分析只有结合具体的教学内容,才能体现学情分析的针对性。

(二)学情分析要做到具体化与细化

学情分析使教师教学尽可能准确化,借助学情分析,教师可从某些侧面寻求教学实施的有效依据,解除学生的认知困惑,定位学生的“最近发展区”,以制定较为理想、明确的教学设计。从此意义上讲,学情分析要做到具体化与细化。

如何对历史课堂中的“学情”进行细致、具体的分析?一般而言,要重视对与本课学习内容相“对接”的知识内容的分析,包括学习本课内容的前提性条件有哪些?在教学上的意义是什么?本课所要分析的内容涉及哪些方面?如何分析这些内容?针对所分析的学习内容的特点,采取何种教学策略、教学手段和方式?等等。同时,针对上述分析内容,遵循相关认知学习规律,寻求与学习内容相衔接的外在学习条件。“第一,如果学生认知结构中原有的概念或命题的概括性与包容范围高于要学习的新概念或命题,则新概念或命题的学习属于下位学习,教师可以根据下位学习同化模式安排学习的内外条件。第二,如果新学的概念或命题的包容程度高于原有的观念,则新的学习属于上位学习,教师应根据上位学习的同化模式安排学习的内外条件。第三,如果新的概念或命题与原有知识既无上位也无下位关系，则可考虑它们是否与原有知识存在某种并列的相互吻合的关系。”①

学情分析在于将学习者的已知看作教学的起点和最重要的因素，并以此探讨学生从初始状态到目标状态的转变过程，其最终指向是为教师的有效教学行为提供准确的信息和依据。

七、历史教材分析、学情分析设计的操作性举例

案例1:《美国1787年宪法》一课教材分析②

作为必修1的重要内容，本课的单元主题“近代西方民主政治的确立与发展”揭示了发源于古希腊罗马政治文明的近代西方代议制模式，此制度模式在整个人类政治文明历程中处于承上启下的重要阶段，而《美国1787年宪法》一课正是此阶段的重要内容。本课相关的课程标准要求是“说出美国《1787年宪法》的主要内容和联邦制的权力结构，比较美国总统制和英国君主立宪制的异同。”本课教材共4个子目：“年轻美国的窘境”“制约权力、平衡利益的宪法”“从‘邦联’到‘联邦’”“两党制的雏形”，分别介绍了美国制定《1787年宪法》、实行联邦制的历史背景，制宪会议及宪法的主要内容、特点和意义，美国联邦政府的治国成效以及美国政治制度的演进历程及重要特点。本课的立意是要凸显美国政治制度的美国特色，因此，本课将着重揭示美国联邦制度确立的历史性过程及其中的政治智慧，将理解联邦制的权力结构作为理解美国政治制度的关键。

案例分析：

该教材分析较为准确、可行。可取之处包括：(1)能够立足课程标准，揭示本课所属单元主题的立意主旨，并进而阐明本课在单元主题中的地位与作用，从较高的层面对本课教学内容做了定位；(2)能够基于本课教学立意，对本课课文主要子目内容进行结构关系分析，着重揭示其重要或关键内容；(3)能够对本课所属教材内容进行一定程度的整合。

---

① 皮连生.学与教的心理学[M].上海：华东师范大学出版社，2009:217-218.

② 本案例摘选自宁波市慈湖中学单静燕老师设计的《美国1787年宪法》课例，该课例获得2013年全国历史教育专业委员会举办的“高中历史教学优质课设计大赛”一等奖。

案例2:《美国1787年宪法》一课学情分析

本节课的授课对象是高一学生,他们在初中阶段对美国独立战争、《独立宣言》、华盛顿等相关美国史实已有了一定程度的了解,但对美国《1787年宪法》及依其确立的总统共和政体则十分生疏,虽然具备一定的阅读和分析能力,但基本停留在形象思维层面,抽象思维不强。学生学习本课可能遇到的困难和问题:学生对美国史的了解侧重于对独立战争的了解,对美国宪法的了解更多的是通过电视、报纸等时事而得到的感性知识,对"三权分立"的理解停留在较浅的水平;学生对美国政治文化的独特性、对世界政治文明的多样性认识不足,对美国政治文明理解肤浅。鉴于美国对世界的影响深刻而广泛,中国媒体对美国政治特别是美国选举有较多关注,学生对探究美国共和制度有较大兴趣,这可为本课的自主学习、探究学习等活动打下一定基础。

案例分析:

该分析对学情的定位较为具体、准确。主要优点:(1)针对学生具体情况,分析了学习本课内容前学生所具备的相关知识基础及掌握程度,评估了学生学习本课内容可能遇到的问题;(2)对本课内容特征做了一定程度的揭示,并针对学生特点提出了可能的解决问题的对策,为此环节后的教学设计提供了有针对性的教学依据。

思考题:

(1)如何理解历史教材?如何理解学情?

(2)分析历史教材的维度有哪些?

(3)以下是关于《美国1787年宪法》一课的学情分析。下述学情分析有哪些不足?应该做哪些改进?

我校属于一般高中学校,学生整体素质不是太理想。高一年级的历史学习是学生在高中阶段学习历史的起点,也是关键。学生在初中学习历史的基础不扎实,于高中历史学习产生了不利影响,这节课需要补充必要的基础知识。高中历史教材的编写采用了专题的形式,但初中学生跟不上、不适应这种专题学习方式。

第六章 历史教学重点和难点的设计

无论日常备课、大赛设计，还是听评课活动，教学重难点都是教师必然遇到的课堂要素与话题。但对相当部分教师而言，教学重难点尽管“必须面对”，却又“日用而不知”。教学重难点到底是什么？如何确立、突破教学重难点？优秀的历史教师需要追问与探讨。

一、何谓历史教学重点

对教学重点的界定，理论界所积累的成果并不多。查询相关著作、期刊，列举主要观点如下：

(1)历史教学重点必须依据教学目的来确定，必须是教材中的中心课题或中心内容，必须是对历史发展起决定作用或产生重大影响的历史事件和历史人物。①

(2)“所谓重点，是指在历史发展的全过程中占重要地位，有重大影响，起重要作用的历史知识。就一节课而言，它是指全课中最能体现教学目的的部分。”②

(3)“所谓重点，指的是教材中起主导作用的内容，是理解该部分教材的关键。”③

(4)教学重点是这节课中最主要的知识和思想教育内容，是为完成教学目的所必须着力讲授的部分。它是组成历史发展基本线索的主要内容和环节，是教学中的关键部分。④

---

① 何平.确定历史教学重点之我见[J].历史教学，1989(7)：36-40.

② 熊英，李莹.初中历史课堂教学设计[M].海口：南方出版社，2000：37.

③ 李可琛，等.中学历史教学法[M].广州：广东人民出版社，1981：167.

④ 于友西.基础教育现代化教学基本功[M].北京：首都师范大学出版社，1997：138.

(5)所谓重点，指的是课文的主要内容，是基本线索的主要环节，在实现教学目标、完成教学任务方面起主要作用。①

(6)教学重点是教学目标中所要完成的最基本、最主要的内容，而确定教学重点应该以教学目标为根本依据。②

(7)从理论上讲，教学重点是体现教学目标要求的最本质的部分，是集中反映教学内容中心思想的部分。从实际操作上讲，一节课的重点是该课教学内容中最基本、最重要的部分。③

(8)教学重点主要指确定的学习目标、学习内容和学习方式。确定的学习目标指教师在教学过程中要帮助学生制定发展目标，这种发展目标的核心是要符合学生实际的学习目标。④

(9)教学重点是指从教学目标出发，在对教学内容进行科学分析的基础上而确定的最基本、最核心的教学内容，通常是指一门学科所阐述的重要概念、原理、规律、技能，是学科思想方法或学科特色的最集中体现。⑤

从上述观点所界定的教学重点中可看出，界定教学重点的视角与落脚点，涵盖了史学要素(历史事件和历史人物)、教材观点、教学目标、课文内容、学习目标、学习内容、学习方式、学科思想方法与学科特色等，在更广泛的意义上，这些“依托点”都可与教学重点发生关联，并提供不同教育语境的规范与诠释。当然，在更深层面上，教学重点指向于课堂目标。倘若将教学重点归属于教学内容，它无疑是教学内容的核心部分，是实现课堂目标的最重要内容的依托。

二、确立历史教学重点的依据

从上述教学重点的诸种界定也可看出，确定教学重点的“支撑点”有着不同性质与类型，具体可分为以下几种。

(一)外在的可能性依据

外在的可能性依据主要指实践中的、可能的外在关联，据此划分教学重点

① 赵克礼.历史教学论[M].西安:陕西师范大学出版社,2003:358.

② 刘新宇.课程改革下对初中历史课堂教学重点的新认识[J].历史教学,2005(11):54-56.

③ 叶小兵.重点的选定[J].历史教学,2005(9):54-55.

④ 张洁.教学重点与难点的学习化理解[J].辽宁教育,2012(5):56-57.

⑤ 关国臣.历史课如何突出教学重点[J].现代教育科学(中学教师),2011(6):31-35.

的凭借与支撑，从这一维度看主要包括历史事件的作用和影响、教材的内在联系和主从关系、对学习历史所起的作用等。

1. 历史事件的作用和影响

在一节课的教学内容中，可能涉及多个历史事件，确定某个历史事件是否是重点就要看它们在整个历史进程中的作用和影响。比如，《三国鼎立》一课，通常涉及“官渡之战”“赤壁之战”等重要战役，它们都是三国时期以少胜多的重要战役，两者究竟哪个是重点内容，就要看其对历史发展的全局性影响和作用：“官渡之战”促进了曹操统一北方，“赤壁之战”奠定了三国鼎立的局面，两者相较，“赤壁之战”对那一时期历史发展的作用更大，应作重点处理。[①]

2. 教材的内在联系和主从关系

历史教材内容源自课程标准，既有一定的指向性，又有其自身的编撰系统性。在确立教学重点时，需要考虑教材的内在联系和主从关系，依据某一知识在教材内容中的地位或作用进行辨别与确立。比如，《百家争鸣》一课中的孔子，作为儒家学派的创始人，不仅在本课内容中具有重要地位，而且其思想影响与后来的秦朝“焚书坑儒”、汉代“罢黜百家，独尊儒术”、宋明理学甚至近代五四运动中的“打倒孔家店”等内容，都有强弱不一的关联，在整个教材内容体系中占有重要地位，据此应将孔子及其思想作为本课教学重点。

3. 对学习历史所起的作用

“以学定教”是新课程的教学理念。在课堂教学中，重点往往也是变化的，变化原因之一就是学生实际情况，教师可根据学生学习基础和知识本身的特点及难易程度，再结合学生的理解水平来确定教学的重点。比如，学习《改革开放》一课前，教师所做的学情调查如下：

学生1：改革开放进程中的世界潮流和国际环境分别是什么？

学生2：1976—1978年，为什么思想上未彻底清除，而仍在徘徊中前进？

学生3：“十一届三中全会标志着中国进入改革开放的新时期。”“南方谈话和十四大标志着改革开放步入一个新的阶段。”对这两句话感觉不是很清楚。

学生4：家庭联产承包责任制调动了农民的积极性、农业取得大丰收，但是现在的土地流转现象很多，粮食产量继续上升，这两者矛盾吗？

学生5：教材中开放经济特区部分，“给予两省更多自主权”、财政上试行“中

① 叶小兵．重点的选定[J]．历史教学，2005(9)：54-55.

央统一领导下大包干的办法”是什么意思？

从反馈的问题看，学生对改革开放的理解，特别是对改革开放历程中如何酝酿伟大的历史性转折和现代化建设的新阶段等的理解还有一定困难；对家庭联产承包责任制和今天“土地流转现象”之间的关系认识不清；对如何进一步突破改革开放进程中的一些具体细节和教材中的相关表述存在疑虑。要解决上述问题，势必要对改革开放中的关键点做更深入的挖掘，以此学情为出发点，将本课的教学重点定在：从理解改革开放的阶段性来体会改革开放的艰巨性和复杂性。①

（二）内在的根本性依据

内在的根本性依据主要指根据内在的学理分析及其决定性的根本关联，据此划分教学重点的凭借与支撑，从这一维度看主要包括教学立意、课堂教学目标。

1. 教学立意

这是决定一节课教学重点的最根本性依据。从上述实践中的、外在的可能性依据看，无论根据历史事件的作用与影响，还是依据教材的内在联系和主从关系、对学习历史所起的作用等支撑点来确定教学重点，都只能是外在的可能性判断，这样的判断在实践中能有一定的指向性效果，但并不恰当与准确。比如，《美国联邦政府的建立》一课，有的认为“美国联邦政府的建立”既是标题，又贯穿了教材三个子目的内容，它就是本课的教学重点；有的认为本课涉及美国独立后的形势、《1787年宪法》、两党制等多个史实，《1787年宪法》无疑是最有历史影响、也是最重要的，它就是教学重点。这些看法有一定道理。不过，如果细加考察，似乎仍存在疑问：“美国联邦政府的建立”属于历史事件，它虽是标题，但与单元主题“近代西方资本主义政治制度的确立与发展”所强调的“政治制度”存有一定距离，以此来确定教学内容，不免偏重于联邦政府建立所涉及的时间、人物以及相关事件等，涉及政治制度的内容反而不多；《1787年宪法》可能更接近于政治制度，不过，它仍属于文献法典，涉及内容面广，以此来组织教学内容也有可能走偏。事实上，一堂课的教学重点，最终决定于其教学立意。本课相关的课程标准要求是“说出美国《1787年宪法》的主要内容和联邦制的权力

---

① 俞锦霞．复习教学：把握核心考点的实践与思考——以“当代中国的改革开放”为例[J]．中学历史教学参考，2012(3)：21–24.

结构，比较美国总统制与英国君主立宪制的异同”；而本课所属的单元主题是“近代西方资本主义政治制度的确立与发展”，实际上是要强调欧美资产阶级代议制的确立及其特点。本课的立意显然要突出制度变迁，彰显美国资产阶级代议制的特点。代议制的内容十分繁杂，涉及议会制度、政府制度、政党制度等多个方面。如何突出其特点？课程标准要求“说出联邦制的权力结构”“比较美国总统制与英国君主立宪制的异同”，在这里，并不是要从政治学意义上“说出”“比较”，而是要从历史角度具体地加以说明。每个国家的发展道路各不相同，欧美资产阶级代议制各有自身的特点：英国是渐进式的发展道路；美国在北美大陆确立了史无前例的共和国；法国确立共和制的道路艰难而曲折；德国是统一和制宪两个主题并行。况且，在制度层面上，代议制在这些国家的表现也各有差异。如何历史地说明美国政治制度的确立？如何历史地分析美国资产阶级代议制较其他国家代议制的不同？这应为本课教学内容的聚焦所在，也应成为本课的教学重点。

2. 课堂教学目标

此种情况主要针对在实践中一课的教学立意难以得出，只能依据课堂教学目标确定教学重点而言的。从学理上看，教学目标决定教学内容。无论历史事件的作用和影响，还是教材的内在联系和主从关系，或对学习历史所起的作用等，这些外在因素都最终以与教学内容的关联呈现出来，而其关联背后的指向，仍在于课堂教学目标的达成。从这一意义上讲，依据课堂教学目标，也可以确立教学重点。

综合起来看，如何确定教学重点，其依据背后折射了一定的教学理念。以历史事件的作用和影响或以教材的内在联系和主从关系为依据确立教学重点，折射了一定程度的“知识决定论”；以对学习历史所起的作用为依据确立教学重点，反映了考察依据开始向“学生中心论”倾斜；而依据课堂教学目标或教学立意确立教学重点，则又回归到教学重点的本质诉求上，尽管以课堂教学目标确立教学重点缺乏某些实践“抓手”，以教学立意确立教学重点更有一定的操作难度，但是，它们毕竟是衡量教学内容是否能成为教学重点的内在标尺，值得优秀历史教师在实践中探讨与追寻。

三、突破历史教学重点的策略

依托教学重点的内外支撑点，将其在实践层面的不同维度加以归纳，可形成以下突破教学重点的具体策略。

（一）聚焦历史教学立意的内容指向

教学重点与教学立意的内在关联最为紧密。教学重点作为教学内容的聚焦所在，其内容指向与本课教学的立意紧密相连。更直观地说，它是映射教学立意、达成教学目标的最重要载体，内含着体现教学立意、教学目标的多个内容维度。教学重点的解决，不可能一蹴而就。在多数情况下，其解决过程需要若干个关键“节点”，需要相关的内容支撑。解决教学重点，可将教学立意聚焦的重点内容分为若干个关键“节点”，逐次、分类加以突破。比如，《美国联邦政府的建立》一课，根据教学立意，其教学重点主要在于如何历史地说明美国政治制度的确立，如何历史地分析美国资产阶级代议制较其他国家的不同。解决上述教学重点需要阐述美国政治制度何以能够确立的若干历史因素，需要分析美国政治制度何以与其他国家代议制不同的多重“美国”特色。

1. 美国政治制度的历史因素溯源

美国政治制度为什么能够确立？一般的背景介绍是，美国独立战争后，各州之间松散且缺乏联系，中央政府对内无法实现关税、货币和法律的统一，极大地阻碍了资本主义经济的发展，对外缺乏共同防御、抵御外敌的合力，美国统治阶层感到需要建立一个强有力的政府。如此的介绍能说明美国为什么要加强中央政府权力，却不能解释美国为什么要实行三权分立、分权制衡的共和政治体制。美国政治制度有自己的特点。美国为什么确立了“自己”的政治制度，与其自身独特的历史因素有直接关系。为此，至少需要分析以下两个关键“节点”：

（1）“节点”一：与生俱来的“天赋人权”基因。

美利坚合众国的缔造者大多源属欧洲移民，他们曾受宗教迫害和特权压迫，崇尚自由和民主，藐视封建传统。生而平等是他们绝大多数人的信念追求。《独立宣言》的署名者霍浦金斯说：“普天之下，为了失去自由而甘愿离开祖国，在一个新的和未开垦的国家历尽千辛万苦，这样的人是绝无仅有的。”①《独立宣言》宣布脱离英国的理由，并不仅是所谓英国对北美殖民地的经济压迫，而更重要的是其“天赋人权”的信念追求：“我们认为这些真理是不言而喻的：人人生而平等，他们都从他们的‘造物主’那边赋予了某些不可转让的权利，其中包括生命权、自由权和追求幸福的权利。为了保障这些权利，人类才在他们之间建立政府，而政府之正当权力是经被治理者的同意而产生的。”②针对英国王权的限制，《独立宣言》宣称要解除对英王的一切隶属关系，联合殖民地从此成为而且名正言顺地应当成为自由独立的国家。可以说，“天赋人权”是北美十三个殖民地走向联合的观念基因，它催生美利坚合众国诞生的思想前提是人人在政治上都是平等的，政府只能从民众中获取应有的权力；政府存在的唯一理由是确保民众享有自下而上的自由和追求幸福的权利。其后林肯在著名的《葛底斯堡演说》之中将这一思想精辟地概括为“政府应该是民有、民治、民享的”。美国为确保民众权利、防止政府专权而确立的三权分立政治体制，是这一思想基因的拓展与实践。

（2）“节点”二：民间社会的契约精神和传统。

美国国祚时短，无大陆国家深厚的诸如专制、等级之类的封建传统。美国既没有欧洲意义上的贵族，也没有具有特权的教士阶层。美国立国之时，其原住民并没有多少影响。来自欧洲大陆的移民，构成了美国早期社会的主体，其中又以“五月花号”船上的移民为典型，这些移民多为受英国统治者迫害的清教徒。为未来秩序与自由确保计，这些清教徒在登陆前协商并订立了《“五月花号”公约》，其基本理念恰恰是以清教徒信仰世界里的社会契约精神为依托：“为了上帝的荣耀，为了增强基督教信仰，为了提高我们国王和国家的荣誉，我们漂洋过海，在弗吉尼亚北部开发第一个殖民地。我们在上帝面前共同立誓签约，自愿结为一民众自治团体。为了使上述目的能得到更好的实施、维护和发展，将来不时依此而制定颁布的被认为是这个殖民地全体人民都最适合、最方便的法律、法规、条令、宪法和公职，我们都保证遵守和服从。”③《“五月花号”公约》所表达的是清教徒自愿、自我社会管理以及社会自治的契约精神。此契约精神深

① 梅里亚姆.美国政治学说史[M].朱曾汶，译.北京：商务印书馆，1988：24.

② 周一良，吴于廑.世界通史资料选辑（近代部分上）[M].北京：商务印书馆，1983：93.

③ 莫里森.美利坚共和国的成长（上卷）[M].南开大学历史系美国史研究室，译.纪琨，校.天津：天津人民出版社，1980：68.

深影响了美国早期殖民各州。《1787年宪法》将这种精神上升至政治制度层面，由此达成了联邦政府与地方各州的分权自治。

2. 美国政治制度的"美国"特色分析

美国政治制度有何自身特点？教材的一般介绍：美国是一个联邦制国家，联邦权力高于各州权力，各州可在不违背宪法的前提下制定地方法律，有一定的自治权；国家权力分立法、行政、司法三部分，三者独立平等，但互相制约，以防止专制的出现。在课堂教学中，处理此部分内容的一般做法是用图表法示意三权分立与制衡；用案例法说明三权分立的关系，比如，用尼克松水门案、克林顿被弹劾案来说明国会对总统的制约；用罗斯福新政时期政府与最高法院的较量来表达司法与行政之间的分立与制衡。上述做法虽能使学生感性认识美国政治制度的某些特点，却不免存有以下欠缺：一是用图表、案例直接加以说明，显然只揭示了其政治学特征；二是美国政治制度是不断发展演变的，所谓尼克松水门案、克林顿被弹劾案属于美国现当代政治事件，并不能恰当反映近代美国政治制度的特点。笔者以为，如何历史地揭示美国政治制度的特点，既需要结合当时的具体历史条件，更需要适当梳理美国政治制度发展的源与流。为此，仍需分析以下"节点"：

(1)"节点"一：三权分立与"立国"宪法。

美国联邦政府建立的初衷，虽为强化中央政府权力，却并非要建立中央集权。在课堂教学之中，有教师将其与封建专制王朝做对比，称美国实行三权分立是为了防止中央政府过度专权。这种提法显然没有考虑美国立国的特殊历程。如上所述，美国之所以实行三权分立，有其与生俱来的"天赋人权"基因。考察美国的建国历程，中央政府并不存在专权的可能性。从《独立宣言》宣布英属北美十三个殖民地的独立、1781年《邦联条例》声明的十三个殖民地的"永久联合"，到《1787年宪法》所规定的"更加完善地联合"，《1787年宪法》事实上成为美国的"立国"宪法。美国以立宪建国，宪法先于国家权力而存在，其立国机制决定了宪法在国内处于至高无上的地位，这也是美国有别于英、法、德等近代欧洲国家先立国后制定宪法的特殊之处。《1787年宪法》是美国联邦政府建立的依据，三权分立构成了美国国家权力结构的基本形式。在此种形式下，美国总统、议会都由民选产生，也都对选民负责。同为代议制，它与英国的君主立宪制有着显著区别。同为联邦制，它与德国相较，也有着极大差别。

(2)“节点”二:分权制衡与州权妥协。

分权制衡是美国政治制度的特点之一。分权制衡是在何种背景、条件下确立的?教学之中却通常解释不清。在多数情况下,涉及相关的背景,教师会分析联邦政府强化中央权力的必要性、提到宪法制定者们达成了妥协,有的甚至还能提到这是一种政治智慧。如此分析,显然并不能揭示分权制衡机制确立的特殊背景,进而也就不能讲清分权机制确立的“美国”特色。为什么说这种妥协是一种政治智慧?分权制衡究竟是如何实现的?事实上,与欧洲大多数国家相比,美国的立国经验具有特殊性:州的存在早于联邦,州权先于联邦权。联邦政府成立之时,地方州权相当强势,中央权力微弱,分权制衡的政治机制正是建立于各州权力妥协的基础之上。联邦政府除拥有军事、外交等宪法明文列举的权力外,其他未经规定的权力仍分权于地方各州。即使地方大、小州之间,其分权制衡也贯彻于参、众两院的权力分配之中:参议院议员名额采取大、小州平等原则,众议院议员名额依据各州人口;任何法案需经参、众两院批准才能生效,参、众两院互有对另一方的绝对否决权。上述分权制衡机制是美国政治制度的特色,它又是《1787年宪法》制定过程之中各州代表相互妥协的结果。这种妥协,虽远不及“用一只手去扑灭国内燃起的大火,同时能用另一只手在国外挥舞火炬”的法国大革命那般雄壮,却又是人类政治制度文明创建过程中的另一番审慎、冷静与智慧。

(3)“节点”三:“第三只眼睛”看华盛顿。

作为联邦政府第一任总统、《1787年宪法》的主要制定者——华盛顿,是本课需要涉及的关键人物。教材叙述华盛顿任满两届,不再参选总统,以此说明美国总统任期的特点。在课堂教学之中,教师通常将华盛顿与康熙、路易十六等做对比,赞扬华盛顿不恋权、不计名:赢得独立战争后,作为手握兵权的总司令,本可登上君主宝座却“不为”;任职总统之前,踌躇再三;任职总统之际,屡屡表示去意。凡此被视为华盛顿个人卓尔不群的政治品性。以上叙述皆都属实。不过,若要换个角度看,华盛顿的上述品性是有民族特性与社会背景的。当华盛顿率领一帮农民在法国帮助下赢得独立战争之际,北美十三州人民仍坚持“五月花”时代以来形成的契约自治传统,几乎一致反对中央集权与强权君主。“当一场争取自由的战斗行将结束之际,那支由一个人人崇拜的将军统领、带着巨大光荣的胜利之师，将可能变得比那被赶走的暴君更为可怕。”[①]当华盛顿宣誓就任总统之时，美国社会舆论界充溢着对政府暴力、专制暴君可能出现的警惕与排斥。政治精英们所关注的是，不允许恺撒或克伦威尔第二在美国出现。换言之，华盛顿个人品性的偶然，背后却有着美利坚民族特性、社会思想等因素的必然。这也可间接说明美国政治制度形成的特点。

美国政治制度有“自己”的特点。历史地看，美利坚民族的早期成员多来自欧洲移民，它通过战争摆脱英国的殖民统治，确立了自己的政治制度，其政治体制既有别于英国的君主立宪，又是对欧洲启蒙政治思想的继承与发展。在课堂教学之中，还可让学生回顾古代希腊民主政治的产生、欧洲启蒙思想，从历史的角度理解西方代议制，理解美国政治制度发展的源与流。让学生明白，欧洲启蒙思想家诸如洛克、孟德斯鸠等人的民主思想与分权理念，虽然在欧美大陆广为流传，却只能在美国独特的历史脉流、社会土壤中得以完美实践、开花结果。如果说启蒙思想家们是人类理性的科学家，那么，美国政治制度的那些设计者，无疑是制度设计领域里出类拔萃的工程师。

以上，以《美国联邦政府的建立》一课为例，探讨了根据教学立意分解、突破教学重点的策略，这是所有可能的解决方案中最能聚焦教学重点、最能揭示相关历史对象个性特征的一种策略。

（二）落实与贯通历史课程标准的内容目标

课程标准是课堂教学的基本依据，其所包含的内容标准既是设计教学内容的基础性依托，更是达成历史课堂教学目标的重要参照。在课堂实践中，可分析课程标准的内容要求，将其目标指向的重点内容落实于课堂。下面以《明清君主专制的加强》一课为例，加以具体剖析。[②]

1. 落实课程标准内容要求：历史课堂教学的重要内容基点

《明清君主专制的加强》一课，课程标准的内容要求是“了解明朝内阁、清朝军机处设置等史实，认识君主专制的加强对中国社会发展的影响”。在这里，“内阁”“军机处”是基本的史实依托，通过其设置让学生“认识君主专制的加强对中国社会发展的影响”是最终旨归。由此，本课的重要内容基点包括：

（1）明朝内阁设置。这也是本课难点。一般的教学内容安排是：首先讲述

① 张光．谁造就了华盛顿的不朽英名[J]．美国研究，2003，17(3)：115.

② 王德民，郑菲．课标内容在课堂层面的落实与贯通[J]．历史教学（中学版），2014(6)：38-41.

朱元璋以谋反罪诛杀胡惟庸，探究明初废相的原因；其次叙述明初废相后，鉴于政务繁重，不得不设置殿阁大学士以备皇帝顾问，后参与决策，“内阁”出现；最后补充与内阁相关的“票拟”“批红”，说明内阁的权力与局限。通过以上内容，揭示明朝君主权力的加强。更进一步的做法，有的教师还会比较“内阁”与“宰相”的不同：前者的权力并不来自制度与法定地位，而是取决于皇帝个人的支持与信任，以此来强调“内阁”对皇权的依附，突出君主权力的强化。

(2)清朝军机处设立。这是清朝中枢机构的重大变革。通常的教学内容安排：首先介绍清初仿照明朝设置内阁、六部，康熙亲政后设南书房，内阁、议政王大臣会议与南书房相互制约，集权于皇帝；其次介绍雍正时设立军机处，处理军政要务，其特点是简、速、密，军机大臣品级不高，但都由皇帝亲自选定，大事都由皇帝一人裁决，以实现皇帝专权。

通过以上内容基点，归纳明清君主专制的加强对中国社会发展的影响。这是教师处理此课内容时的一般做法。不过，倘若仅局限于上述内容，并不能做到这一点。如，有教师总结以上两点内容后得出：明清君主专制的加强对中国社会发展的积极影响在于，有利于政局的稳定、多民族国家的统一和巩固，为“康乾盛世”的出现提供了政治保障；其消极影响在于，皇权极度膨胀，高度集权的君主专制制度成为阻碍中国社会进步的重要因素。[①]且不说这样的归纳脱离了具体的史实情境，与历史实际差之千里，即使非要将它们联系起来，也并不是如此简单的因果关系：明清君主专制的加强是否有利于政局稳定？是否有利于多民族国家的统一和巩固？是否有利于所谓“康乾盛世”的出现？这其中的因果关系其实还需要进一步探究。

问题的关键在于，君主专制是一个复杂的议题，明清君主专制也有各自的不同。理解明清君主专制的加强对中国社会发展的影响，至少还需要解决以下问题：一是君主专制虽然意味着皇帝专断，但也并非完全不受限制。中国古代社会自皇权产生之日起，诸如儒家“天命民心”“圣人礼教”、士大夫“法与天下共”的思想观念，以及谏诤制度、廷议制度、宰相制度等，都构成了对君主专制思想、制度的制约。自秦汉至明清，皇权是在与上述制约因素的博弈、缠斗中不断强化的，君主专制也因各种制约因素的强弱、性质变化而呈现出不同的面貌。二是明清君主专制有很大不同，其对社会发展的影响也会有差异。清朝绝大多

① 笔者在此仅为说明某种普遍存在的教学现象，并不针对具体的某位教师，特此说明。

数皇帝都孜孜勤政，事必躬亲，可谓“乾纲独揽”，明代皇帝却截然不同。明朝“自成化至天启，一百六十七年之间，其间延访大臣，不过弘治之末数年，其余皆帘远堂高、君门万里”[①]。明中后期，皇帝不视朝、不亲政，这既与皇帝个人素质，也与君主专制体制密切相关。人们评述明朝中央集权时总是用“皇权至高无上”“皇帝不受任何限制”来说明其强化的程度，但事实上，任何统治者都会受到当时社会条件、传统政治与道德规范的制约。明中后期，皇权在体制上至少受到以下因素的制约：首先是司礼监。明代司礼监权重，皇帝的旨意若不合“祖制”，司礼监可据理力争。比如，宪宗易储，司礼监太监怀恩以社稷安定为由，拒不同意，称“非敢违命，恐违法耳”[②]。其次是内阁。内阁虽依附于皇权，但也有相对的独立性。这表现为奉旨草诏时，如认为旨意有碍于国计民生，可提出不同意见，甚至可去力争，请皇帝收回成命。这就是内阁的“执奏权”。再次是六科。“凡制敕宣行，必由六科签署。嘉靖二年，世宗亲批都察院差御史巡盐事，稍有失误，刑科给事中黄臣等即予驳还。”[③]明代皇帝受制于臣下之多，为历代并不多见。

由此，教学中涉及以上内容时，需做到以下几点：其一，讲到内阁时，强调其对皇权的依附固然是重心，但也应附带涉及内阁权力的相对独立性。由于本课侧重于政治制度，讲内阁必涉及“票拟”“批红”，两者的关系也并非绝对的：阁票由司礼监审核“批红”，但司礼监是“照阁票批朱”，两者既矛盾又协调。其二，宦官专权是讲述明中后期政治时常涉及的内容，但若从制度上考量，这恰为明代司礼监权重所致。明代宦官有庞大的机构，有十二监、四司、八局，“司礼监为十二监中第一署，其长者与首揆对柄机要。佥书、秉笔与管文书房，其职同次相”[④]。司礼监作为内廷中枢权力机构，既是皇权的衍生品，又在皇权体制中起着重要作用。其三，要让学生认识君主专制制度对中国社会发展的影响，最好将明清分开进行。如果说清代君主专制在一定程度上促进了政局稳定，有利于多民族国家的统一与巩固，那么，明代君主专制的影响却未必如此。明中后期君主专制所呈现的制度状态，再加上皇帝个人素质的局限，事实上带来了其政局的“垂拱而治”：政务决策几乎均由政府各部门议定，重大决策或通过“部议”

① 赵翼.陔余丛考(卷十八).

② 沈德符.万历野获编(卷六).

③ 明世宗实录(卷二三).

④ 沈德符.万历野获编补遗(卷一).

“廷议”“廷推”等，其结果由内阁票拟批答，后经司礼监“批红”，皇帝对奏章和阁票象征性地“略览一二”，由六科签署。[①]在明中后期君主专制体制中，政务处理的高度程式化，为皇帝不视朝、不亲政提供了条件。而皇帝的怠政又一定程度上导致宦官专权、阁臣倾轧，导致了明中后期的政治黑暗。

鉴于本课是从政治制度方面来谈明清君主专制的加强，围绕“内阁”“军机处”以及相关制度组织教学内容，是落实课程标准要求的基本做法，也是本课教学的重要内容基点。

2. 贯通课程标准内容：历史课堂教学的重点内容升华

倘若更深入地探讨、升华本课的教学重点内容，还可从以下方面予以贯通：

(1)政治制度的上下贯通。人教版高中历史必修1模块主要涉及政治制度，明清君主专制是中国古代政治制度的重要组成部分。从源流上看，明清君主专制是在继承前代政治制度的前提下进行调整、改革并予以强化的。自秦朝确立皇帝制度后，汉承秦制，为加强皇权，汉武帝重用内侍，设尚书令、侍中，以削弱相权；唐承隋制，设尚书、中书、门下，三分相权；宋承唐末五代，设中书门下，其最高长官行使宰相职权，为分割相权，又增设参知政事、枢密使和三司使；至明代，宰相干脆被废除，六部长官直接对皇帝负责，内阁是在皇帝政务繁重、皇权持续强化的背景下产生的，并在皇帝之下形成以内阁为中心的阁部间的相互制衡；清代军机处的设置，是君主专制加强的又一重要表现。应该说，君主专制是循着继承、改革、调整的轨迹，不断地强化皇权，分割直至废除相权，同时又使官僚机构渐趋分化。弄清上述内容，可使学生对君主专制体制的起始、发展有大致的框架性认识。不过，君主专制制度的实际操作有其具体的历史条件和背景，每个朝代又有各自的不同。就明朝而言，君主专制体制下所形成的以内阁、司礼监为核心的外廷文官系统和内廷宦官系统的相互制衡以及程式化的政务处理模式，虽然避免了因皇帝个人因素而可能带来的社会动荡，但同时也使有所作为者动有掣肘，尸位素餐者推诿塞责。顾炎武认为，在明朝的君主专制体制中，“虽大奸有所不能逾，而贤智之臣，亦不能效尺寸于法外。相与兢兢奉法，以求无过而已”[②]。这恰恰说明了中后期的明代政治体制不求进取、保守的一面。与明代不同的是，清代多数皇帝都可谓“孜孜勤政”：且不说康熙、雍正、

① 方志远.从事必亲躬到垂拱而治——论明朝国家政治体制的演变[C].第十届明史国际学术讨论会论文集，2004:46.

② 顾炎武.日知录(卷九).

乾隆，即使是遭受鸦片战争之辱的道光帝，被八国联军赶出北京的慈禧，也都曾兢兢业业、夜以继日。由之，清代君主专制实际上更体现为皇帝“乾纲独揽”，其政治体制总体上更显得严峻冷酷。

(2)政治与经济、文化的横向贯通。“政治活动是人类社会生活的重要组成部分。它与社会经济、文化活动密切相关，相互作用。”如何将课程标准的这一理论表述体现于本课教学？这主要通过与人教版高中历史必修2、必修3模块的相关内容贯通予以实现。

与人教版高中历史必修2模块的相关内容贯通，主要涉及政治和经济的关联。以明代为例，人教版高中历史必修2提道：明代手工业发达，瓷器种类丰富，丝织品超过前代，苏州、杭州、南京成为著名的丝织业中心；民营手工业在纺织、制瓷、矿冶等行业甚至超过官营手工业，占据全社会手工行业的主导地位；明朝中后期，工商业空前繁荣，出现了徽商、晋商等商帮。如何理解明中后期的这一重要经济现象？它与明代的君主专制体制有什么联系？一般而言，影响某时段经济发展的因素是多方面的，这既包括相应的政治、社会条件，也涉及相关的文化、价值导向。从政治制度及其影响看，明中后期的君主专制尽管体现为制度上的皇帝独断，但由于其内部所形成的皇权体制下的权力制衡，再加上实际操作中皇帝的“垂拱而治”，事实上造成了其经济发展的相对宽松：国家权力对民众的控制松懈，人们追求财富的愿望增强，社会经济呈现多元化发展。正是在上述因素影响下，徽商、晋商、闽商、粤商等商帮以及其他地域性商人活跃起来，南京、扬州、苏州、杭州等南宋以来的传统经济区复而兴盛，不同阶层、行业的人们虽然程度不同，但却以各种方式成为社会财富的拥有者。

经济、社会发展的多元也折射于文化层面。明中后期，随着人们对财富的追求，财富积累加剧，但财富积累的同时也带来了贫富不均、官场腐败。腐败痼疾愈演愈烈，加之皇帝怠政所带来的政治黑暗，都不断拷问着传统道德底线。陆王心学所谓“问道德者不计功名，问功名者不计利禄”，正是在这一背景下提出的药方。人教版高中历史必修3提道：陆王心学针对社会混乱，认为只有救治人心才能挽救统治，并由此提出“心外无物”“心外无理”，在认识论上宣称“致良知”与“知行合一”，目的在于加强道德修养，去掉人欲，恢复良知的本性，陆王心学得到广泛传播。事实上，接受陆王心学的并非当权统治者。明中后期，君主专制体制的保守性使明政府对陆王心学所做的积极回应很少，几乎没有任何有效的针对性措施。倒是在野的思想家、文学家、各类清流士人受其影响，感悟颇多。思想家李贽,教材中说他离经叛道、敢于向正统思想发起挑战,批判道学家“存天理,灭人欲”的虚假说教,强调人正当的私欲,李贽的思想在一定程度上反映了资本主义萌芽时期的要求。其实,李贽的思想固然是商品经济发展的反映,但从学术传承上看,其思想脱胎于当时的泰州学派,而泰州学派主将王艮直接师事王阳明,陆王心学的影响可见一斑。

当然,政治、经济、文化之间的关系是复杂的,其或明或暗、或弱或强的多维关联使教学内容更可能具有探究性。从明代君主专制体制所延及的影响看,明中后期政府的“不作为”,使国家的舆论引导机制难以建立,当权统治者的影响力下降。相反,在野的各类思想家、文学家、士人学者以及小说、戏剧等形形色色的文学作品,逐渐成为社会舆论的主要策动者和推动力量。弄清这一点,就不难理解教材所涉及的“明中后期陆王心学的发展”“明清之际活跃的思想家李贽、黄宗羲等对宋明理学的批判”“《三国演义》《西游记》《水浒传》等明代小说兴盛”等内容。

以上通过对《明清君主专制的加强》一课做示范,揭示课程标准内容要求在课堂层面的落实与贯通,事实上也内在地揭示了历史课堂教学目标的有效达成以及重点教学内容的突破。

四、何谓历史教学难点

与教学重点相类似,教学难点也是教师日常备课中容易涉及但常未曾深思的课堂要素和话题。迄今的理论界对教学重点的界定也不太多,主要观点如下:

(1)难点指学生对教材不易理解的部分。①

(2)难点,有来自教材的,也有来自教师的,还有来自学生的。②

(3)所谓难点,是指教材中难以处理的知识点。③

(4)所谓难点,主要是指学生在学习教科书内容时所遇到的困难。④并将历史教学难点分为理论性难点、史料性难点、历史发展进程的难点、事件行进过程

① 赵恒烈.历史教育学[M].石家庄:河北教育出版社,1989:390.

② 夏子贤.中学历史教学法[M].上海:华东师范大学出版社,1991:178.

③ 于友西.中学历史教学法[M].北京:高等教育出版社,1988:190.

④ 赵克礼.历史教学论[M].西安:陕西师范大学出版社,2003:358.

的难点。

(5)学生不易理解的知识,不易掌握的学习方法,不易获得的学习能力都可以被包含在教学难点的范畴内。①

(6)教学难点是学生学习上阻力较大或难度较高的关节点,是头绪较多或较艰深的内容,也就是学生难于理解而有待于教师启发解惑的教学内容。②

(7)历史教学的难点,一般是指与学生已有的认知水平存在较大落差,不经过教师的启发、讲解,学生难以理解和掌握的那部分教材内容。③

(8)教学难点指的是教学中有困难的地方。按当下新课程改革的术语,就是相对于预设的教学目标,教学中不易"变现"的部分。④

可以看出,界定教学难点的视角与支撑点主要涉及教材难度、学习难度、教师指导难度、教学目标实现难度等维度,这也折射了教学理念、理论关注点的位移和质变。在较早的传统观念里,教学难点常指学生难以掌握的知识技能和技巧,或是学生不易理解的知识内容,但后来这种指涉的范围、对象、焦点等都逐渐发生了改变与拓展。在较一般的意义上,教学难点是课堂教学之中教师"难教"、学生"难学"的部分。遵循学生认知规律,恰当处理教学难点,无疑会使教师易教、学生易学,这对提升课堂教学有效性至关重要。

五、历史教学难点的确定

依据上述分析,教学难点无论从哪个角度界定,其最终都落在学生的学习难点上。也就是说,教学难点的确定,可以从形成学习难点的因素来进行,主要有以下几种:

(1)针对学习内容,学生缺乏相应的知识储备与知识联接,或者时空距离较远,难以形成深入的感知与理解。从学生认知规律上看,学生获得新知识的顺序大致是由浅入深、由近及远、由已知到未知,循序渐进的。如果学生缺乏对学习内容的必要知识基础,就难以真正理解新的知识内容。比如,学习《中华文明的起源》一课时,由于学生缺乏对远古时代的认知条件,客观上的考古

---

① 杨志才.给历史教师的101条建议[M].南京:南京师范大学出版社,2005:165.

② 杜芳.新理念历史教学论[M].北京:北京大学出版社,2009:225.

③ 季彩红.对高中历史课堂"教学难点"认定和突破的思考[J].教师,2010(31):57-58.

④ 聂幼犁,赵玉洁.凡教之难:在知所教之心,可以吾教当之——中学历史课程"教学难点"问题小议[J].历史教学(中学版),2013(4):15-18.

材料又十分有限，因而在理解远古人类历史时就非常困难。远古时代既没有较多的史料遗存，与现实生活又有着巨大的时空差距，对其的文字描述不仅大多限于推测与想象，且都抽象难以理解。因此，该课的教学难点就是要帮助学生获得对远古人类生活的推测性认知，由此获得理解远古人类历史的学科方法。

(2)鉴于学生学习新的概念内容时缺乏相应的概念思维或认知基础，导致学生认知过程冲突或内容冲突，使学生陷入认知困境。建构主义学习的相关理论认为，认知学习受三个过程的影响，即同化、顺应和平衡。对历史学习而言，学习新的历史内容时，学生需要将新知识纳入原有的历史认知中，这就是同化的过程。当学生不能用原有历史知识理解新内容，或在与新内容顺应的过程中不能平衡协调时，就会产生认知障碍与困惑，形成教学难点。比如，《鸦片战争》一课的"领事裁判权""片面最惠国待遇"等概念，学生对其较为陌生，教师在教学设计中倘若不能补充相关的辅助性理解内容，就会形成教学难点。

(3)由知识迁移所产生的负迁移作用，也会形成教学难点。如上所述，学习历史知识内容是在已有知识基础上进行的，但学生在由已知向新知转化的认知过程中，未能做到合理性迁移，未能将相关的知识原理或概念运用于新的学习之中，由此产生教学难点。

(4)对于教材内容中综合性较强、时空跨度较大的历史问题，或理论抽象的概念性问题，非知识认知所能解决，也会形成教学中大的难点。比如，高中《鸦片战争》一课从属于"近代列强侵略与中国人民的抗争"单元，其教材内容主要是从近代中国所面临的西方列强殖民入侵所带来的"外患"以及由此引发的中国人民对其所做的"抗争"这一维度进行叙述的，而对西方列强入侵中国所带来的客观上的"被近代化"缺乏描述与呈现，由此，对近代西方殖民主义侵略的双重性缺乏理性认知，教学中容易形成情感冲突，甚至产生大的认知或情感难点。

(5)由于教师教学风格、专业能力与学生认知特点不匹配，或教师教学方式失当，也容易产生教学难点。比如，有些教师善于叙述却短于剖析，有些教师对学生所要学习的内容缺乏深入理解，转化于教学之中，都会对学生造成教学难点。

六、突破历史教学难点的策略

教学难点的解决可以选择多种“突破点”，但从学生认知维度看，主要可选用以下策略。

（一）适时补充必要知识点

知识衔接通常指新旧知识之间的联系。在历史课堂中，新知识呈现之时，倘若学生已学过的“旧知识”不能与其发生意义交汇、思想通联，即出现了所谓知识衔接之“难”。从有意义学习角度看，“知识是一种依托于认知（求知）心理过程的有意义产品。这种产品关乎‘逻辑的’（文化的）意义观念和相关背景（“锚桩”）观念之间的互动”①。也就是说，知识是依据认知而形成的与“逻辑的”意义观念、相关背景观念的互动。新旧知识之所以发生断裂，是由于缺乏必要的“逻辑的”意义观念或相关背景观念。在这里，具体体现为缺乏必要学科知识点的联接。比如，讲到北宋政治，重文轻武是其重要特点。学习“北宋加强中央集权”“北宋政治积贫积弱”以及“北宋冗官、冗费现象严重”等内容，都会涉及北宋重文轻武这一特点。北宋之前，历代统治者都极为重视武臣，以军功起家的武臣、大将军甚至权倾朝野、把持朝政。但至北宋，统治者为何排斥武将转而重视文官？对此现象，课程标准、教材之中都没有相应的内容说明与背景解释，与此相关的知识产生断裂，学生难以理解。针对此种情况，为突破知识衔接之“难”，教学中可适时补充唐末五代以来的藩镇割据、武将称雄的政治现象，以此让学生认识到：通过兵变上台的北宋统治者对拥兵自重的武将十分忌惮，为限制武将的权力与行为，北宋采取各种手段削弱武将的影响，刻意提高文臣的地位，由此，北宋统治者“杯酒释兵权”，并开始选用大量文臣，掌握中央和地方的行政机构。崇文抑武现象也由此产生。适时补充必要知识点，并非以掌握大量知识为目的，而是要对接新旧知识的联结点，以接近学生的“最近发展区”。赫德伽阿德认为，最近发展区是理解的知识（由教学提供的）和积极的知识（个体自己拥有的）之间的差距。②补充必要知识点恰恰是要改善学生拥有的“积极的

① 译自：AUSUBEL D P. The acquisition and retention of knowledge: a cognitive view[M]. Dordrecht: Kluwer Academic Publishers, 2000(vi):5-6.

② 莱夫，温格．情景学习：合法的边缘性参与[M]．王文静，译．上海：华东师范大学出版社，2004:13.

知识”的结构，以此缩小学生“最近发展区”与所要学习知识之间的差距。两者之间的差距愈小，愈便于联接，知识衔接之“难”也愈便于突破。

（二）巧妙设置认知冲突

如果说以上知识主要强调了新旧知识之间的联系，那么，知识理解则涉及知识对象的本质和意义。历史知识所涉及的一般是过去的事情，限于时空距离，其知识对象常常“今非昔比”，过去的事情很难凭借今天的经验加以认知，知识理解之“难”也会在所难免。

突破知识理解之“难”，可巧妙设置认知冲突。认知冲突是指学生原有的认知结构与所学新知识之间的矛盾。学生在学习新知识之前，头脑中已具有了形形色色原有的认知结构。当他们学习新知识时，总是试图以这种原有的认知结构来同化对新知识的理解。当遇到不能解释的新现象时，就会产生认知冲突。[①]认知冲突是连接学生固有经验与新知识的通道，是理解知识的重要认知途径。尤其当学生理解新概念时，认知冲突会使学生的已有经验受到挑战，会使学生更加倾向于改变旧概念。当然，引起学生认知冲突的条件需具备以下特征：一是已有经验似乎不能解释新问题，学生对已有（或错误）概念不满；二是新概念对学生而言必须是可理解的；三是新概念一开始就必须看似更有道理；四是新概念应该更有效果、更有解释力，更能有效地解决未来的问题。比如，讲到《英国君主立宪制》一课，学生需要理解何为君主立宪。众所周知，英国虽已不复当年“日不落帝国”风光，但依旧充当着世界政治中的重要角色，同时又因其悠久且颇具影响的皇室传统，学生对“英国女王”“首相”“议会”这些词汇并不陌生。学生基于对中国古代君主权力的理解，一般会认为英国女王权力至高无上，进而容易对英国政治制度产生误解。为使学生真正理解英国君主立宪制的内涵，可巧妙设置认知冲突，补充“女王加薪难”之例：2010年7月，英国女王伊丽莎白二世向议会要求加薪，理由是物价上涨和王室财政赤字，这是20多年来女王第一次提出这样的要求，却被议会否决。直到2013年6月，在女王登基60周年的庆典上，议会才正式同意将女王薪水增加两成。女王加薪为何还需经过议会批准？堂堂英国女王为何还要受英国议会约束？学生原有的关于女王权力的一般性认知已不能解释这一现象，认知冲突已然形成。此时，教师可适当

① 袁维新.认知建构论[M].徐州：中国矿业大学出版社，2002：179-182.

补充与君主立宪制相关的知识，让学生认识英国政治权力分配的特点，知道英国女王享受尊荣之时也受各种约束，女王只是国家的象征，国家权力其实掌握在议会手中。“王在法下”“法治代替人治”，以此使学生真正理解英国君主立宪制的内涵。

在历史课堂中，知识理解之“难”常因历史对象的“今非昔比”而引起，认知冲突恰恰是要学生引起对历史对象独有的个性特征的警觉，以此来区分“今昔”对象的不同，突破知识理解之“难”。

（三）多维度设置情境体验

从个体学习角度看，学习历史的过程并非“史学意义上的历史过程”，而是学生接触历史后由感知、理解、体验至升华的多维心理建构过程。历史学习体现着学生个体思维与历史文本的过程性互动，其“神入”、感悟历史是这一互动过程的最高境界。不过，由于历史对象的内容复杂、学生经验和认识能力与对象内容的差距，也会出现过程感悟之“难”。

突破过程感悟之“难”，可多维度设置情境体验。体验的基础或起始点是深度感知。“感知的优势被表述为直接经验的前提性、真知性以及与间接经验的互补性，它对学习的意义是，如果未来通过记忆复现时，会体现出情节记忆与情绪记忆的效果，会产生真实、自然的场景回忆，有助于与知识产生联系。”[①]就此而言，情境体验能够超越知识手段的局限，能将个体当下的感知、直接经验与真知性的间接经验交融起来。从学习角度来说，情境体验能透彻地理解知识的内涵和意义，拓宽知识理解的广度和深度，而不是囫囵吞枣、浅尝辄止。当然，需要强调的是，情境体验远不止于感性体验，它更需要理性的发掘与深入，即通过纵向联系与横向挖掘，凭借分析、归纳、比较、推理、概括等思维活动，超越所感知的历史内容，直达历史对象的深处，力求获得更深入理解。比如，《秦始皇陵兵马俑》一课，教材呈现了秦始皇陵修建的背景、概况、陵园布局、结构以及陵园内已挖掘的三个兵马俑坑的军阵部署和兵马俑作为陶俑的雕塑技术、绘制材料、艺术等内容。尽管教材涉及的知识信息广，内容也较为详尽，但由于秦始皇陵兵马俑逾时已不止千年，时空跨越大，学生理解起来较为困难。如何让学生有效地认知这一历史奇迹与感悟其文化内涵、价值与魅力？为此，可设置多维情

① 庞维国.论体验式学习[J].全球教育展望，2011(6):9.

境体验:(1)视觉与听觉体验。展示地图中的秦始皇陵兵马俑、影像中的秦始皇陵兵马俑,通过视觉、听觉,体验与感受秦兵马俑的直观形象;(2)模拟与比较体验。电脑模拟秦始皇陵一号、二号、三号军坑,比较不同军阵特点,体验秦军阵的雄壮;(3)模拟与想象体验。电脑模拟考古发掘的秦始皇陵兵马俑以及其他兵器,模拟长平之战,联系秦军作战的文献资料,想象、体验秦人却匈奴、扫六合的威武气势。通过以上多维情境体验,可使文字描述的秦始皇陵兵马俑直观化、形象化,更加生动与逼真。从心理角度上,通过“视”“听”“想”“模拟”等途径,使学生立体地感受秦始皇陵兵马俑,在视觉、听觉、触觉等的交融中形成通感,从多角度聆听、感受秦始皇陵兵马俑,在“默念”与“存想”中体验秦始皇陵兵马俑的特点和内涵,领悟其所指向、联系着的更深远的文化思想和精神力量。

设置情境体验不是要追求形式上的热闹和新颖,也并不止于表面上的直观体验。情境体验的关键在于让学生获得体验的历程,于体验之中多角度地去思考、感悟。鉴于历史对象内容的复杂、学生经验的有限,多维度情境体验有助于学生认识历史对象的各个侧面,弥补学生经验与历史对象之间的差距,也便于更深入地感知、透彻地理解历史对象,突破过程感悟之“难”。

(四)适当设置价值观冲突

与知识理解相比较,情感体验属于较高层级的学习领域。不同类型学习的设计,其遵循的设计原理各有不同。“概念和原理的学习属于知识的建构,必须巧妙地设置认知冲突;技能的建构是操作的学习,必须有真实性的任务驱动;情感、意志的建构属于价值与审美观念的学习,必须设置价值观冲突并获得情感体验。”[①]由此来说,历史课堂中若要突破情感体验之“难”,可适当设置价值观冲突。

情感与价值观,同处于个体意识的最深层,个体情感体验与其所理解认同的价值观呈正相关。对学生而言,情感体验之“难”常发生正向价值观的迷失或疏离。此时,可适当设置价值观冲突,以澄明、矫正学生的价值观偏失,实现学生情感体验与其所认同的价值观的共鸣。比如,学习“义和团运动”时,部分学生会认为,义和团打击八国联军,其“灭洋”行为是爱国的,因而从情感上极端崇拜义和团,认为其是“神圣”的;部分学生反而会认为,义和团以蒙昧迷信、神仙

① 桑新民.建构主义的历史、哲学、文化与教育解读[J].全球教育展望,2005(4):52.

鬼怪、降神附体等极端原始手段，盲目排外，因而从情感上极端排斥义和团，认为其是“邪教”。其实，这两种情感都是片面的、有缺陷的。在课堂教学中，倘若不适时予以辨析，学生无疑会陷入情感体验之“难”。对此，可让学生辩论，适时设置价值观冲突，让学生从冲突之中辨析、明白：冲突双方都只反映了义和团运动矛盾对立的一面。事实上，义和团运动发生于19世纪与20世纪之交，这群人正是在近代中国沦为半殖民地半封建社会的过程中长大的。因此，他们只会用陈旧的精神和物质武器作拼死抗争，以捍卫自身生存的权利。倘若学生能辩证地认识这一价值观，其情感体验之“难”自会如冰释然。

设置价值观冲突的目的在于让学生辨清并认同正向价值观，奠定学生情感体验的理性之基。价值观认同是学生价值观推理和判断转化为价值观行动的关键环节，是促进学生升华积极情感、突破学生情感体验之“难”的动力之源。

以上，针对不同层次与类型的教学难点，探讨了教学难点的应对策略。教学难点产生于不同的内容背景与条件，其认知性质与解决路径各有差异。恰切区分教学难点的差异，遵循学生认知特点，是突破教学难点的必要选择。

七、历史教学重难点设计的操作性举例

案例1：《昌盛的秦汉文化》一课教学重难点的设计①

《昌盛的秦汉文化》一课属第三单元“统一国家的建立”中的内容。课文分三个子目：纸的发明和蔡伦改进造纸术；《九章算术》和地动仪；华佗和张仲景。显然“文化（一）”对应的是两汉时期所取得的科学技术成就，而且教科书正文重点突出的是造纸术。在此显而易见，秦的文化成就完全缺位。作为本单元文化史教学的开篇，时序上缺失秦朝、内容上只讲科技而遗漏艺术，这都会给学生造成一定的困扰。鉴于此，我将第十七课《昌盛的秦汉文化》（二）中“轰动世界的秦兵马俑”子目移入本课，时序上做到秦朝与汉朝兼顾，内容上艺术与科技并举。

《义务教育历史课程标准》（2011年版）相较“实验稿”有以下变化：(1)删减《九章算术》《伤寒杂病论》知识点，减轻了学生负担；(2)新增“讲述张仲景和华佗的故事”，意在培养学生陈述历史的口头表达能力；(3)把“了解

① 本案例由武汉市楚才中学路遥老师提供，该案例获2014年全国历史教师专业委员会举办的初中历史教学设计大赛一等奖。

四大发明，认识中国古代科技发明对世界文明发展的贡献”修订为“知道造纸术的发明对文化传播的作用”，突出了造纸术，使得原来模糊宽泛的要求得以具体化。

结合教科书与《义务教育历史课程标准》（2011年版）的要求来分析本节课的教学任务和教学内容，基本可以得出本课教学的主要任务是在秦汉“统一国家的建立”的背景下，去把握以下问题：（1）秦兵马俑的艺术成就；（2）造纸术的发明、改进及影响；（3）张仲景、华佗的医学贡献。基于以上分析，立足本课内容，教学重点集中在造纸术的发明、改进及影响上。回归单元主题，教学难点则聚焦在秦汉文化昌盛的成因上。

案例分析：

本案例能够结合课程标准、教材内容，对教学内容做适当整合，同时，依据课程标准的相关内容要求以及本课的具体教学任务，确立本课的教学重点；通过对单元主题内容的进一步分析，结合其他因素，确立本课教学难点。

案例2：《法国大革命》一课教学重难点的设计①

法国大革命是启蒙思想与18世纪晚期法国社会现实碰撞的产物，是人们对启蒙思想的实践，但其曲折和反复也激发人们不断反思、重新认识启蒙思想。有了“灵魂”的引领，教学目标也就清晰起来。

通过对革命爆发前法国社会思想的变化的学习，启发引导学生关注启蒙思想对法国革命爆发的推动作用。通过对革命过程的讲解，让学生体会启蒙思想对革命进程的引领作用，同时引导学生关注法国人民如何在曲折的革命进程中更深刻地领悟启蒙精神的历程，从而让学生得以感悟启蒙思想“自由、民主、平等”的深刻内涵。

作为启蒙思想与18世纪晚期法国社会现实碰撞的产物，法国革命是启蒙思想改造社会现实、冲破旧制度的实践过程，也是启蒙思想得以在欧洲大陆更大范围内传播并被理性解读的重要手段。因此，本课重点设定为：启蒙思想所推崇的价值观如何在法国革命中逐步从理想变为现实。革命一波三折、动荡反复的特点是由当时特定的历史背景所决定的，也是由

① 陈宇静．在历史的三维中勾勒课堂的“灵魂”：对《法国大革命》一课的回顾与反思[J]．历史教学（中学版），2015（7）：13-17.

当时人们对启蒙思想的认识程度所决定的。法国革命是人们对于启蒙思想的实践,但其曲折和反复也激发人们不断反思、重新认识启蒙思想。相对于“启蒙推动革命”的思路而言,“革命教育人们重新思考、认识启蒙”是一个逆向思维、辩证思维的过程,因此为本课难点。

案例分析:

本案例先将《法国大革命》的教学立意确定为启蒙思想与法国社会现实的反复碰撞,由此结合相关内容,确立本课教学重点为启蒙思想所推崇的价值观如何在法国革命中逐步从理想变为现实,而法国大革命的曲折历程以及如何由革命重新思考与认识启蒙,是本课教学的难点所在。

思考题:

(1)如何理解历史教学重难点?

(2)如何确定历史教学重难点?

(3)突破历史教学重难点的策略有哪些?

第七章　历史教学流程与环节的设计

历史教学流程与环节，是历史教学设计不可回避的重要内容。好的历史教学流程与环节，可以完善历史课堂结构，提升历史课堂教学的有效性。

一、何谓历史教学流程与环节

教学流程与环节是教学活动进程中较为稳定的结构形式，它通常内在地接受特定的教育理念、教学理论或学习理论做指导，又与教学逻辑、组织阶段密切相关。教学理论界基于不同的理论观念，对此有着不同看法，代表性观点如下：

(1)赫尔巴特认为，教学必须通过明了、联想、系统、方法四个阶段，即：明了——给学生明确地讲授新知识；联想——使学生将新知识与旧知识联系起来；系统——指导学生在新旧知识的基础上做出概括和总结；方法——引导学生把所学知识用于实际。①

(2)加涅认为，课堂教学过程包括：引起注意；告知学习者目标；激活相关的原有知识；呈现刺激材料；提供学习指导；引发学习行为；提供反馈；评估学习行为和促进记忆与迁移。②

(3)现代教学过程的基本环节包括：激发学习动机——感知教学材料——理解教学材料——巩固知识经验——运用知识经验——测评教学效果。③

(4)确定教学进度和顺序是课堂教学最重要的决策。课堂学习的尝试和广度在很大程度上取决于教学进度和顺序。确定教学进度就是决定一系列教学活动的进行速度。顺序指的是这个系列中各项应具有的关系。④

① 皮连生.教学设计——心理学的理论与技术[M].北京:高等教育出版社,2000:6.

② 皮连生.教学设计——心理学的理论与技术[M].北京:高等教育出版社,2000:100.

③ 黄甫全,王本陆.现代教学论学程[M].修订版.北京:教育科学出版社,2003:77.

④ 中央教育科学研究所比较教育研究室.简明国际教育百科全书·教学(下)[M].北京:教育科学出版社,1990:293.

(5)课堂活动可以指师生的课堂活动,也可以指课堂活动的内容。因此,课堂活动顺序既可以从师生相互作用的形式(指他们在课堂上做什么),也可以从课堂活动的实质内容来描述。前者一般称为“教学方法”或“方式”,后者称作“学科内容”“课程”或“教学内容”。①

(6)正确的教学过程的逻辑的实质就在于:教材和教师布置的学习任务不要作为某种外来的、凝固不变的东西,而是作为在运动中的东西呈现在学生面前;在这一运动过程中,单个事实、具体的表象要跟概括、概念和一般学说联系在一起,而后者(概括、概念和一般学说)又要跟实际运用的技能和技巧相统一。教学过程的逻辑跟学科的逻辑有着密不可分的联系,但是并不等同于后者。教学过程的逻辑具有更大的能动性、曲折性和矛盾性。它并不是学科的逻辑、学科的大纲和内容、教科书内容的简单投射。教学过程的逻辑是学科的逻辑与学生掌握教材的心理活动的“合金”。②

(7)所谓教学逻辑,是指教师基于对学科教学与学生发展关系认知的基础上形成的关于教学内容与教学活动序列安排的构想。③

可以看出,教学理论界讨论教学流程与环节的视角较为宽泛,教学流程与环节可被视为教学逻辑、教学活动顺序、教学基本环节、教学内容进程、学科逻辑与学生心理活动的“合金”等。具体到学科领域,历史教学界更多地谈论历史教学过程的基本结构,典型观点如下:

(1)综合课的基本结构包括:组织教学;复习旧课,导入新课;讲授新知识;巩固新课;布置作业。④

(2)从历史知识的特点看,宜于采用传统的传授和学习书本知识的教学模式。一般地说,这种模式的结构是:感知史实材料;理解史实材料、认识其本质;巩固历史知识;运用历史知识;检查掌握的程度。⑤

(3)历史教学过程的基本结构包括:激发动机;感知历史;理解历史;运用知

① 中央教育科学研究所比较教育研究室.简明国际教育百科全书·教学(下)[M].北京:教育科学出版社,1990:295.

② 冯克诚.当代教学理论基本原理原则与文论选读(上)[M].北京:中国环境科学出版社,2005:159.

③ 董静,于海波.教学逻辑的价值追求与二维结构的运演[J].中国教育学刊,2015(8):24-29.

④ 北京师范大学历史教学法教研室,等.中学历史教学法概论[M].北京:北京师范大学出版社,1988:134-135.

⑤ 于友西.基础教育现代化教学基本功[M].北京:首都师范大学出版社,1997:34.

识;巩固知识;评估反馈。[①]

(4)综合课的基本结构包括:复习导入;讲授新课;巩固新课;布置作业。[②]

(5)综合课的结构一般包括:组织教学;复习提问;新课引导;讲授新课;巩固新课;布置课外作业。[③]

(6)综合课的基本结构与步骤一般是:组织教学;复习旧课,导入新课;学习新知识;巩固新课;布置作业。[④]

应该承认,传统历史教学界对教学结构的提法较为表面,理论视野也较为狭窄,对教学流程与环节的实质性探讨基本上没有涉及。事实上,在讨论教学流程与环节中,要有论证地解决下列问题:怎样向学生提出认识任务,才能使他们领会该认识任务;应当给学生提供哪些实际材料,按照怎样的纲目以及多大的分量来提供;应当向学生提哪些问题,布置哪些观察题和思考题以及建议学生做哪些独立作业;怎样才能使教学过程在掌握知识方面和在学生发展方面都取得最优的效果。概括地说,教学逻辑是历史教学过程的内容顺序与阶段环节,它决定着历史教学过程的推进与发展方向。历史教学流程与环节的内在关键是教学逻辑,教学逻辑反映着教学过程中的内容组织、环节、步骤间的关系建构,其内含的"转承""过渡"等逻辑关系是否合理、理性,是课堂教学评鉴的重要维度。历史教学逻辑系指在课堂教学中各环节、步骤的逻辑关系,它具体蕴涵于历史课堂教学的内容流程中。[⑤]

二、历史教学流程与环节的主要类型

历史教学流程与环节受一定教育理念、教育理论或学习理论的指导。在不同的教育思想、教育理论指导下,历史教学流程与环节会呈现不同的类型。

---

① 于友西.中学历史教学法[M].北京:高等教育出版社,1988:133-138.相似提法见叶小兵,姬秉新,李稚勇.历史教育学[M].北京:高等教育出版社,2004:160-164.

② 姬秉新.历史教育学概论[M].北京:教育科学出版社,1997:216.

③ 夏子贤.中学历史教学法[M].上海:华东师范大学出版社,1991:90.

④ 朱汉国,郑林.新编历史教学论[M].上海:华东师范大学出版社,2008:76.相似提法见赵克礼.历史教学论[M].西安:陕西师范大学出版社,2003:83.

⑤ 王德民,许燕.历史优质课的教学逻辑探析[J].现代基础教育,2014(2):171.

（一）“传递—接受”类型

此种类型是我国学者在苏联教育学家凯洛夫教学思想的基础上，结合我国一些传统教育思想和教学实践经验而确立的。此类教学流程与环节模式的理论基础是辩证唯物主义的认识论和有关的心理学、教育学基础理论，主要是行为主义心理学理论。他认为，历史知识的内涵包括具体的历史知识即史实知识，如时间、地点、人物和事件；规律性的历史知识如历史概念、历史线索和历史规律等。具体的历史知识是客观的，规律性的历史知识是以具体的历史知识为基础并在马克思主义唯物史观的正确指导下得出来的，也是科学的。历史知识具有客观、真实、静态不变的科学一元性特征，历史教学也就成为教师系统讲授和学生准确掌握外在的科学历史知识的过程。此种类型的教学活动程序一般分为五个阶段：

(1)组织教学。在上课开始阶段，要求学生做好学习准备，包括学习用品、良好的学习心态等。

(2)检查复习。一般采用问答的形式，对新旧知识进行联系，导入新课。

(3)讲授新教材。这是历史教学中最主要的组成部分，教师按照教材内容进行新知识的讲授。

(4)巩固新教材。可以是教师对所学习的内容的总结与回顾，也可以是教师对学生进行提问或让学生进行练习，达到巩固新知识的效果。

(5)布置作业。教师布置一定的作业，作为学生复习、巩固所学历史知识或预习将要学习的新知识的一种手段。

（二）“自学—指导”类型

此种类型的教学过程以学生自学为主，学生在教师指导下进行自学、讨论交流等，实现自学和指导有效配合。此种类型的教学过程是以当代教育的“以学为主，教育教学要注重培养、发挥学生的主体地位，使学生学会学习”等理论为指导，实现师生互动的教学。[1]在历史课堂中，此种类型的教学活动程序一般分为以下阶段：

(1)教师出示课题和自学提示等，对学生自学做总的指导。

---

[1] 黄甫全，王本陆．现代教学论学程[M]．修订版．北京：教育科学出版社，2003：450.

(2)学生自学教材。学生带着教师提供或布置的问题阅读历史教材,通过阅读了解课文的主要内容并尝试解答问题。教师对学生进行个别指导。

(3)学生讨论交流解决疑难问题,教师对学生的讨论进行启发引导,并针对普遍存在的问题进行精讲。

(4)教师结合本课的教学目标,让学生运用所学知识完成各种练习并进行评价、小结,使所学知识系统化。

(三)教学常规环节类型

此类教学流程以常规性的教学环节组织教学进程,从表层的教学环节中看不出其教学指导思想或教育理念。此种类型的教学活动程序一般分为以下阶段:

(1)导入新课。采用多种方式引起学生的学习欲望。

(2)学习新课。这是中心任务和主要环节。

(3)巩固新课。可以通过教师概括、学生提问等方式,巩固学习内容。

(4)课堂小结。对本课教学内容进行总结。

(四)教学逻辑类型

此类教学流程主要以课堂教学的内容逻辑为依据,以此来组织教学活动进程。教学逻辑类型的教学流程以教学内容的逻辑转换、衔接为依托,同时兼顾对教学内容的处理方式,能较深入地体现设计者基于教学立意对教学内容内在逻辑的理解与把握。此类型的教学活动程序除了课堂导入、小结两个环节外,主要强化对教学逻辑的呈现与把握,一般采取以下形式:

导入:依据教学主题、学生兴趣进行导课。

环节一:教学内容包括对教学内容内在逻辑的理解与处理。

环节二:教学内容包括对教学内容内在逻辑的理解与处理。

……

小结:对本课教学主题做总结、提炼或升华。

需要说明的是,重视教学逻辑类型的教学流程与环节,体现了教师基于本课教学立意对教学内容的深刻理解,这通常是历史优质课大赛中绝大多数教师采取的类型。

三、历史教学逻辑的构建策略

历史教学逻辑与学科结构、学生认知特点以及教材内容密切相关。学科结构是由诸多科学事实、概念、原理、定律等按照一定的联系和方法构成的逻辑体系。[①]学科结构是教师进行教学设计或教学实施的“可能起点”，而“学生发展状态”是教学设计或教学实施的“现实起点”。学生的实际发展水平可能超前或落后于学科结构中相应知识点的要求，教师要根据“学生发展状态”决定教学的知识起点、层次和相应的教学活动序列，促进学科结构向学生认知结构的转变。[②]同时，教材内容逻辑的类别等，也影响着一节课的教学逻辑框架。具体而言，确立教学逻辑的依据与策略主要集中在以下方面。

（一）基于教材的知识逻辑构建教学逻辑

能否超越教材的知识逻辑，是评判优质课“教学逻辑”的首要维度。课堂教学是以教师、教材、学生三者为主的动态互动，其内容主要来源于教材。教材以科学体系为基础，其学习内容本身具有逻辑顺序性[③]。由此，依据教材呈现的教学内容本身就体现了教材的知识逻辑。不过，限于教材体例、篇幅等因素的制约，教材所呈现的知识逻辑是静态的，且不完满，并不适应教学过程的动态需求。这就为教学逻辑改造、调整教学内容提供了可能。

当然，教学逻辑对教学内容的“改造”，并非要完全脱离教材。教材是教学内容的根基。教材的知识逻辑回答“教什么”的问题，它是教学内容中最实质的要素。好的教学逻辑需以教材的知识逻辑为蓝本，对其进行合理性删减、补充、合并甚至变更，以此实现对教材知识逻辑的超越。

《鸦片战争》一课，教材所呈现的主要内容依次为：(1)虎门销烟（中国对外贸易长期出超，引起鸦片走私；鸦片走私的严重危害；清政府内部关于禁烟的争论；林则徐虎门销烟）；(2)《南京条约》以及战后的中国（鸦片战争爆发；清军爱国官兵英勇抵抗，但最终惨败；《南京条约》的内容及影响）；(3)第二次鸦片战争

① 鲁增贤．从学科结构、教材结构到教学结构[J]．河北师范大学学报（教育科学版），2000，2(1)：96-98.

② 董静，于海波．教学逻辑的价值追求与二维结构的运演[J]．中国教育学刊，2015(8)：24-29.

③ 钟启泉．现代课程论[M]．上海：上海教育出版社，2003：238.

(英法挑起第二次鸦片战争;晚清战败,被迫签订条约;《天津条约》《北京条约》的内容与影响)。在这里,隐含其中的知识逻辑:虎门销烟直接导致了鸦片战争;鸦片战争战败,晚清政府被迫签订《南京条约》;《南京条约》并没有引起晚清统治者的“觉醒”,列强继续侵略,挑起第二次鸦片战争;第二次鸦片战争战败,晚清政府被迫签订《北京条约》与《天津条约》。不难看出,受课程标准、教材编制等因素的制约,以上教材所内含的“知识逻辑”较为简单以至过于“片面”:仅重点强调了鸦片战争的直接原因;突出了鸦片战争之中清军爱国官兵的抵抗;鸦片战争的负面作用及影响。

上述教材的“知识逻辑”是围绕来自西方侵略这一“外患”展开的。不过,作为高中必修课程的重要内容,鸦片战争是中国近代史的开端。对高中学生而言,揭示“外患”固然十分重要,但理解“内腐”也甚为关键。因为,晚清王朝的腐朽没落,恰恰是近代中国被动挨打的内在根源。如何强化对“内腐”的理解?相对教材的“知识逻辑”,好的教学逻辑会对此做出某些调整与超越。试看以下课例:

案例1:《鸦片战争》一课的教学逻辑①

导入:让学生探讨关于鸦片战争的印象。

环节一:两个国家

(1)两份国书。(英王致乾隆信函、乾隆皇帝答复信函,意在聚焦晚清“闭关锁国”政策、“天朝上国”观念。)

(2)两张礼单。(英国使臣给乾隆皇帝祝寿的“礼单”、晚清回赠英国的“礼单”,旨在透视两国经济与社会发展水平的差异。)

(3)两个现象。(晚清官员参政心态、英国议会对王权的胜利,目的在于揭示两国政治性质的差异。)

环节二:祸起鸦片

(1)鸦片走私。(阅读材料,认识鸦片走私的危害。)

(2)虎门销烟。

(3)战争烽烟。

环节三:“旷世”战争

① 本案例由西安市第八十九中学李树全老师提供。

(1)瞠目结舌的数字。(以中英双方军队参战人数、伤亡人数的悬殊,促使学生思考拥有数量优势的中国为何战败?)

(2)匪夷所思的攘夷。(杨芳"粪桶阵"御敌术、奕经"五虎"御敌术、裕谦"剥人皮"御敌术,意在说明晚清军事观念的愚昧与狭隘。)

环节四:历史何以至此

(1)战败的"代价"。(阅读并讨论《南京条约》的内容与影响。)

(2)中国的"觉醒"。①懵懂的"觉醒"。(介绍《海国图志》与《瀛环志略》,但两本书并没给中国带来大的影响)②还没有"觉醒"。(史料解读,意要说明晚清君臣还处于"天朝上国"的幻梦之中)③何时才"觉醒"。(至第二次鸦片战争,才给晚清统治者以较大的震撼。)

以上课例的教学逻辑,先是从思想观念、经济与社会发展水平、政治等方面透视了晚清王朝的腐朽没落、与西方的巨大落差和冲突;接着叙述了英商从事鸦片走私、林则徐虎门销烟以及鸦片战争爆发;进一步地,从双方参战规模、作战思想与观念,揭示清军的愚昧和落后;最后,讨论《南京条约》的内容与影响,从不同侧面、时段揭示了鸦片战争后晚清王朝并没有立刻"觉醒",朝野上下仍处于"万世和约"的梦幻之中,直至第二次鸦片战争才有所震撼与"醒悟"。如此的教学逻辑,在基于教材内容的前提下,从不同角度、立体地揭示了鸦片战争的"内腐"与"外患",事实上已超越了教材的知识逻辑,也可能更接近历史的真实。

需要强调的是,上述教学逻辑的超越,并不在于让学生掌握有关鸦片战争更多的"知识"。如此的做法显然是让学生更理性地思考鸦片战争之中晚清战败的原因,更多元地探讨近代中国被动挨打的因素,更深入地孕育批判性的思维意识。

(二)基于学生的认知逻辑构建教学逻辑

能否顺应学生的认知逻辑,是评判优质课"教学逻辑"的第二个维度。课堂教学以学生为主体,教学成效也最终指向学生,这就决定了教学逻辑虽以调整教材知识逻辑为起点,但其进一步的推进还要以顺应学生的认知逻辑为旨归。

学生的认知逻辑回答"如何学"的问题,它是衡量课堂教学中学生是否"能学""会学"的关键要素。不过,具体的学生的认知逻辑呈现出个体差异,教材的知识逻辑又以理性、静态为表征,这就需要教学逻辑能平衡两者之间的差异,着眼于教学内容的认知化。围绕教学主题设计现实的、情景性的教学流程，引导学生在情景中思考，尽可能弥合学生的个性化理解与人类规范化的知识之间的差异，这是教学逻辑顺应学生认知逻辑的核心。

《秦始皇陵兵马俑》作为选修课，教材呈现了秦始皇陵修建的背景、概况、陵园布局、结构以及陵园内已挖掘的三个兵马俑坑的军阵部署和兵马俑作为陶俑的雕塑技术、绘制材料、艺术等内容。尽管教材涉及的知识信息广，内容也较为详尽，但内含其中的知识逻辑仍是线性的、静态的。秦始皇陵兵马俑逾时已不止千年，时空跨越大，学生认知起来相对困难。如何让学生有效地认知这一历史奇迹？感悟其文化内涵、价值与魅力？好的教学逻辑对此可做出调整、改进。试看以下课例：

案例2:《秦始皇陵兵马俑》一课的教学逻辑[①]

导入：展示图片。(德国青年痴迷兵马俑成狂，跳入坑内扮秦俑。)

环节一：秦始皇陵——亘古的谜团

(1)地图中的帝陵。

(2)影像中的帝陵。

(3)文献中的帝陵。

(4)电脑技术模拟的帝陵。

(5)科学考古探测的帝陵。

环节二：兵马俑——复活的军团

(1)播放视频。(介绍兵马俑坑的方位、情况。)

(2)展示问题：①秦俑雕塑体现的艺术特点有哪些？②一号坑军阵的特点是什么？③从布局上看，二号坑与一号坑有什么不同？从作用上看，三号坑与其他坑有什么不同？④出土文物精品反映出秦军有哪些兵种与武器？

(3)播放视频。(现代模拟的长平之战。)

环节三：小结

(1)秦始皇陵兵马俑的史学价值。

(2)秦始皇陵兵马俑的艺术价值。

① 本案例由深圳市宝安中学唐云波老师提供。

从认知角度看,以上课例之中的教学逻辑至少有以下改进:

其一,由抽象到具象。从手段上,在"导入"秦始皇陵兵马俑——"介绍"秦始皇陵——"探讨"秦始皇陵兵马俑的教学流程中,通过图片展示德国青年"入坑扮俑"事件,引起学生的好奇心,"拉近"秦始皇陵兵马俑与学生的距离;通过地图、影像、电脑模拟等手段,进一步将文字信息描述的秦始皇陵直观化、形象化;通过视频播放、模拟,使秦始皇陵兵马俑的形象更生动、逼真。

其二,由单线到立体。从角度上,改变教材呈现的单一视角,通过"视""听""读""想""模拟"等途径,使学生立体地感受秦始皇陵,在视觉、听觉、触觉等的交融之中形成通感。作为对古典遗迹的审美与欣赏,"通感可以使各种感官共同参与对审美对象的知觉,克服审美对象因为物质构成所造成的知觉感官的局限,从而使美感更加丰富和强烈"[①]。在各种感觉心理通联、转化与渗透之中,感受秦始皇兵马俑,聆听、体验秦人扫六合、却匈奴、平百越的雄壮余韵与威武气势。

其三,由"远眺"至"近观""神入",再到"回望"。从过程上,先是引起学生对时距遥远的秦始皇陵兵马俑的心理关注;进而向学生介绍有关秦始皇陵兵马俑的背景内容,让学生了解"是什么";进一步地,再让学生"挨近"探究,从多角度"神入"秦始皇陵兵马俑;最后又让学生"跳出"秦始皇陵兵马俑,在"默念"与"存想"之中,总结秦始皇陵兵马俑的内涵与价值,领悟其所指向、联系着的更深远的文化思想和精神力量。

(三)基于历史的认识逻辑构建教学逻辑

能否建构历史的理论逻辑,是评判优质课"教学逻辑"的第三个维度。就评判的性质而言,如果说,超越教材的知识逻辑是基本"起点",顺应学生的认知逻辑是必要"过程",那么,建构历史的理论逻辑则是最终"归宿"。

建构历史的理论逻辑之旨向,在于培养学生有关历史的理性思维与人文素养。历史不是史料的堆积。即便史料是原始、真实的,也需通过理性、逻辑的方式加以再现。通过逻辑的方式再现历史是整体把握历史真实的唯一方式,也就是逻辑与历史相一致。这是培养学生进行理性思维的最高境界。

逻辑与历史相一致,是指人的思维逻辑与客观的历史相一致。"历史从哪里

① 凌继尧.美学十五讲[M].北京:北京大学出版社,2003:100.

开始，思想进程也应当从哪里开始，而思想进程的进一步发展不过是历史过程在抽象的、理论上前后一贯的形式上的反映。”①也就是说，思维中的概念、范畴的逻辑体系要与其所反映的客观历史相统一。逻辑要以客观历史为前提或基础，逻辑的起点要与历史的起点相一致。在课堂教学中，好的教学逻辑恰恰能帮助学生建构这一点。试看以下课例：

案例3:《封邦建国与礼乐文化》一课的教学逻辑②

导入：播放课件——牧野之战。

问题：殷商“亡乎于政”，还是“亡乎于制”？

环节一：从“武王克殷”到“天下初定”

(1)艰难抉择：因势而动。

问题：如何处理殷商的遗老遗少？

史料：太公对曰：“臣闻，爱其人者，兼屋上之乌；憎其人者，恶其余胥。咸刘厥敌，使靡有余，何如？”王曰：“不可。”太公出，召公入，王曰：“为之奈何？”召公对曰：“有罪者杀之，无罪者活之，何如？”王曰：“不可？”召公出，周公入，王曰：“为之奈何？”周公曰：“使各居其宅，田其田，无变旧新，唯仁是亲。百姓有过，在予一人。”

(2)顺势而为：武王初封。

史料(略)。

问题：周武王是怎样解决殷民、方国和宗亲功臣的分封的？

环节二：从“三监叛乱”到“封建亲戚”——天下归周

史料：(三年后)成王少，周公……乃摄行政当国。管叔、蔡叔群弟疑周公，与武庚作乱，畔周。周公奉成王命，伐诛武庚、管叔，放蔡叔。

问题：殷商暴政而亡尚可理解，武王德政为何也会招致动荡？叛乱的根源在哪里？

史料：《左传·僖公二十四年》载：“周公……封建亲戚，以蕃屏周。”《荀子》载：“周公立七十一国，姬姓独居五十三人。”

问题：周公分封有哪些突出的变化？这种变化的意图在哪里？

---

① 中共中央马克思恩格斯列宁斯大林著作编译局.马克思恩格斯选集：第2卷[M].北京：人民出版社，1995:43.

② 本案例由上海市晋元中学邹玉峰、李惠军老师提供。

环节三：从“宗法关系”到“家国同构”——天下归宗

问题：“三监叛乱”之中，周公的两个兄弟为何也联合武庚叛乱？

史料：《春秋公羊传》载：立嫡以长不以贤，立子以贵不以长。《礼记·丧服小记》载：别子为祖，继别为宗，继祢者为小宗。《左传》载：天子建国，诸侯立家，卿置侧室，大夫有贰宗，士有隶子弟。

问题：如何认识西周宗法分封制度？

环节四：从“制礼作乐”到“协和万民”——天下归心

史料：《尚书·大传》载：周公摄政，一年救乱，二年克殷，三年践奄，四年建侯卫，五年营成周，六年制礼作乐。

问题：周公所制之“礼乐”有怎样的历史内涵？

小结：天下归一

分封制：“天下归周”；宗法制：“天下归宗”；礼乐制：“天下归心”。

以上课例之中的教学逻辑，其内含的思路、逻辑框架大致如下：

殷商亡于政，还是亡于制？引发学生对制度的思考。武王克殷，如何处理殷商的遗老遗少？顺势而为，武王初封，“无变新旧”。“三监叛乱”，周公“封建亲戚”，天下归周。“三监叛乱”，周公的两个兄弟为何也联合武庚叛乱？引发学生对王位继承制合法性的关注。立嫡以长，立子以贵，宗法制确立。制礼作乐，天下归心。天下归一：分封制——天下归周；宗法制——天下归宗；礼乐制——天下归心。

上述逻辑框架，适切地再现了西周封邦建国、制礼作乐的历史场景，符合此段历史演进的客观进程：西周代商，推行分封制、宗法制，制作礼乐，由此实现了“小邦周”对“大邦殷”及其他地区的有效统治，也推进了殷周之际政治、文化的“剧变”。

不仅如此，上述逻辑推进的每一环节，都以史料为支撑，在史料、证据的考证与推演之中，寻求逻辑与历史的贯通。其中，又以两点最为突出：

其一，分封制的确立。分封制是西周封邦建国的重要内容。不过，分封的先例，夏、商早已有之。武王克殷，如何处置殷商遗民？环节一先提出此问题，继之以史料推证：武王时期因循顺势，对殷商遗民“以殷治殷”，对外籍方国“封其故地”，对功臣宗亲“直辖管理”，实施了因循渐变的分封。当然，这种分封并没能维持长久。环节二随之展示：三年后“三监叛乱”爆发。由此设问：殷商暴政而亡尚可理解,周初行德政为何也招致动乱?引发学生对武王分封成效的质疑。再以史料推证:周公封建亲戚,以蕃屏周,以血缘宗亲关系加强统治;肢解殷民受制于周,分而治之;授民授土,即命于周,礼乐征伐自天子出。以此理解周公分封与武王分封的联系与区别。

其二,嫡长子继承制的确立。嫡长子继承制是西周宗法制得以确立的首要前提,但在此之前,商的继承却是兄终弟及。西周为何要确立嫡长子继承制?环节三再以"三监叛乱"为由,设问:商纣王的儿子武庚谋反尚在情理之中,周公的两个亲兄弟为何也参与叛乱?以此点拨,认识管叔、蔡叔叛乱与商的王位继承制的影响有关,引起学生对王位继承制合理性的思考。以史料推证:周公完全确立了嫡长子继承制,别子为祖,继别为宗,按嫡长子继承制世代相传,天子为"大宗",诸侯为"小宗"。由此理解周初对嫡长子继承制的创制。

以上,教学逻辑的每一步推进都尽可能与客观历史的推进相一致。以历史的起点为逻辑的起点。内含其中的逻辑、概念,都尽可能是历史在认识中的再现。即,尽可能构建符合史实的思维概念;尽可能构建符合史实的逻辑判断。这其中,教学逻辑建构了学生对历史的理性认识,既涉及"凭证据说话"的思维意识,又涵盖以历史为前提并据此进行推理分析的逻辑。

综合地看,评判历史优质课的教学逻辑,至少需要从其与"教材的知识逻辑""学生的认知逻辑"以及"历史的理论逻辑"三个方面的关系来加以探讨。上述三个维度的关系是递进的,体现了历史优质课的内容流程是如何进行"过渡"与转化的:超越教材的知识逻辑涉及教师对教材文本的理解与阐释,回应了历史课"教什么"的基本问题;顺应学生的认知逻辑涉及教师如何把握学生的认知特点,回应了历史课"如何学"的基本问题;建构历史的理论逻辑涉及教师对学科价值的理解与追寻,回应了历史课要"达成什么""追求什么"的基本问题。聚合起来看,作为历史优质课,其教学逻辑应是课堂教学的基干与"骨架",是课堂教学中内容组织、思维运演与逻辑推进的"路向标"。

四、历史教学流程与环节的其他构成

教学逻辑构成了历史教学流程与环节的内在"骨架"。除此之外,历史教学流程与环节的设计,还需要兼顾其他环节构成。

(一)导课环节

1. 导课的基本要求

(1)目的明确,针对性强。导课应该针对的教学实际有两个方面:其一是指要针对教学内容而设计,使之建立在充分考虑了与所要学习的教材内容的有机联系的基础上,而不能游离于教学内容之外;其二是指要针对学生的心理年龄特征、已有知识和生活经验。如,通常采用的释题导课法。

(2)简洁明了,恰到好处。由于一堂课的教学时间有限,导课又不是教学的重点,所以不宜在课的开头花费太多的时间。冗长、啰嗦、不得要领的开头,不但没有美感,而且不能取得良好的教学效果。艺术性的导课必须争取在较短的时间内,用最精练的语言达成事先要达到的目标。

(3)新颖有趣,能吸引人。根据心理学的研究,新异刺激可以有效地强化学生的感知,吸引学生的注意。因此,具有新颖性的导课能够引起学生兴趣。

2. 导课的形式与方法

(1)问题导课。即制造悬念,就是在学生心理上造成强烈的期盼,使学生产生急于求知的迫切心情。悬念、疑问是思维的"启发剂",它能使学生的求知欲由潜伏状态转入活跃状态,有力地调动学生思维的积极性和主动性,是开启学生思维的钥匙。有经验的教师都很注意设疑导课的启发功能,在导课时精心设计疑问,引发学生的思考。如学习西汉历史时,可以提问:知不知道苏武牧羊、张骞出使西域、驰名中外的丝绸之路?利用疑问、悬念将学生引导到要学的内容上来。

(2)故事导课。采用寓意深刻、幽默轻松或精彩的故事导课,是历史课堂中为学生所喜闻乐见的形式之一。上课之初先用一个与教材内容相关或相似的故事调动学生的学习兴趣。如,学习春秋争霸时,讲述"围魏救赵";学习秦末农民起义时,引用"破釜沉舟"和"四面楚歌"。当然,故事导课宜短忌长,故事本身要能说明问题,教师还需引导分析,才不会使学生的注意局限于故事本身。

(3)温故导课。即利用已掌握的历史知识,导入新课。它能较好地诱导学生将新旧知识进行相互联系,洞悉历史发展的线索。在温故的基础上接受新知,是个循序渐进的认识过程,便于理解和学习。如在学习"第二次世界大战"时,首先引导学生共同回忆战前的局势:三个法西斯专政的建立,两个战争策源地的形成,三国轴心的勾结,法西斯的侵略扩张,英法美的推波助澜,大战的爆发如在弦上。由此导入新课,使学生在掌握历史内容的同时,了解前因后果。

(4)“诗歌、识图”导课。在学习文化史内容时,利用学生已学过的文学佳作(如一些优秀唐诗、宋词、元曲)作为课堂教学导语,既活跃了课堂气氛,又掌握了作品内容。此外,历史教材有许多精美图片,利用图片进行导课,既增强了直观效果,又有利于理解学习。

(5)释题导课。题目是文章的窗户,往往也是文章最精彩的概括。如“统一的多民族国家——秦”这一标题,高度概括出了秦“统一”“多民族”“中央集权”“封建”等几个特点。导入时抓住这几个要点释题,为学习课文扫除障碍,同时开宗明义,对学习掌握课文重点、难点内容有重要作用。

(6)激情导课。在课堂教学中,有的教材内容中包含着真挚的情感,即教师导课时“披文入情”,以情真意切的语言激发学生的情感,达到以情育人的目的。如讲“戊戌变法”时,首先做提问式讲解,从甲午中日战争的时间、结果入手,痛陈战争产生的深远影响:一方面,《马关条约》的签订,割地赔款,丧权辱国;另一方面,日本侵略得逞,又使帝国主义国家蜂拥而至,掀起瓜分中国的狂潮。中华民族面临灭种亡国之灾,怎么办? 民族希望何在? 谁来拯救? 从当时的形势导入教学内容,可以起到较好的效果。

(二)结课环节

1. 结课的基本要求

(1)首尾呼应、相对完整。指课的结束应当与课的开始相呼应,不能离题太远,不着边际。

(2)留有余味,引发学生思考。也就是说,在一堂课结束时,教师应注意语言的含蓄,不能把话说得太满、太绝,适当给学生留些思考的空间,使学生感到“课虽尽趣尚浓”。

(3)干净利索,适可而止。要求教师恰当地把握结课时间,及时、有效地结束教学。既不能把结课时间拖得太长,也不宜匆匆忙忙随随便便地结束。

2. 结课的形式与方法

(1)自然式结课。这种结课是在下课铃响时自然结束课程。

(2)总结式结课。即用准确简练的语言提纲挈领地把整个课的主要内容加以总结概括归纳,给学生以系统、完整的印象,促使学生加深对所学知识的理解和记忆,培养其综合概括能力。总结归纳的方式,可视具体情况灵活变化。可以用简明扼要的语言，复述讲解要点，强调应掌握的主要知识和概念等。这是一种比较常用的结课方式。

(3)拓展式结课。把学习过的知识向其他相关方面延伸，以拓宽学习的知识面，形成知识网络。

(4)对比式结课。将学习的知识与相关知识结合起来，进行分析比较，找出其异同点，以使学生更深刻地理解知识。

(5)练习评估式结课。以课堂提问或练习方式对学习过的内容进行检测评价，以巩固所学知识。

(6)承前启后式结课。把导课时的悬念、学习中的疑问在结课时予以强调，谓之承前；选择与下节课相关的知识作为下节课的铺垫和伏笔，谓之启后。

(三)板书设计

1. 板书的基本要求

运用板书的关键在于教师要依据具体的目标、内容、学生特点、课堂情境以及自身的素质特点，做出灵活、合理的策略选择。

板书内容在黑板上的安排方式和位置不同，板书所获得的效果也不同。所有的板书均安排在边框以内。对主要板书，教师可依照板书内容多少和黑板长度做适当分栏处理。每栏的宽度以不超过教师站立不动板书时较轻松地达到的宽度为宜。

板书设计要做到：一是条理清楚；二是书写工整；三是突出重难点；四是保留和擦除部分分明；五是形象地揭示内容的各种联系。

2. 板书设计的主要形式

(1)从重要性和详略的角度看，板书有两种表现形式：主要板书和辅助板书。主要板书完整地反映教师当前的讲述内容和思路，包括内容框架、重要的概念、基本要点、主要结论和重点词汇等。辅助板书反映的是与当前学习有关但相对次要的内容。它对主要板书起辅助、说明的作用。

异彩纷呈的艺术成就

主要板书：

书法艺术——王羲之(书圣)：《兰亭序》

绘画艺术——顾恺之：《女史箴图》《洛神赋图》

石窟艺术——云冈石窟(大同)、龙门石窟(洛阳)

辅助板书:

期刊:《书法》《美术之友》

丛书:《中国的书法》《中国的绘画》《中国的石刻与石窟》

(2)从板书的形象程度看,板书的表现形式主要有以下几种:

①要点式板书。根据授课内容,在黑板上只列出标题、要点和层次。要点式板书能清晰地反映出授课内容的逻辑思路和层次,便于学生把握主要观点。但它高度概括,只适合于高年级。要点式板书在很大程度上只是教材大小标题的翻版,表现形式较为单一,长期使用会失去对学生的吸引力。

案例1:秦末农民战争

一、秦的暴政

1. 繁重的赋税、徭役和兵役

2. 严酷的刑法

二、陈胜、吴广发动的农民起义

1. 大泽乡起义

2. 张楚政权的建立

三、农民战争推翻秦的统治

1. 项羽起义军消灭秦的主力军——巨鹿之战(公元前207年)

2. 刘邦起义军攻占咸阳——秦亡(公元前206年)

案例2:秦帝国的兴亡

1. 秦王扫六合——秦的统一(公元前221年)

"纸上谈兵"。

2. 秦末农民战争——秦的灭亡(公元前206年)

"揭竿而起""破釜沉舟"。

3. 楚汉之争——西汉建立(公元前202年)

"项庄舞剑,意在沛公""四面楚歌"。

②表格式板书。它是将教学内容中同一类概念、事物或事件的不同侧面分项

目整理、归纳，并以表格的形式表现出来。运用这类板书，一般要求教学中的概念、事物或事件及其可分析的侧面均在两类以上。表格式板书便于将不同侧面对照比较，能直观地看出它们的异同点和各自的特征，能给学生留下深刻的印象。

洋务运动中的军工企业

时间	创始人	地点	名称	特点
1861年	曾国藩	安庆	安庆军械所	第一个军事工业
1865年	李鸿章	上海	江南制造总局	最大的军事工业
1866年	左宗棠	马尾	福州船政局	设置最齐全的船舶制造工业

③线条式板书。它是根据史实的发展过程、情节起伏或逻辑思路，选择关键性的词语，以线条、箭头等连接起来构成的一幅流程图。线条式板书能把隐含于教学内容之中的线索，清晰直观地展现出来。

夏商西周的更迭

夏　朝 →	商　朝 →	西　周
时　间：前2070年	时　间：前1600年	时　间：前1046年
建立者：禹	建立者：汤	建立者：周武王
都　城：阳城	都　城：亳殷	都　城：镐京

④图解式板书。它是以示意图的形式帮助学生认识某一事物的结构、空间位置和演变，或者人为地为某一内容配上具有象征意义的图案，帮助学生理解、记忆教学内容。

三国鼎立局面的形成

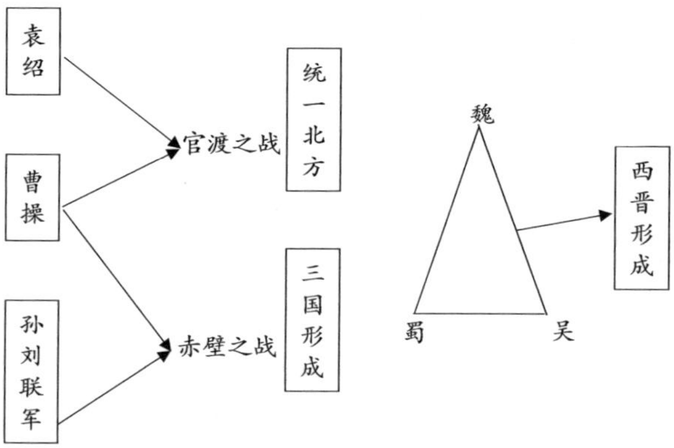

⑤结构式板书。把重大历史事件加以分解，归纳形成一个完整概念。其优点是条理清楚、概念完整、言简意赅。

中国同盟会

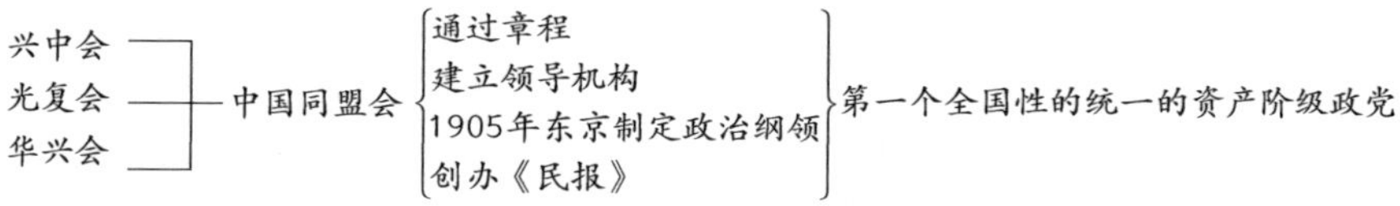

⑥方位式板书。按东、南、西、北、东北、西北、东南、西南八个主要方位，结合课堂教学的需要把历史事件的空间位置或重要地名按不同的方位填入。其优点是形象直观、紧扣教材、方法简单。

唐朝民族关系

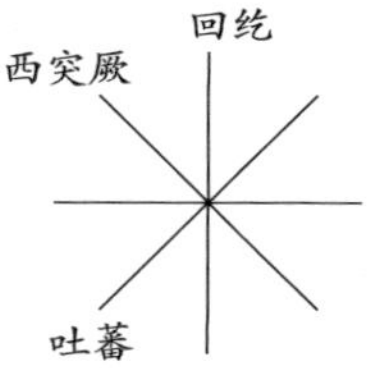

隋朝大运河

五、历史教学流程与环节设计的操作性举例

案例1:《法国大革命》一课的导入设计①

出示:《马赛曲》歌词。

教师:《马赛曲》是具有大炮一样威力的音乐,是什么让小小的《马赛曲》具有如此强大的威力?是什么点燃那个年代法国人的革命激情?又是什么把法国大革命一次一次地向前推进?今天这节课就让我们大家一起回到18世纪的法国去感受那26年风云激荡的革命,去体会革命中法国人的激情迸发,去感悟革命的真谛所在。

教师:1789年的7月14日,法国国王路易十六在他的日记本中写下了这样一行简短的文字:"14日,星期二,无事。"然而就在国王看来平淡无奇的这一天里,距王宫二十公里之外的巴黎市民们正在用他们所可以找到的一切武器,攻占了象征着封建堡垒的巴士底狱。法国大革命就此拉开了它疾风暴雨一般的进程,当大臣们匆匆赶进宫向国王报告这个消息的时候,路易十六却一脸茫然地看着大臣问:"怎么,造反了?"

幻灯片演示:法国国王的疑惑。

国王没能觉察到革命的发生,而最让他百思不得其解的是,一次突发的市民骚乱,怎么就酿成了一场风云激荡的革命并且最终颠覆了他的王朝。在课前请大家预习了课文,那么有没有同学能够解答国王的这个疑惑呢?

案例分析:

本案例选择《马赛曲》作为课堂导入,与本课教学立意有密切关联。法国大革命是近代文艺复兴以来启蒙思想的政治实践,具体体现为18世纪晚期的启蒙思想与法国社会现实相互作用的曲折政治历程。法国大革命所追求的价值观是"自由、民主与平等",而《马赛曲》恰恰唱出了当时法国民众的心声。同时,本课选取1789年7月14日法国国王路易十六的几个特定细节,给学生创设认知冲突,引出法国大革命爆发的原因。

① 陈宇静.《法国大革命》教学实录[J].历史教学(中学版),2008(12):23-28.

案例2:《辛亥革命》一课的结课设计[①]

1. 走进革命先烈的精神世界

材料1:孙中山等五位革命先烈的思想言论。(略)

材料2:胡锦涛同志在纪念辛亥革命100周年大会上的讲话视频片段。(略)

在阅读完第一段材料后,请学生结合整堂课的学习谈感受与认识,实现情感内化。在学生充分地表述后再播放视频,引发学生的情感认同,也与导入环节形成首尾呼应。

2. 一则报道的困惑

教师给学生读一则自己看过的新闻报道:“1996年,人们在林觉民家乡福州仓前公园建造了他的塑像。后来公园改建,塑像被废弃在一座公厕旁的杂草丛中长达两年。塑像大部分被毁,……所幸塑像的脸部完好无损,目光依然坚毅地看着前方……”

问题:

如果辛亥英烈在天有灵,他们将会做何感想?

案例分析:

本案例先是选取孙中山等人的思想言论、胡锦涛同志在纪念辛亥革命100周年大会上的讲话,以此来升华学生对辛亥革命的认识,然后,通过补充一则报道,试图通过一个并不和谐的情感冲突事件,激发学生在情感上的价值判断和心灵震撼。如此的做法虽然不一定是最好的,但一定比向学生灌输“教条”要好。因为现在的大多数学生已经不再欢迎“牧师”,他们需要的是榜样!是他们自己能感悟到的道理!

案例3:《星星之火,可以燎原》一课的教学流程设计[②]

《星星之火,可以燎原》是第三单元“新民主主义革命的兴起”中第三课的内容。这一课的核心立意在于,大革命失败后,中共在血泊中对革命新道路进行艰难探索,找到了一条具有中国特色的革命道路,大有星火燎原

① 陈洁.初中七年级《辛亥革命》设计及说明[J].历史教学(中学版),2013(4):12-14.

② 赵霞.苦思苦寻课之“魂”:八年级《星星之火,可以燎原》备课札记[J].历史教学(中学版),2013(2):31-34.

之势头。但革命的发展不是一帆风顺的，中共在探索中曲折前进，并开始了走向“燎原”的征程。本课的目标是学生通过本课学习：(1)大致知道：南昌起义、井冈山会师、红军长征的故事，了解中国共产党创建工农红军和农村革命根据地的意义，认识中国革命道路的艰难曲折。(2)初步理解：南昌起义的必要性，中国革命道路的特殊性，红军长征的艰巨性。(3)略有感悟：明国情、顺民心是中共胜利之本，“知己知彼，百战不殆”是革命的思想保证，“革命英雄主义和乐观主义精神”是战胜一切艰难困苦的重要力量。基于以上立意与目标，本课的教学流程设计如下：

导入新课：

材料1：大革命失败后国民党政权性质的变化。

材料2：大革命失败后革命党人的艰难处境。

问题：在这种情况下，中国共产党人敢不敢坚持革命？怎样坚持革命？

（说明：告诉学生国民大革命失败后的格局，“星星之火”在绝地中迸发，使学生首先感觉“星星之火”出现的必要性和艰巨性。同时，也为下一环节探索“农村包围城市，武装夺取政权”这一革命道路埋下伏笔。）

环节一：星星之火的断然积聚和重挫

(1)利用四张图片来图说“南昌起义”。

情境一：牛行车站，大军进入南昌。

情境二：当年南昌起义的指挥站——江西大旅社的旧式的钟表前，钟表的时间定格在凌晨两点，那个时刻发生了什么？

情境三：在五尊雕塑面前，介绍南昌起义的领导人：周恩来、叶挺、贺龙、朱德和刘伯承。学生讲述领导人足智多谋的故事。

情境四：在“朱德的手枪”、八一军旗和江泽民题词石碑“军旗升起的地方”面前，你仿佛能听到什么，看到什么？

（说明：真实生动的图片引导学生自己讲述南昌起义，体会这沉寂黑夜的枪声拉开了“星星之火”积聚的序幕，为了坚持中国革命，在当时的条件下，必须进行武装斗争，必须创建自己的军队。学生在情境中听到了昭示着漫漫黑夜之后黎明来临的那一声枪响，看到了使白色恐怖黯然失色的红旗。）

(2)同一时期，秋收起义、广州起义相继发生，进一步强化了“枪杆子里出政权的”理念，但是相继失败的结果也让“星星之火”危机四伏。中国革命的主攻方向在哪里？指向城市还是指向农村？

出示材料：

材料1：俄国已经初步完成了工业化，城市成了社会经济生活的核心和中心。产业工人很集中，彼得格勒有40万工人，占工人总数的12%，60%的工人集中在500人以上的企业，1 000人以上的企业集中了工人总数的47.6%，达到了世界上最先进资本主义工业的集中程度。这种集中化程度导致了它集体行动能力强，组织程度高，也就是苏联史家所说的“发动革命比较容易”，能够起到革命起点上的“先锋队和决定性”作用。

材料2：毛泽东在《中国社会各阶级的分析》《国民革命与农民运动》和《湖南农民运动考察报告》等文章中阐明了农民问题对中国革命的极端重要性：第一，农民问题是中国革命的中心问题。第二，农民是中国的基本群众，是中国革命的主力军。第三，解决农民的土地问题，既是中国新民主主义革命的基本内容和任务之一，也是调动农民的革命积极性、实现革命目标的重要动力。

（说明：通过这组对比强烈的材料，引导学生归纳结论——中国革命只有依靠农村，只有依靠分布在偏远农村、对旧秩序极端愤恨和反抗的农民，才有中国革命的“星星之火”。）

（3）星星之火的典型代表：井冈山革命根据地。出示井冈山革命根据地的三张图片（井冈山的地理位置、井冈山会师、井冈山上的歌谣），学生根据书上的介绍用故事的形式来图说井冈山是如何一步步产生、发展壮大直到井冈山精神播下燎原的种子的。

（4）至此，经历了从南昌起义、秋收起义、广州起义再到井冈山革命根据地的开辟的探索，中国革命探索出了一条新道路，这条道路新在什么地方？

教师出示两则材料加以巩固说明：

材料1：共产党的任务，基本地不是经过长期的合法斗争以进入起义和战争，也不是先占城市后取乡村，而是走相反的道路。 ——毛泽东

材料2：毛主席最伟大的功绩是把马列主义普遍原理同中国革命实际相结合，指出了中国夺取革命胜利的新道路。 ——邓小平

（说明：通过情境设置和层层问题的化解，学生亲身经历了“革命新道路”发展的历史逻辑，在还原历史的过程中也体会到了创造历史的艰难。）

（5）在正确道路的指引下，教师出示1928—1930年中国农村革命根据

地的变化图，引导学生得出结论，学生此时充满了希望和期待，很容易得出结论——星星之火，可以燎原。这里一定要注意这一时期并未形成“星星之火”已经“燎原”局面，只不过有了“燎原”的势头，星星之火在不断地积聚和扩大。

(6)为什么星星之火正当积聚扩大之时又遭遇重挫呢?

出示课件：前四次反围剿和第五次反围剿的对比，通过数据和文字来说明问题。

中国共产党及红军不得不放弃井冈山等根据地，以北上抗日为旗帜走上艰苦卓绝、不屈不挠的长征之路。随即转入下一环节。

环节二：“星星之火”的智慧及红军精神

创设情境重走长征路，共筑民族魂，通过三个板块来进行突破。

板块一：重温历史，在长征的数字故事中感受长征的艰难曲折。

板块二：见证历史，引导学生进入情境，一起背起行囊，亲自去见证这段传奇的历史。

(1)学生讲述长征途中过草地尝百草的故事和过雪山成丰碑的故事。

(2)共同体验“长征之最”，长征中最惨烈的一次战役；长征中最重要的也是很艰难的一次会议；长征中毛泽东最杰出的指挥；长征中最惊心动魄的一次战役；长征中最令人激动的地方。

(3)重点讲解遵义会议，引导学生从领导层面艰难斗争的角度来评价为什么遵义会议是转折点。

(说明：通过有代表性的故事、图片、视频使学生认识其时代特征，形成强烈的震撼，初步感悟红军长征的艰难性、红军的智慧和红军精神。)

板块三：感悟历史。板块三要紧紧接在板块二后面，师生在背景音乐中齐声朗读《七律长征》，感悟长征精神，在你一言我一语的回答中，学生情绪慢慢高涨起来，再出示材料：我以我眼看长征。

(说明：将学生引向思考，引导学生从不同视角对长征及长征精神进行再感悟，树立对这一段历史进行全面评价的意识。)

小结：

教师在黑板上写下：“星星之火”有可能“燎原”吗?

(说明：引导学生勇于从不同角度思考、发现、提出问题，培养学生的证据意识。这是对本课内容的小结，也是对知识的拓展和升华。)

最后，在同学们的讨论中，教师总结并推出八个大字：星星之火，可以燎原！

案例分析：

本案例首先确立了教学立意及目标，并基于此，调整本课教学环节，将其内在的教学内容逻辑调整为：大革命失败后，中国共产党遭受残酷镇压——于绝地之中，星星之火的断然积聚和重挫——星星之火的智慧及红军精神，并以长征精神启示学生，引导学生慢慢总结出本课的课题“星星之火，可以燎原”。整个教学流程的设计基于教学立意，环节紧扣，逻辑严密。

思考题：

（1）如何理解历史教学流程与环节？

（2）历史教学流程与环节的类型主要有哪些？

（3）如何理解历史教学逻辑的构建策略？

第八章　历史教学方法与策略的设计

在历史课堂中，如何达成课堂教学目标与内容，需要设计与其相适应的历史教学方法。对于特定情境中的目标、内容或与之相关的问题，还需要设计相适应的历史教学策略。

一、何谓历史教学方法

方法是指向特定目标、受特定内容制约的有结构的规则体系。"方法"这一概念至少有三个基本规定：(1)方法受特定价值观的制约，旨在实现特定的目标。方法不是价值中立的、放之四海皆准的，而是受特定价值观的制约并体现特定的价值观；同时，方法是人根据特定目标、为了实现特定目标而制定的操作系统和步骤，所以方法具有指向性。(2)方法受特定内容的制约。方法是"关于内容的内部的自我运动形式的意识"(黑格尔)。内容决定方法，方法受内容制约。(3)方法是具有结构的规则体系。方法受特定目标的指引，受特定内容的制约，是基于对目标与内容的认识和理解的操作规范，所以它是有计划、有系统、有结构的。①

教学方法是由教学方式与学习方式运用协调一致的效果决定的，也可有多角度的内涵界定，代表性观点如下：

(1)教学方法是指为达到教学目的，实现教学内容，运用教学手段而进行的，由教学原则指导的一整套方式组成的、师生相互作用的活动。②

(2)教学方法是为完成教学任务而采用的办法，它包括教师教的方法和学生学的方法，是教师引导学生掌握知识技能、获得身心发展而共同活动的方法。③

---

① 张华.课程与教学论[M].上海：上海教育出版社，2000：210.

② 王策三.教学论稿[M].北京：人民教育出版社，1985：244.

③ 王道俊，王汉澜.教育学[M].北京：人民教育出版社，1989：244.

（3）教学方法是在教学过程中，教师和学生为实现教学目的，完成教学任务而采取的教与学相互作用的活动方式的总称。①

（4）教学方法是引导、调节教学过程的最重要的教学方法和手段。它是教学中旨在实现课程（学科课程）所计划的教学目标，旨在接受一定的教学内容，师生所必须遵循的原则性的步骤。②

（5）教学方法是指大多数教师能够充分加以运用并适合于多学科反复使用的教学步骤或程序。③

（6）教学方法是为促进学生学习，教师组织班级，向学生提出意见及使用其教学手段的各种方法。④

可以看出，教学方法是为教学目的服务的，教学方法具有操作性，有一整套的程式或方式，它是能满足教学目的的一切方式方法的总和。具体到历史学科，历史教学方法是指向历史教学目标、受历史教学内容制约、在历史教学过程中为师生所共同遵循的教与学的操作规范和步骤。它是引导、调节历史教学过程的规范体系。

二、历史教学方法的类型及运用

教学方法是教师指导和帮助学生学习的方法，从不同维度可做不同的类型区分，并且，每种类型的教学方法都具有各自的操作步骤与运用特点。

（一）历史教学方法的类型⑤

一般来说，历史教学方法主要包括讲述法、讲解法、谈话法、图示法、讨论法、辩论法、史料研习法、角色扮演法。倘若将历史课堂讲授与历史课堂活动加

① 李秉德.教学论[M].北京：人民教育出版社，1991：197.

② 加藤正夫.教学论原理[M].钟启泉，译.北京：人民教育出版社，1998：243.

③ 译自：DEJNOZKA E L & KAPEL D E.American educator's encyclo- pedia[M].New York：Greenwood Press，1982：519-520.

④ 译自：WALLACE S.A dictionary of education[M].New York：Oxford University Press，1981：315.

⑤ 本部分主要参考：郑金洲.教学方法应用指导[M].上海：华东师范大学出版社，2006：10-210.于友西，等.中学历史教学法[M].北京：高等教育出版社，1988：152-161.叶小兵，姬秉新，李稚勇.历史教育学[M].北京：高等教育出版社，2004：183-201.朱汉国，郑林.新编历史教学论[M].上海：华东师范大学出版社，2008：84-96.赵克礼.历史教学论[M].西安：陕西师范大学出版社，2003：88-113.金相成.历史教育学[M].杭州：浙江教育出版社，1994：181-195.夏子贤.中学历史教学法[M].上海：华东师范大学出版社，1991：129-168.

以区分，历史课堂讲授的基本方法包括讲述法、讲解法、讲读法、谈话法、图示法、演示法、板书法。历史课堂活动的主要方法包括讨论法、辩论法、史料研习法、角色扮演法、竞赛法、制作法。

当然，历史课堂教学中的主体是教师与学生，如果按照主体因素的构成进行区分又可具体划分为：(1)以教为主的教学方法，包括讲授法(讲述法、讲解法、概述法)、图示法、史料研习法；(2)以学为主的教学方法，包括自主学习、合作学习、探究学习；(3)教与学并重的教学方法，包括讨论法、谈话法、辩论法、角色扮演法。

需要强调的是，以上划分都仅是从某一维度或标准进行的，在历史课堂中，这些方法的运用却是综合并相互渗透的。

(二)历史教学方法的运用

教学方法是教学得以开展的基本条件，是实现课堂教学目标的基本途径，其运用需要结合每种教学方法的特点及具体情况进行。

1. 讲授法的运用

讲授法是指以教师为主导，由教师以口述语言向学生传授历史知识的教学方法。此方法运用中，教师系统地、有组织地用言语传授特定历史内容，达成预设教学目标，而学生则尽可能地、完整无误地接受教师所传授的历史知识。讲授法是历史教学中最主要的教学方法。虽然历史课程改革中出现了许多新的教学方法和手段，但这些方法、手段都需要和讲授法相结合。讲授法是历史教学中既经济可靠又最为常用的教学方法。在历史课堂教学中，讲授法又可分为讲述、讲解、讲读等不同的形式。

(1)讲授法运用的基本步骤。

步骤1：准备阶段。①制定明确的目标，拟定向学生传授的特定历史教学内容；②将要讲授的内容要点加以整理，循序渐进，由浅入深地呈现主题内容；③分析学生的总体特点。

步骤2：讲授的实施。①按照提纲所罗列的内容逐条讲授，尽可能地带有启发性，与学生原有的知识基础相联系；②讲授要按照历史时空、事件及历史人物的特点进行，比如，依据历史事件发生的先后顺序、发展过程以及历史人物的主要活动等；③涉及历史事件的讲述，要尽可能地体现其系统性、典型性，尽可能地选取代表性情节；④对于次要内容，扼要地概括讲述，用以勾勒出历史的全貌和发展线索。

(2)讲授法运用须知。

①讲授法运用的前提是假定所讲授的历史知识是有价值的和值得传授的；②教师需尽可能深入地掌握、理解所讲授的内容，对学生的相关知识背景也要有一定了解；③讲授时要注意语言的简洁和清晰度，尽可能地有感染力；④合理地调整讲授时间，适当地与其他教学方法相结合；⑤讲授法经济、省时，宜于传递较抽象的历史知识，但较易使学生养成被动的学习习惯，不易激发其创造性思维。

2. 演示法的运用

演示法是指教师通过历史地图、图像、简表、实物等手段展示，促使学生掌握某一历史信息、概念或深化对某一历史问题认识的教学方法。涉及的因素主要有由教师亲自演示；演示的内容多为关于某一历史事件、人物或历史问题的内容信息；学生主要从观察中学习。演示法按照其演示手段的不同可分为地图演示、图像演示、简表演示、实物演示等。

(1)演示法运用的基本步骤。

步骤1:演示准备。①向学生介绍演示主题，告诉学生具体观察什么，注意什么，同时提出一些启发性问题；②讲解演示中涉及的相关知识。让学生在观察演示前对演示主题能有基本的认识，以便在观察时能把握重点，有所依循。

步骤2:进行演示。①适时把握演示时机。对于历史地图，可边讲述边演示；对于历史图像，可适当地运用描述或说明；对历史人物图像要描之以形，传之以神；对历史事件图像要描之以景，传之以事；对没有文字介绍的教材插图可做扼要说明。②演示历史地图要注意由简到繁，由局部到整体；演示历史简表或实物要做到重点突出，主题明确；③演示历史地图要注意讲清重要地名的历史变迁；④注意演示观察与相关的结论信息相印证。

(2)演示法运用须知。

①演示准备阶段，要将演示的内容与对象、演示的基本步骤以及相关材料预先设计好，把握演示的位置与出示时机；②实施演示阶段，要注意演示步骤，演示讲解要简洁明确；③此类演示方法可为学生提供观察学习的机会，创造多层面的信息交流与能力发展的机会，但要注意演示时间的分配及内容的协调。

3. 史料研习法的运用

史料研习法是指师生共同对历史资料进行探讨研究的教学方法，也称史料教学法。史料研习法依据研习史料提出问题，强调引导学生通过解决问题从而掌握历史知识、形成能力、培养相应的价值观与思维品质。

(1)史料研习法运用的基本步骤。

①根据教学重点或难点，选定史料研习主题；②选择相关的历史资料，可以是第一手史料，也可以是第二手史料，利用适宜的教学时机提供给学生；③组织学生，根据研习主题对材料进行辨析、分析与比较；④史料研习活动可与讨论的活动结合在一起进行。

(2)史料研习法运用须知。

①史料研习可以培养学生分析、获取历史信息的能力；②能激发学生的问题意识，培养学生多方面、多层次的能力；③在史料研习中，选择的材料要恰当，教师指导要到位。

4. 讨论法的运用

讨论法是在教师的组织和引导下，学生通过语言交流达到预期教学目标的一种教学方法。与讲授法相比，讨论法能使学生更多地参与学习过程，对问题进行较为深入的探讨，提出各自不同的观点与见解。按照课堂讨论的组织形式，可分为对谈式的讨论、群体式的讨论与分组式的讨论。

(1)讨论法运用的基本步骤。

①确定讨论目标，选择讨论内容；②根据需要合理分组，明确讨论形式；③组织实施讨论，最后概括总结。

(2)讨论法运用须知。

①有关历史问题的讨论，一般多用于对历史事件的因果分析、对事件和人物的评论；②讨论的问题，应是学习的重点或难点；③要善于鼓励学生主动发言，围绕问题探讨，并把讨论引向深入；④要注意讨论时间的调控，善于与其他教学方法协调配合；⑤讨论做总结时，既要对讨论结果进行适当的评价，又要对讨论过程中学生的表现，如材料的运用、观点的提出、表达的技巧等进行方法上的总结。

5. 谈话法的运用

谈话法是指教师与学生在课堂上进行对话、问答的方法，其特征在于教师根据已有的知识和经验，围绕学习的重点内容提出问题，启发学生思考，引导学生获得有效历史信息。按照谈话性质，可分为启发性谈话、概括性谈话、巩固性谈话、考查性谈话等。

(1)谈话法运用的基本步骤。

①根据教学目标与内容,确定谈话主题;②提炼谈话内容中的问题;③采用合适的谈话方式,围绕谈话内容与目标进行;④对谈话结果做适当总结。

(2)谈话法运用须知。

①不要过度地提复杂或模棱两可的问题;②要事先构思问题答案的范围与多种可能性,在学生没有进行思考或探索问题时,不要提供正确的答案;③不要把提问作为为难学生或惩罚学生的方式;④谈话要侧重于对问题的探究。

6. 角色扮演法的运用

角色扮演法是指学生在教师指导下根据教学内容中的人物要求扮演相应角色,通过角色扮演活动加强对教学内容的理解和掌握的教学方法。历史课堂中的角色扮演旨在营造一种与历史情境相似的状况,以调动学生的学习积极性,发挥学生的想象力,使学生体验历史的真实情感。

(1)角色扮演法运用的基本步骤。

角色扮演法的步骤,可参照下列模式进行:①

①使小组活跃起来。确定或引出问题;使问题明确、具体;解释问题所表现出的故事,探讨故事中的冲突;说明所要扮演的角色。②挑选参与者。分析角色;挑选角色扮演者。③布置舞台。划定表演的行动路线;再次说明所要扮演的角色;深入到问题的情境中去。④观察者的准备。说明要注意些什么;指明观察任务。⑤表演。⑥讨论与评价。回顾角色扮演的过程,讨论扮演中存在的问题及所揭示的问题;设计下次表演。⑦再次表演。扮演修正过的角色;提出以后的行动步骤。⑧讨论与评价。同第六步。⑨共享经验与概括。把问题情境与现实经验、现行问题联系起来探索行为的一般原则。

(2)角色扮演法运用须知。

①教师要预先选择主题,确定基本构想,建立要模拟的历史情境;②要事先与学生一起讨论"剧本"和角色分配,并帮助学生对每个角色的表演进行准备,如研究相关材料,编写台词等;③可充分调动学生的积极性,让学生自行设计场景、情节、对白等;④角色扮演富有感染力,能促进学生的成长与发展,但难度较大,需要做好准备与调控。

---

① 乔伊斯.当代西方教学模式[M].丁证霖,等编译.太原:山西教育出版社,1991:332.

7. 自主学习的运用

自主学习是一种主动学习、独立学习，也是一种元认知监控学习。自主学习是新课程倡导的一种学习方式，一般具有以下特征：一是对自己学习活动的事先计划和安排；二是对自己实际学习活动的监察、评价和反馈；三是对自己的学习活动进行调节、修正和控制。

（1）自主学习运用的基本步骤。

在我国，体现自主学习方式的课堂教学模式有很多，比如，尝试教学模式、自学辅导教学模式等。罗杰斯在非指导性教学中将自主学习分为五个阶段，即：确定辅助情境阶段；探索问题阶段；发展学生洞察力阶段；规划和决策阶段；整合阶段。将以上阶段转化为课堂教学行为，可分为以下几个步骤：①认真组织教材，便于学生自学；②提出问题，激发学生的学习动机；③提供可选择的各种学习条件、情境和目标；④允许学生自己确立各种学习目标、计划和内容；⑤分组教学，学生共同学习，互助互学；⑥让学生自我评价学习成果。[①]

（2）自主学习运用须知。

①要提供适宜的课堂环境；②提供合适的学习材料，便于学生自主学习，可对教材进行个性化处理，如，简略化教材、结构化教材等；③采用多种指导方式，鼓励学生参与课堂管理；④自主学习有一定难度，教学结构较松散，不便于在实际教学中大规模使用。

8. 合作学习的运用

合作学习是一种以个体或群体之间相互合作为展开形式的学习方式，其特点在于：强调共同目标，为共同完成某一学习目标而合作；强调合作个体之间的相互配合与协调；强调个体目标与群体目标的同一性。

（1）合作学习运用的基本步骤。

①合作学习要有明确目标；②合作学习要有示范、指导；③合作学习要有小组协作分工、交流与探讨；④合作学习要有评价。

（2）合作学习运用须知。

①合作学习的理论基础涉及交往教学论、群体动力论、合作教育学等，其学习过程中的合作、交流具有重要价值；②合作学习要选择适宜的学习任务，为学生留下充足的学习时间；③合作学习能够培养学生的合作意识、集体观念以及

① 郑金洲.教学方法应用指导[M].上海：华东师范大学出版社，2006：152.

多渠道获取信息的能力。但是,合作学习的实施需要教师做好充分准备,教师自身也需要较高的组织技巧。

9. 探究学习的运用

探究学习是新课程倡导的一种学习方式。此种学习方式的特点在于学生学习主动,能有兴趣、有信心、有责任感地探索和解决问题,并在探究的过程中获取知识、发展技能、培养能力。

(1)探究学习运用的基本步骤。

①提出问题,创设问题情境。包括:产生兴趣;构建现有知识;结合过去的经验,确定几个可能调查的方面。需要解决的问题:我们要解决什么问题? 我们为什么要探讨它? 我们对问题已经有了哪些了解? ②决定探究方向。包括:广泛搜集有关问题;辨别并提炼出主要问题;选取中心问题。需要解决的问题:我们能做什么样的预测与假设? 怎样解释它? 应以什么为中心展开研究? ③收集并整理资料。包括:通过各种途径、形式搜集数据资料;组织和提供数据;通过分类形成或修正问题;比较、讨论问题。需要解决的问题:我们能用什么样的信息? 如何对信息进行分类? 根据什么样的标准? 能发现什么联系? 得出什么结论? ④学习者推测、得出结论。包括:解释获得的信息;形成并修正判断。需要解决的问题:我们得出了什么结论? 这些结论与我们的预测与假说有哪些异同点?

(2)探究学习运用须知。

①探究学习的理论基础是发现学习理论与建构学习理论,因此,要发挥学生的主动性,关注学生个别差异。②探究学习需要让学生拥有更多时间体验探究过程,要注重为学生提供相关的支持条件。③要重视学生的发现与反思,关注学生的探究体验与感受。④注重教师自身的指导作用。

三、历史教学方法的综合性选择

每种教学方法有各自的具体特点及优缺点,教学方法本身也无优劣之分。在历史课堂中,至于选择哪种教学方法最合适,还要综合地考虑各种影响因素,主要包括:

其一,分析教学内容。内容决定方法,教学内容是影响教学方法选择的重要因素,对教学内容的分析涉及宏观的整体的教材内容知识体系、微观的教学知识点以及比较集中的教学内容的重点和难点。上述三方面的内容分析可为教学方法的选择打下较扎实的基础。

其二,确定课堂教学目标。教学目标是教学活动的指南与出发点,课堂教学目标决定了课堂教学活动究竟要采取哪些方法与方式。具体而言,教学目标的类型与层次不同,所选择的教学方法也应有所差异。比如,对知识的理解与巩固可采取讲授法或演示法等;为训练学生的表达、合作等能力,可采取谈话法、讨论法等。

其三,依托教师自身的教学素质与学生认知特点。一方面,教学方法要适合教师自身的教学素养,这是教学方法选择的主观条件。任何教师都具有各自的教育教学观念、历史学科知识、教学研究能力、语言表达能力等方面的个性特点,教学方法的选择需要考虑这些因素。只有教师具备这方面的素养,教学方法的选择才能扬长避短。另一方面,教学方法的选择还要考虑学生的认知特点及接受水平。学生处于不同年级,其知识基础、认知水平、能力特点、个性兴趣等都存在差异。了解了学生的基本特征,才能选择更适宜的教学方法。

其四,了解教学环境和条件。教学环境和条件主要包括教学媒体条件、教学空间条件、教学时间条件等。在现代信息条件下,教学媒体条件越来越先进,新的教学媒体层出不穷,功能越来越丰富,教学方法的选择需要考虑:教学媒体是否适合特定的教学内容?教学媒体是否适合学习者的智力水平与知识基础?教学媒体是否经济便利?等等。教学方法的选择还要考虑教学空间与时间条件,比如,讨论法、谈话法需要较多的时间,合作学习需要的教学空间较大,在选择教学方法时有必要考虑这些影响因素。

事实上,一堂历史课通常会综合地运用多种教学方法。各种教学方法的选择,都是各种具体情况共同作用的结果。教师需要对各种教学方法进行整合,将教师的教法与学生的学法结合起来,将多种教学方法结合使用。

四、何谓历史教学策略

教学策略是教学设计的重要组成部分。关于教学策略,教学理论界对教学策略有很多界定,代表性观点如下:

(1)把教学策略看作实现某种教学目标而制定的教学实施的综合性方

案。①

(2)教学策略是教师在教学过程中,为达到一定的教学目标而采取的相对系统的行为。②

(3)教学策略是一种教学观念或原则,通过教学方法、教学模式和教学手段得以体现。③

(4)教学策略是教学设计的有机组成部分,是在特定教学情境中为完成教学目标和适应学生认知需要而制订的教学程序计划和采取的教学实施措施。④

(5)教学策略是关于有效地解决教学问题的方法、技术的操作原则与程序的知识。⑤

(6)课堂教学策略指的是教师为实现教学目标或意图(指难以明确和无需明确的目标)所采用的一系列问题的解决行为。⑥

(7)教学策略是在特定的教学情境中,为实现教学目标而制定并在实施过程中不断调适、优化以使教学效果趋于最佳的系统决策与设计。⑦

(8)教学策略是教师为了实现教学目标,根据教学情境的特点,对教学的实施过程进行系统决策的活动。⑧

(9)教学策略是为了达成教学目的,完成教学任务,在对教学活动清晰认识的基础上对教学活动进行调节和控制的一系列执行过程。⑨

上述界定既有明显分歧,又呈现出一定共性。分歧表现:有的将教学策略视为综合性方案与系统行为,有的将其视为决策与设计,有的将其视为执行过程等。共性体现:教学策略有一定的目标,是在特定教学情境下为完成特定教学任务而产生的,包括教学方法的选择、材料的组织以及对师生行为的规范等。当然,也有观点将教学策略作动态、静态的划分,认为“教学策略具有动态的教学活动维度和静态的内容构成维度”⑩,并主张从对教学的动态谋划、研究

① 李康.教学策略及其类型探析[J].西北师大学报(社会科学版),1994(2):75-78.

② 邵瑞珍.教育心理学[M].上海:上海教育出版社,1988:80.

③ 时俊卿.教学策略——当今教学改革的新热点[J].教育·管理·社会,1995(1):21-24.

④ 张大均,余林.试论教学策略的基本涵义及其制定的依据[J].课程·教材·教法,1996(9):6-9.

⑤ 黄高庆,申继亮,辛涛.关于教学策略的思考[J].教育研究,1998,19(11):50-55.

⑥ 施良方,崔允漷.教学理论:课堂教学的原理、策略与研究[M].上海:华东师范大学出版社,1999:2-3.

⑦ 张兆芹.现代教学策略的制定及运用[J].教育导刊,1994(7):6-15.

⑧ 蔡淑兰.论教学策略的结构[J].内蒙古师大学报(哲学社会科学版),2000,29(2):81-84.

⑨ 和学新.教学策略的概念、结构及其运用[J].教育研究,2000,21(12):54-59.

⑩ 李晓文,王莹.教学策略[M].北京:高等教育出版社,2000:5.

过程、活动以及由此而形成的静态措施、方案来认识教学策略的内涵。

在历史教学设计中,教学策略显然更侧重于教学方法选择、材料组织及师生行为规范的目标性与情境性,并更进一步契合于特定历史学科内容的内在逻辑展开与整合。教学策略的选择与设计,要更适应学生的历史学习心理,对应特定的历史情境,更能灵活地开发历史教学资源,从而为更高质量地达成历史教学目标提供保障。

五、历史教学策略的主要特征与运用

教学策略与教学方法、教学资源、教学模式都有密切关系。历史教学策略的实质在于,对琳琅满目的教学方法、教学资源乃至教学模式进行合理的选择和优化,有针对性地提升教学质量。历史教学策略不仅是一种预定的设计,它还是一种在变动中形成的对决策结果的反映。

(一)历史教学策略的主要特征

1. 综合性

在历史课堂中,教学策略是针对特定情境中的教学内容、教学方法、教学目标等因素整体性地加以考虑,将它们的结构与功能进行整合。教学策略的目的在于通过对上述要素的选择与调控来提高教学效果,具体表现:在历史教学策略的设计上,要综合地考虑制约或影响策略设计的各种因素,从对教学目标的把握到对学情分析、教学内容的理解等,都要从整体上进行设计。同时,针对特定范围、情境中的具体教学方法或措施等,要进行综合性的调适与优化,不仅重视教师“教”的教学策略,而且要重视学生“学”的学习策略,以实现综合优化中的系统性整体效果。

2. 可操作性

历史教学策略的根本任务是解决历史课堂中的具体问题。对教师来说,由历史教学策略产生的教学步骤或操作方案,能够转化为教师的具体教学行为,从而有助于教学问题的解决与教学活动的展开;对学生而言,历史教学策略中所使用的具体方法、技术或实施措施,能够转化为学生的有效学习行为,这些都具有可操作性特征。

3. 灵活性

历史课堂中的情境是复杂的。教学策略的多样性、教学情境的差异性决定了教学问题的解决需要根据具体情况灵活地选择教学策略。在历史课堂中，教学策略没有唯一固定的范式，它需要根据情境的变化而变化。一方面，教师需要根据不同的教学目标，参照具体的学情，选择适宜的教学内容、教学媒体、教学方法等，灵活地将其组合起来；另一方面，教学策略在具体实施的过程中，需要根据具体的教学情境对具体的教学策略进行变通，具体问题具体分析。

（二）历史教学策略的运用

历史教学策略涵盖教师的教学策略和学生的学习策略，体现在实际课堂操作上是历史教学方法的灵活运用。历史教学方法针对特定的历史情境与问题，以达成特定的教学目标。历史教学策略强调方法的灵活运用，是对历史教学方法的超越。“教学有法，但教无定法”，在一定程度上说明了教学策略的意义。“无定法”强调没有固定不变的、包治百病的处方，需要针对具体的历史情境运用不同的历史教学方法。

历史教学策略的结构由外化的方法系统和内化的监控系统两部分组成。历史教学策略更突出情境与问题、具体目标的指向性，其运用是在“目标—选择—反省—新情境—调整”的反复过程中不断展开，这个过程中的教学策略并非主观随意的，而是始终指向一定目标的。因此，历史教学策略的运用，首先，要针对特定的目标，树立明确的教学理念；其次，要树立完整的观点，随着教学进程、环节及具体情况的变化，要注意教学策略要素的协调与整合；再次，历史教学策略要坚持以学生的自主学习为主，通过采用各种有效的形式去调动学生学习的积极性、主动性和独立性；最后，历史教学策略的运用不能照抄照搬，要在运用中有所变化，有所创造，关注教学策略在复杂教学过程中的多样化配合与变通运用。

六、合作学习策略的有效实施①

作为新课程倡导的重要学习方式之一，合作学习无论在当前的公开课、大

① 王德民，燕慧，程燕萍．历史课堂中合作学习的有效实施探讨：以“利用《清明上河图》探究北宋城市经济”为例[J]．历史教学(上半月刊)，2015(4)：33-36.

赛课还是研讨课，乃至常规课中，都颇为“流行”。从理论上讲，合作学习能够改善传统教学中师生之间的单向交流，拓展学生获取课堂知识的信息来源，提高学生认知的广度、理解的深度、推理的质量、记忆的精确性，锻炼学生的语言表达、同伴协作能力。然而，在教学实践中，绝大多数课例中的合作学习不仅未能达成上述目标，反而常常流于形式，合作学习实施“泛化”“走过场”。如何使历史课堂中的合作学习得以有效实施？以下，以“利用《清明上河图》探究北宋城市经济”为例，做具体探讨。

（一）合作学习要有明确目标

合作学习是围绕一定的教学目标进行的。倘若合作学习没有明确指向，学生活动难免不陷入无序、混乱，有时即便“轰轰烈烈”，也是表面光鲜，实质上仍然是“走形式”。在历史课堂中，常看到如下现象：教师一说开始合作，学生就立马与邻桌同学“兴高采烈”地讨论，然而，真正深入他们的合作就会发现，小组中大多数成员根本不知道要干什么，要么左顾右盼，要么自说自话，敷衍了事。

学习目标不清晰是导致合作学习“走形式”的重要原因。合作学习的教学目标一般包括两个层次。一是学术性目标，包括认知目标和情意目标。学术性目标必须根据学生的整体水平而定，还要与教学任务和教学水平相符。二是社交技能目标。[①]在上述两个层次的目标中，社交技能目标是依托于学术性目标的达成过程而得以体现的。换言之，合作学习实质上是学习者的预想、观点与其他参与者不同意义的理解相碰撞、整合与相融以解决问题的过程，因此，聚焦问题或明确任务是合作学习的逻辑出发点。在历史课堂中，若要进行合作学习，第一步要做的就是根据整堂课的教学目标、学习内容以及学生的认知水平，确立合作学习的共同目标。

北宋城市经济是初中历史课程的必修内容。作为反映北宋东京市井风俗的写实画作，观察《清明上河图》可使学生直观感受、体验并进而可归纳北宋城市经济的特点。然而，《清明上河图》内容宏富，涉及商业、手工业、建筑、交通、服务业等城市经济的各个方面。对于如此宏大的画作，合作学习中要学生具体地观察什么？要具体地达成什么目标？倘若目标不清晰，学生极可能无从入手。为此，根据课程标准“知道宋元时期商业贸易的繁荣”“了解宋元时期的都

① 蒋波，谭顶良．论有效合作学习的内在机制[J]．中国教育学刊，2011(6)：33-36.

市生活”等相关要求，结合学生观察信息的难易程度可提出以下学习任务：观察图中人物的身份及其活动，从中推测其所从事的行业；观察图中交通工具，推测其可能涉及的贸易区域范围；观察图中的广告、店铺类型，推测其经营的种类、范围与特点。如此，根据图中人物从事的行业和贸易类型、范围、特点等，可推断北宋东京市经济的商业繁荣状况，也可窥视北宋时期的都市生活。在操作实践上，学生进行合作学习活动也有了明确的学习指向。

（二）合作学习要有适当示范、指导

合作学习有明确的学习指向，并不意味着合作学习就能有效地进行下去。鉴于合作学习以参与者独特的个体学习经验为前提，参与个体要最大限度地揭示和呈献解决问题的有效信息，以供合作集体交流、探讨，因此，学生个体能否呈献有效信息就至关重要。在历史课堂中，由于合作学习的内容是反映“过去的”，学生在现实生活中不可能亲身体验，倘若学生缺乏探讨主题的相关知识铺垫和方法，合作学习也难以进行。

为此，合作学习要有适当的方法示范，以便于学生模仿、迁移。具体的示范操作可根据合作学习的内容性质，并结合合作学习的任务指向采取不同的示范途径：或以旧引新，针对学生已有的知识经验，对合作学习内容进行加工、改组和概括，把具体的感性材料抽象、概括到具有规律性的认识方向上来；或通过比较，将合作学习不同部分的内容性质、特征揭示出来；或通过类比，先抽取合作学习内容中的典型部分，对其进行分析、总结后，再进行其他部分内容的合作探讨。

观察《清明上河图》，需要有相关的背景知识基础。不止如此，图画所涉及的人物、商业种类、活动等内容繁多，如何进行观察，还需做必要的方法示范。依据上述合作学习任务，可选取《清明上河图》的局部作典型，通过方法示范让学生迁移、领悟。比如，可选取《清明上河图》中的虹桥部分，观察虹桥桥市上的商家、摊位经营活动，是北宋东京东水门外市井生活的直接体现。引导学生观察：(1)虹桥桥市上有哪些类型的人？他们可能属于哪些行业？(2)虹桥桥市上有哪些交通工具？他们的商业活动可能涉及哪些地区？在完成上述观察后，据此观察方法，再让学生观察沿河汴市、城内街市等，由此可归纳出北宋时期从事商业、服务性行业的人数之多，商业活动涉及地域之广。再如，可选取《清明上河图》中涉及商业活动的广告，让学生观察图中的广告有哪些类型？从中可归

纳出的广告类型:天之美禄、十千、赵太丞家、饮子、卦肆、酒旗、王家纸马、王家罗明匹帛锦等招牌;专治小儿科、专门接骨等小儿与骨科广告;灯箱广告;彩楼、欢门等装饰广告;叫卖等实物广告。依照此方法,再让学生观察图中的店铺类型。还可进一步地通过灯箱广告,引导学生觉察"夜市"的经营时间、经营品种,由此归纳出北宋东京商业贸易的繁荣。

(三)合作学习要有协商、探讨与建构

合作学习是一种建设性的学习活动,其学习活动中的知识建构是显性知识和隐性知识之间不断互动和螺旋上升、量变到质变的过程,在此过程中,不仅知识、方法,而且情感、意志、人格也渗透其中。从其内在的知识建构过程看,合作性知识建构过程要经历两个阶段:(1)静静思考阶段;(2)合作性联合建构阶段[①]。而合作性联合建构阶段必须要有合作学习成员之间的协商、探讨与建构。

合作学习的协商、探讨,有助于拓展学生的认知视角,提升其认知水平。学生通常能将教师的语言转化为彼此间的"儿童语言",因为他们通常比教师更清楚同伴对什么内容不理解,更能关注到问题的有关特征,并给同伴容易理解的解释。给予同伴精心帮助,可以鼓励辅导者改组和阐述学习内容,以便其填补理解的缺口,拓展新的观点,建构更为精细的知识。[②]合作学习的研究表明,那些给予和得到精细解释的学生比那些仅仅给予和得到正确答案的学生学得更好。[③]

当然,若使合作学习取得以上效果,还要以其协商、探讨的有效组织与实施为前提。协商、探讨对知识建构的"精制"机制包括联合建构性添加(在部分观念上把新观念与其他人的观念关联起来)、更正(用简单、无偏见的陈述更正某人的陈述),或者是辩证交换(不同意先前的陈述并提出抗辩),[④]而其加工性商讨在于企图抓住合作者产生的深层贡献,而不是仅仅重复表达一个人已经说过的东西,当发言人的陈述被听者当作要加工的输入时,一个陈述就被视为加工

① 汪航.合作学习认知研究综述[J].心理科学杂志,2004,27(2):438.

② 译自:GILLIES R M, ASHMAN A F. The effects of cooperative learning on students with learning difficulties in the lower elementary school[J].The Journal of Special Education,2000,34(1):19-27.

③ 译自:STEVENS R J, SLAVIN E. Effects of a cooperative learning approach in reading and writing on academically handicapped and nonhadicapped students[J]. The Elementary School Journal,1995,95(3):241-262.

④ 汪航.合作学习认知研究综述[J].心理科学杂志,2004,27(2):439.

性商讨，发言人的输入被用于修改听者的心理模型或部分加入听者的知识库。[①]据此可知，协商、探讨的关键，在于合作学习成员之间能否形成“联合建构性添加”“辩证交换”或“合作者产生的深层贡献”能否在协商者之间引发共鸣。在此过程中，教师创造性的集中体现：将学生的探讨内容转化为具有潜在意义的问题，形成“磁力场”，吸引学生协商、探讨；通过对探讨信息的有效重组、合理整合，形成连续不断的兴奋点，促进协商与探讨的不断深入。

《清明上河图》涉及的主题很多。如上所述，若要学生分组合作，观察某个主题后进行归纳，小组成员之间必须有协商与探讨。教师提出观察目标后，先挑选典型内容做出示范，让小组成员模仿、迁移，然后进行同类型或相近内容的观察、讨论与交流。此时，教师或在小组间巡回指导，或在旁边提示关键信息，尽可能让学生对讨论主题有内在的本质性交流。学生的发言很大程度上可能出于兴趣、生活常识或对讨论主题的某个侧面的了解，教师的作用在于适时地点拨、拓展学生的发言主题，纠正学生发言中的内容偏离，将学生发言的内容尽可能导向合作学习目标，并以此为“链接”锻炼学生思维，引发其思想的共鸣。比如，教师做出示范，引导学生观察图中的广告后，让学生分组观察、讨论图中的店铺。学生一般会根据已有知识或常识，指出图中的店铺有酒店、客店、药店、食品店、木器店、茶坊等。有的学生可根据酒店的招牌、出入酒店的人物穿戴，能分辨出酒店的规模与等级；有的学生可根据店铺里的人来人往，沿街店铺一家挨一家，得出北宋时期一般百姓能够上街消费了；还有的学生甚至可以根据茶坊里的摆设及街市的热闹程度，能够联想起《水浒传》中的“黑旋风”李逵、“浪子”燕青等到东京看花灯的情景。教师此处能够做出的点拨：从“沿街店铺一家挨一家”可提示其商业经营场所的变化，与隋唐时期的“坊市”做对比；从李逵、燕青去东京看花灯可提示其商业经营的时间；从店铺的招牌提示其商业经营的手段与理念。如此，通过进一步引导学生对图中店铺的经营场所、经营时间、经营手段、经营理念等方面的探讨与协商，揭示北宋城市商业经济的繁荣，引发学生对探讨内容的深层理解与共鸣。

（四）合作学习要有评价

合作学习的实施效果取决于教师对合作学习理念与方法的理解与把握。

① 译自：KRUGER A C. Peer collaboration: conflict, cooperation, or both?[J]. Social Development, 1993, 2(3): 165-182.

合作学习是基于学生自主的、合作协商与互动对话的发展性学习活动，其深层的协商建构与持续性的对话拓展，需要以合作学习对学习质量、效果的不断提升为前提，由此，合作学习过程中也渗透着评价。

合作学习的评价主要聚焦于学生，可分为增值性评价与相对性评价。增值性评价注重学生的纵向发展，体现于其自身水平的进步；相对性评价注重学生之间的横向比较，主要采用相互比较的方式，用于体现不同学生之间的效率差异。两种评价方式相结合，可通过自我比较与他人比较，使学生了解自身的学习成效，发挥合作学习的发展性功能。

合作学习中每个学生都有机会发表自己的看法，倾听他人的观点，也有机会与他人互动而磨炼自己的人际交往技能，聚焦于学生的评价内容是多维的，因此，合作学习评价既可关注学生在合作活动中的角色参与、活动方式、交往程度等社交技能方面的因素，也可考察其学习态度、学业成绩、情感认同等学术性方面的因素。不过，鉴于合作学习的社交技能目标要依托于其学术性目标的达成过程来体现，合作学习评价就要以学术性目标为基础，兼顾相对性评价的同时，注重学生自身的增值性评价。

需要指出的是，合作学习评价更重要的价值在于诊断。合作学习过程中渗透着丰富的信息，这其中既有学生的兴趣、情感与态度，也有其思维的方式、策略与认知水平，还有其与同伴交流的手段、技巧等。合作学习评价要综合考虑上述因素，对其中存在的问题做出诊断，以促使合作学习的不断深入与拓展。

利用《清明上河图》探究北宋城市经济的发展情况，若要采取合作学习方式，就要先明确合作学习的探究目标，选取典型内容做出示范、指导后，让学生分组合作、模仿与迁移，做进一步的探讨、协商与交流。这其中，合作学习评价可渗透于上述每个环节中，增值性评价、相对性评价可交互运用。具体而言，针对学生在分组合作中的参与程度、角色表现，宜多用相对性评价做正面鼓励；针对合作学习中的协商内容、探讨问题，就学习者本身宜多用增值性评价加以诊断。当然，两类评价的运用终需以促进合作学习的持续协商、对话拓展为旨归。比如，分组观察图中的交通工具类型时，尽管大多数学生能说出驼队、驴队、船、牛车等，但学生观察的角度、识别的深度各有不同，对其关注的兴趣也各有差异。教师可运用相对性评价，鼓励兴趣浓、观察视角新、参与程度高的学生，同时，运用增值性评价，对视角新颖、有探究价值的学生发言做进一步的内容诊断：有的学生观察到图画中的驼队、驴队、船、牛车时，可能会联想到并提出图画中为何没有马车，此时，教师可联系中原地区的气候环境以及北宋时期的军事形势，让学生做更深入的协商与探究（这主要与宋辽军事关系紧张，北宋控制马匹，辽与宋互市时限制马匹出境有关）；观察图中的驴队时，有的学生可能提出驴队运的是粮食，有的学生认为是木炭，教师此时可让学生做出尽可能多的假设，再找史料证实（意在培养学生"大胆假设，小心求证"的思维方式）。再如，分组观察图中的交通工具、店铺、广告类型后，探讨内容主要涉及商业贸易的经营手段、经营场所、经营时间等，让学生感受北宋东京商业经济的繁荣，此时，教师可适时做出评价，提示学生关注：北宋的城市经济不只是商业贸易，它还包含手工业、农业、矿冶业以及文化娱乐业等，由此，可调整、拓展学生考察城市经济的视角与范围。

以上针对合作学习的关键环节，以"利用《清明上河图》探究北宋城市经济"为例，探讨了其在历史课堂中的有效实施。合作学习的价值不在于其外在的分组形式、"喧哗"的讨论，而在于其合作过程中内在的有效协商与深层对话。"水本无华，相荡乃成涟漪；石本无火，相击乃发灵光。"合作学习的"灵光"，恰恰源于上述有效协商与深层对话中的思想共鸣，聚焦于学生在此过程中的认知拓展与情感顿悟。

七、历史教学方法与策略设计的操作性举例

案例1：关于"西周宗法制"内容片段的教学方法设计

以下是某版本历史教材中有关西周宗法制的叙述：

为了加强分封制形成的统治秩序，解决贵族之间在权力、财产和土地继承上的矛盾，西周实行了与分封制互为表里的具有政治性的宗法制。

宗法制是用父系血缘关系的亲疏来维系政治等级、巩固国家统治的制度。它规定：周王称为天子，王位由嫡长子继承，为大宗；其他儿子分封为诸侯，他们对天子来说是小宗，但在自己的领地内却是大宗。诸侯的爵位也只有嫡长子才能继承，其他儿子领有封地称为卿大夫。卿大夫对诸侯来说是小宗，但在自己的领地内却是大宗。卿大夫与士的关系，以此类推。大宗可以命令和约束小宗，小宗必须服从大宗。周天子是天下的大宗，也是政治上的最高领袖。

问题：

(1)设计出西周宗法制的教学图示。

(2)根据上述材料设计不同类型的课堂提问。

案例分析：

本案例主要考查图示法、谈话法等教学方法的运用。(1)依据材料叙述，图示是由周天子(嫡长子为大宗)、诸侯(对周天子是小宗)以及各诸侯内部(嫡长子为大宗，其他子为小宗)组成的金字塔式图形结构(图形略)。(2)依据材料，可设计不同类型的课堂提问：西周宗法制有何政治作用(启发性提问)？西周宗法制包括哪些内容(考查性提问)？如何认识西周宗法制(评价性提问)？

案例2:《百日维新》一课的教学方法设计

教师让学生自编自演历史短剧，分别扮演康有为、李鸿章、翁同龢、荣禄等历史人物，再现当年康有为被召唤到总理衙门"问话"的情境。

学生表演完后，教师给予表扬，并提问道：在刚才四位同学表演的历史短剧中，同学们能悟出些什么？

学生1:康有为具有变法的胆识和决心。

学生2:康有为的变法主张遭到了顽固派的阻挠和反对。

学生3:前面我们学习了商鞅变法、孝文帝改革、王安石变法，今天又学习了戊戌变法。这些变法和改革都遭到了顽固派和保守派的阻挠与反对，这说明自古以来变法、改革之路就不是一帆风顺的，而是充满了各种阻力，也说明改革是需要勇气的。

学生4:康有为为了挽救民族危亡，主张变法。今天，为了使我们的祖国更加繁荣富强，应该深入地进行改革。

问题：

(1)该教师运用了哪种教学方法？

(2)从案例中看到实效如何？有哪些需要改进之处？请你提出改进意见。

案例分析：

本案例运用了角色扮演法，并让学生讨论与探究问题。从讨论效果看，学生各说各话，并没能达成教学目标。改进的措施：其一，教师要与学生一起查阅相关材料，对历史短剧情境有大致的框架设计；其二，学生应对自己扮演的角色有一定的内在心理体验，能从特定历史人物的角度思考，并由此形成对各自所扮演历史人物的看法；其三，情境活动交流时，应让学生对不同历史人物有一定的心理体验，并由此形成综合性意见与看法。

案例3：《江南经济的开发》一课的教学策略设计

教师以讲述法上课，当讲到“淝水之战”时，课堂立即发出各种不协调的声音，有位学生突然喊道：“我是最强的！”教师认为，这学生是在故意捣乱！于是，厉声喝止。课堂终于慢慢安静下来，教师按照自己的安排完成了本课教学。但是，教师感到，全班学生都没有认真听课！这个班的纪律一贯很好，这是怎么了？课后，教师经过调查，总算明白了其中奥妙。原来，上历史课前，语文课上已经学习了《淝水之战》文言文一课，教师介绍了战争的背景和过程，组织了角色扮演活动，“我是最强的”是学生们认为其中一句最“经典”的台词。

问题：

(1)教师课前的教学设计有何疏漏？起初，他采取的是哪一种课堂教学策略？

(2)假如课前知道语文课上进行了角色扮演活动，你认为应采取什么教学策略？

案例分析：

(1)教师课前没有考虑到其他课程与历史课有交叉的内容，语文教师已组织学生进行了角色扮演，教学没有做弹性设计。(2)假如知道语文课的安排，可考虑合作性学习或探究性学习策略，利用学生的经典台词引入探究或合作讨论。

案例4：《伐无道，诛暴秦》一课的教学策略设计

在历史课堂上，教师展示《史记》里刘邦的一段话：“军事谋划，我不如张良，治理国家，我不如萧何，统军作战，我不如韩信。”然后总结说：“楚汉相争刘邦胜利，最主要的原因是刘邦遇到了良将谋士。”总结完后让学生讨

论。各小组讨论各说各话。一位学生说："老师，我认为性格决定命运，项羽优柔寡断是他失败的主要原因。"另一个学生也说："我觉得刘邦太奸诈了，项羽太善良了。"接下来教室里就像炸开了锅，"我认为……"之声不绝于耳。教师感到学生的意见，完全起源于不赞成自己总结的结论。于是，他就请两位学生将大家的观点记录下来，最后总结多数人的倾向性意见。这堂课没有得出一个统一的结论，原有教学设计被打乱了。

问题：

(1)为何学生敢于在课堂上提出自己的看法？这一教学片段主要说明了什么问题？

(2)如果你是这位教师，应该怎样做？

案例分析：

本案例主要涉及谈话法、讨论法等方法的综合运用策略。教师本来要学生讨论楚汉相争刘邦胜利的原因，但由于教师在讨论前先做了不恰当的总结，有了定论，导致讨论的结果不理想。比较恰当的做法是，教师要在讨论前尽可能构思问题答案的范围与多种可能性，给学生提供思考的条件与路径，引导学生围绕问题进行讨论。在讨论过程中，教师要注意启发、引导学生，与学生适时交流。讨论结束后，要与学生谈话，对讨论结果做适当评论，对讨论中学生的表现也要做适当点评。

思考题：

(1)如何理解历史教学方法？

(2)历史教学方法的主要类型有哪些？

(3)历史教学策略的主要特征有哪些？

第九章　历史故事与历史细节的设计

历史故事与历史细节，是生动性史实的凝练与聚焦。学生喜欢听历史故事，历史细节更能够吸引、打动学生。历史故事与历史细节是提升历史课堂教学有效性的重要手段，也是历史教学设计的重要方面。

一、何谓历史故事

如何理解历史故事？关键在于如何把握“故事”。对故事的探讨，事实上有着多层面、多维度的看法。关于故事的来源，古人认为，故事是实有的、过去曾经发生过的事。如，《说文解字》中说：“今俗云‘原故’是也，凡为之必有使之者，使之而为之则成故事矣。引申之为故旧，故曰‘古’，故也。”当前的观点认为，故事不一定是过去发生的，它既可以写实，也可以想象。如，有观点认为，“故事可以从过去的事迹中取材，也可以从现实的生活中取材，又可以自由的去构思”[①]。从叙事与故事的关系上，伯格认为，叙事即讲故事，故事讲述的是人、动物、宇宙空间的异类生命、昆虫等身上曾经发生或正在发生的事情。洛朗·理查森认为，叙事是人们将各种经验组织成有现实意义的事件的基本方式。[②]叙事学者图兰指出，叙事是我们认识到的有序联结事件的序列，通常涉及经验者的竞争者或对立面、人或半人、其他动物，我们人类可以从他们的经验中“学习”。拓展到个体思维上，心理学者布鲁纳提出，在人的心理生活中存在着两种本质上不同的思维模式：例证性思维和叙事性思维。他认为，叙事性思维主要集中在人物以及他们行动的原因、意图、目标和主观经验中。[③]引申到教育意义上，

① 洪晓箐.说故事研究[M].台东：国立台东师范学院儿童文学研究所，2001：21-22.

② 阿瑟·阿萨·伯格.通俗文化、媒介和日常生活中的叙事[M].姚媛，译.南京：南京大学出版社，2006：5.

③ 卡里瑟斯.我们为什么有文化：阐释人类学和社会多样性[M].陈丰，译.沈阳：辽宁教育出版社，1998：81.

波金霍恩认为，故事是“一种手段，（通过）这种手段，人类可以赋予他们的暂时经验与个体行为以一定的意义”[①]。故事是人类最古老、最自然的意义感知形式，它具有情境性、整体性、娱乐性、可记忆性等特征。它是一种经验知识表征方式，一种促进认知和思维的工具，一种蕴含着现实意义的逼真情境，一种支持问题解决的脚手架和启发式策略。所以，故事能够有效地促进学习者隐性知识以及个人知识的生成、迁移与应用，也有助于实现学校教育的深层学习要求，是促进深度学习的有效干预措施。[②]

历史故事当然有自己的学科边界。就“历史”而言，“历”者，过也；“史”者，事也。“历史”就是过去的事情。从这一意义上来说，它与“故事”的本义（过去的事情）恰恰有着一定程度的重合。但是，历史故事必须以有据可查的史料、以其真实性做支撑。而就历史故事所折射的历史意义而言，其意义的内容有不同层面。“历史意义包含历史内部具体事件与历史本身两个层面。”[③]综括起来，历史故事既可作为教学工具，是历史课堂教学的重要手段；同时，历史故事更是历史课堂教学的重要内容。从本质上讲，故事本身可被赋予历史意义，是人类把握历史的一种思维方式，历史故事本身就反映着过去曾经发生的、跌宕而复杂的历史。对学生来说，历史故事不仅能增加学生的学习兴趣，更为重要的是，它是另一种思维方式，通过故事，学生更容易感悟历史知识，体验历史知识中蕴涵的思想、情感与价值。[④]

二、设计历史故事的准则

历史故事不同于一般性虚构或戏说的故事，它有自己的学科边界与要求，设计历史故事有其特有的一般性准则。

（一）隐含矛盾争议，创设认知冲突

当代建构主义学习理论认为，学习是学生自己主动建构知识的过程，这种

① 译自：POLKINGHORNE D E. Narrative knowing and the human sciences[M].Albany：State University of New York Press，1988：11–45.

② 冯锐，杨红美.基于故事的深度学习探讨[J].全球教育展望，2010(11)：26–32.

③ 周建漳.历史及其理解和解释[M].北京：社会科学文献出版社，2005：230.

④ 王德民.故事选择与意义生成：从张元先生讲隋唐史说起[J].历史教学（中学版），2009(9)：31–33.

过程不是简单的学习信息量的积累，而是同时包含了学习者新旧知识经验之间转变引起的、基于认知冲突的学习重组与建构。认知冲突是指学生的原有认知结构与所学新知识之间无法包容的矛盾。“学生在学习新知识之前，已经具备了某种原有认知结构，在学习新知识时，他们总是试图以这种原有认知结构来建构对新知识的理解，当遇到不能解释的新现象时，就要引发认知冲突。”[①]

设计历史故事，要尽可能隐含矛盾争议，创设认知冲突。历史故事能够孕育认知冲突的依托，在于其本身能够创设问题情境。此种问题情境就是在故事内容与学生的原有认知结构之间制造一种认知结构的“不协调”，从而将学生引入与问题相关的情境之中。依据历史故事创设或衍生的问题情境，其主要教学价值不仅在于提出问题，更重要的是要根据学生现有认知结构水平设置问题悬念，使其与学生原有的知识经验产生认知冲突，从而促使、驱动学生萌发解决问题的欲望。

（二）蕴含批判价值，培养批判性思维

批判性思维是指对于某种事物、现象和主张发现问题所在，同时根据自身的思考逻辑做出思考。[②]对学生而言，具备批判性思维意味着能够反思自己的思想观点，分析自己的观点结构，及时地检验自己的观点是处于弱势还是强势，甚至能从反面质疑自己的思维架构等。批判性思维是对自己所学习内容的性质与价值进行个人评判，进而对做什么和相信什么做出合理决策的思维活动。换言之，批判性思维是一种以反思、质疑为本质特征的批判精神和批判意识，在实践上体现为对自己原有思想之观点、证据、视角、表达方式等进行的重新“检验”“辩护”和“再思考”。

创设历史故事，应尽可能使其蕴含批判价值，以培养学生的批判性思维。在这里，主要是指要让历史故事能给学生提供理解、批判的深层意义。批判性思维从其本质上仍兼具思维的内在特点。思维是“在表象、概念的基础上进行分析、综合、判断、推理等认识活动的过程”[③]。也就是说，批判性思维既具判断、推理、反省等理性特点，又包含表象、形象、想象等思维底色与质料。历史故事可凭借其叙事、情境、经验、可记忆性等特质，将由此生发的直觉、灵感、想象等

① 袁维新．认知建构论[M]．徐州：中国矿业大学出版社，2002：13.

② 钟启泉．“批判性思维”及其教学[J]．全球教育展望，2002(1)：34.

③ 中国社会科学院语文研究所词典编辑室．现代汉语词典[M]．6版．北京：商务印书馆，2012：1230.

思维质料源源不断地投送于课堂批判性思维情境之中，提供批判性思维生成的基座与原料。

（三）生动、求真亦求精简

从构成故事的要素看，故事兼具时间、地点、人物、情节及环境等。故事的要素构成客观上影响着其叙事品格。历史故事也是传统的治史叙事。“传统的历史编纂学主要是描述人物故事，以人物为主体的事件故事；即便是叙述典章制度，也是讲制度的制定过程及其实行结果，它也不脱离人物故事和人群故事。正是因为讲故事，所以史籍编纂体裁主要是三大类，即纪传体、编年体和纪事本末体。今日之讲故事是传承的，然而又非纯粹传统的，是反映现代人类社会的知识、观念对历史的理解，是新的意义上的讲故事，不过仍然应是陈述之学。”① 从教学的视角看，故事作为认知工具具有以下作用：(1)辅助学习者认知，帮助学习者建立新旧知识间的联系。学习者通过将故事所表述、阐释的经验与自身的原有经验整合起来，达到对事物、事件等的新认识，形成应对复杂问题情境的新技能。(2)调整学习者原有的认知结构，拓展学习者的知识广度与深度。学习是一种意义建构的过程，学习者对事物、事件、人物等的感知与认识是与其自身的认知结构密不可分的，学习的过程其实就是认知结构不断丰富、不断调整、不断生成的过程。(3)促进学习者进行有意义的学习，提升学习者的高阶思维能力。这种学习通常是主动的、有意图的、建构的、真实的和合作的。所习得的知识是建构性知识、情境化知识、同化的知识，从问题探究中所获得的知识是个人化知识、复杂化知识和隐性知识。②

历史故事的叙事本体特性及教学工具特点，决定了历史故事既要追求生动，又要从根本上真实可信。所谓追求生动，就是要使历史故事具备生动的情节、细节，学生感到有新鲜感，吸引、促发学生的学习与探究意识。所谓真实可信，就是要使历史故事尽可能以史料为依据，确证反映具体史实的历史故事之“个别之真”。历史之真可分为反映某一史实的“个别之真”和揭示某一历史时段的“普遍之真”。对待某些历史故事又需要从“普遍之真”层面来看待。“这些故事是特定历史文化的产物，故事的背后通常能反映某一历史时期更为深层次

① 冯尔康.“说故事”的历史学和历史知识大众文化化[J].河北学刊，2004，24(1)：164.

② 钟志贤.教学设计的宗旨：促进学习者高阶能力发展[J].电化教育研究，2004(11)：13-19.

的问题。”[①]如《范进中举》是文学故事，但它对科举制度弊端的揭示，符合明清科举考试的真实情况，是反映那一时期科举考试的“普遍之真”，在历史课堂中，教师如果合理引导，有助于学生理解那一时期科举考试的弊端。设计历史故事时，更要严格考究，去伪存真。当然，考虑到历史课堂的容量、时限性，历史故事的设计尽量要精简，要契合历史课堂教学目标、内容及重点需要，对历史故事情节可适量删减，尽可能提升历史课堂教学的有效性。

三、设计历史故事的策略

在历史教学设计中，历史故事既要与历史学科的内在要素相联系，又要与历史课堂教学的基本特征相契合。设计历史故事至少可采取以下策略。

（一）揭示历史因素，用故事拓展事件原因

原因是因果关系范畴中的重要一极。因果关联是对事物运动、变化与发展过程的一种描述。从某种意义上讲，因果关联具有同一性。“我们说一物为因，仅因其有果，说一物为果，仅因其有因。由此足见，因果两者具有同一的内容。”[②]换言之，因果关联可被视为转化与被转化的关系，结果的内容可由原因转化而来，而原因的内容也可转化为结果的一部分。

历史发展的长河由无数的历史事件组成。历史事件的发生各具其复杂的内外因素，有些事件可互为因果，对某一事件而言，也可具有许多的内外诱因。历史故事可聚焦某一事件的重要诱因，凭借其情节、人物经历的曲折，深化、拓展特定历史事件的原因。比如，《工业革命》一课，关于工业革命何以能够发生并能顺利推进的原因，教师通常会列举如“君主立宪政体的制度保障”“资本主义萌芽的产生”“新航路开辟后不断扩大的市场”“充足的劳动力”“发达的工厂手工业”等因素，但在历史课堂中，教师也可运用历史故事做如下叙述与拓展：

视频《大国崛起》

……制造出“万能蒸汽发动机”的瓦特先生，却正在面临一场前所未有

① 王德民.故事选择与意义生成：从张元先生讲隋唐史说起[J].历史教学，2009(9)：32.

② 黑格尔.小逻辑[M].贺麟，译.北京：商务印书馆，1980：318.

的危机。1773年3月,瓦特先生的合伙人破产了,这不仅使他失去了稳定的收入,而且不得不变卖家产来还债。瓦特抱怨说:“我还有妻子、儿女,眼看自己变得雪染双鬓,却没有任何固定的职业来供养他们。”1773年的秋天,瓦特又遭遇了一次家庭变故,和他共同生活了九年的妻子去世了,而且给他留下了六个儿女,与他共同合作的工厂又破产了,这个时候,他的生活落到了最低谷。有一位朋友推荐他到俄国去工作,他说:“我眼下有这么多的事情要做,而我又这么贫困。我感觉到非常苦闷。”但是,英国这片让瓦特先生沮丧的故土,此时也许会让一个不成功的商人离开,却不会让一个将会带来无限商机的发明家走出自己的视野……

问题:

晚年的瓦特,生活非常富庶。他退休后曾与他的第二任妻子到法国、德国去旅行,并且在威尔士购买了一所住宅。那么他财富的主要来源是什么呢?(引出《专利法》的巨大作用)[①]

上述历史故事里,通过叙述瓦特这一工业革命时期的重要历史人物,引导、诱发学生探究工业革命得以顺利推进的关键因素:瓦特的故事凸显了《专利法》的作用,而恰恰又借助于《专利法》,工业革命时期的科技成果得以源源不断地涌现。此种对知识专利的尊重,是工业革命得以顺利推进的重要因素,是近代西方科技得以不断加速的催化诱因,它也是英国能够率先步入工业强国的重要原因。

(二)再现历史场景,用故事“神入”历史人物

所谓“神入”,是指在历史教学中把自己置于历史人物生活的那个时间和地点,设身处地从历史人物的角度出发来考虑问题、看待问题、发表意见[②];从历史人物的角度上去思考当时的历史情境[③]。也就是说,“神入”在历史教学中强调历史时空条件,强调历史情境,强调师生站在历史人物的立场上去体验历史、感受历史。

① 朱文倩.历史故事:从聆听、理解到神入、对话——以高中历史课堂教学为例[D].华东师范大学硕士学位论文,2012:100-101.

② 白月桥.历史教学问题探讨[M].北京:教育科学出版社,1997:90.

③ 于友西.历史学科教育学[M].北京:首都师范大学出版社,1999:63.

从历史故事的教学工具性看，讲述历史故事不是以记忆故事片段为基础，而是用故事来创设一定的历史情境，使师生能够主动参与、自主沉浸于故事情境之中。结合特定的历史内容，从学生个体角度看，处于“神入”过程中的每个学生对历史情境的理解是不同的，对历史人物的把握也会各有差异。学生对历史人物的理解主要来自两个方面：一是教学情境对历史人物的描述，二是学生自身赋予。在此情境中，学生充分调动自身的主体能动性，激活自己的想象能力、直观能力、体验能力和感悟能力，通过对情境意义的解读，不仅把情境所勾画的历史人物所包含的丰富内容复现出来，加以充分理解、体验，而且还渗入自己的人格、气质、生命意识，重新创造出各具特色的历史人物形象，甚至还能够对原来的历史人物进行开拓、补充、再创，从而使历史人物更为丰满、鲜明。[①]比如，人教版《统一中国的第一个皇帝——秦始皇》一课，有教师利用以下历史故事再现历史场景，用故事“神入”历史人物：

故事1：始皇二十六年（公元前221年）御前会议纪要

宰相王绾：诸侯初破，燕、齐、荆地远，不为置王，毋以填之。请立诸子，唯上幸许。

始皇：下其议于群臣，群臣皆以为便。

廷尉李斯：周文、武所封子弟同姓甚众，然后属疏远……诸侯更相诛伐，周天子弗能禁止。今海内赖陛下神灵一统，皆为郡县……易制。天下无异意，则安宁之术也。置诸侯不便。

始皇曰：天下共苦战斗不休，以有侯王。赖宗庙，天下初定，又复立国，是树兵也，而求其宁息，岂不难哉！廷尉议是。

问题：

(1)王绾和李斯分别主张什么？

(2)联系必修1学过的知识，你是支持王绾还是支持李斯？为什么？

(3)王绾支持分封制的依据是什么？是否有道理？

故事2：始皇三十四年（公元前213年）咸阳宫酒宴

仆射周青臣进颂曰：他时秦地不过千里，赖陛下神灵明圣，平定海内，

① 王德民.论历史课堂教学的神入现象[J].教学与管理，2006(8)：61.

放逐蛮夷，日月所照，莫不宾服。以诸侯为郡县，人人自安乐，无战争之患，传之万世。自上古不及陛下威德。

始皇悦。

博士齐人淳于越进曰：臣闻殷周之王千余岁，封子弟功臣自为枝辅。今陛下有海内而子弟为匹夫，卒有田常六卿之臣（指叛乱发生），无辅拂，何以相救哉？事不师古而能长久者，非所闻也。今青臣又面谀以重陛下之过，非忠臣。

始皇下其议。

丞相李斯曰：今陛下创大业，建万世之功，固非愚儒所知。且（淳于）越言乃三代（夏商周）之事，何足法也？……今诸生不师今而学古，以非当世，惑乱黔首。……臣请史官非秦记皆烧之。……有敢偶语《诗》《书》者弃市，以古非今者族……

制曰：可。

问题：

（1）李斯提出什么建议？

（2）“焚书令”因何而起？

（3）秦始皇为什么会同意焚书？①

上述两个历史故事，分别从不同历史时段、角度表现了秦始皇这一历史人物的性格特征：第一个故事时值秦帝国刚刚完成统一大业，如何治理偌大帝国，秦始皇于众臣多持“分封制”传统治理策略之际，力排众议，断然采取李斯“郡县制”之议，体现了其果敢的政治智慧与眼光；第二个故事时值帝国郡县制运行数年之际，如何巩固帝国不是聚焦于秦帝国统一度量衡、货币、文字与举国筑路等事，却是落幕于秦始皇口谕“焚书令”等愚民政策，体现了秦始皇暴戾之性格。在历史课堂中，通过学生讨论、故事内容体验等活动，可使学生更进一步“神入”、逼近秦始皇这一历史人物。

（三）渲染历史背景，用故事补充教学逻辑

“背景指对人物、事件起作用的历史情况或现实环境。如：历史背景、政治

① 虞森．编选历史故事，“神入”历史人物：以人教版选修4《秦始皇》为例［J］．历史教学（中学版），2015（2）：42-45.

背景。”[①]历史背景指学习历史过程中应该掌握的对历史事实起重要作用的历史条件或现实环境。在课堂教学中，一般习惯从内容的角度将其分为国际、国内背景或者政治、经济、文化、军事背景等。

在历史课堂中，可以利用故事渲染历史背景，以此来强化学生对历史条件的认知，弥补由于内容跳跃而导致的学生认知逻辑断裂。比如，人教版《汉代儒学》一课，关于儒学独尊的原因，教材仅提供了以下内容基线：其一，秦以来的大一统包括文化一统和政治一统，而前者又是后者的根基。其二，因为董仲舒的理论为君主统治提供了理论基础，所以汉武帝接受他的“独尊儒术”的建议。如此的内容基线使教材内含的逻辑联系发生断裂：它能解释何以“罢黜百家”，却不能解释何以儒学独尊。鉴于此，有教师提供故事《叔孙通制立朝仪》，以此来补充教学逻辑。

根据《史记》的记载，故事经过大致是这样的：刘邦初得天下（高祖五年），设宴庆功，群臣在宴会上喝醉，大声喧哗，甚至拔剑击柱……刘邦见状很不高兴。一旁的儒生叔孙通乘机对刘邦说：“儒生虽然不能一块和您打天下，但是您要治理天下，那就用得着了。臣愿意去鲁地召集些儒生，与臣一起制定礼仪。”刘邦表示同意，于是授权叔孙通。

（教师旁白：不久之后，长乐宫落成，叔孙通借此机会向刘邦展示成果。）

在叔孙通的指挥下，来朝庆贺的群臣都排着整齐的队伍鱼贯而入。刘邦赐酒，大臣齐刷刷地作揖谢恩，然后端起酒杯，分批向刘邦敬酒。整个典礼从早到晚，没有一个人喧哗。刘邦看后说道：“吾乃今日知为皇帝之贵也！”

利用上述历史故事，渲染了西汉天下初定、诸臣失仪的政治背景，揭示了儒学能够规范君臣礼仪、维护朝廷统治秩序的内在功能，也内在地揭示了儒学何以能够独尊的历史原因，弥补了教学逻辑的断裂与不足。

（四）深化历史联系，用故事贯通重要概念

概念是对事物的概括与提炼。人类历史由无数的个体事件连续贯通形成，

① 中国社会科学院语言研究所词典编辑室.现代汉语词典[M].6版.北京：商务印书馆，2012：57.

这些事件彼此间相互联系，折射于概念之中，也体现了各历史事件的特殊性、基于众多历史事件普遍性之概念概括的辩证统一。概念所反映的历史事件、各历史事件间的联系，可以依托历史故事所营造的历史情境加以深化，尤其对于重要概念，可以创设连环故事，通过故事解读让学生理解重要概念的内在联系。比如，在宋代政治制度中，对于“同中书门下平章事(宰相)”“枢密使”“三司使”“参知政事”等概念，学生理解起来比较困难。在历史课堂中，可以借助历史故事，通过具体历史情境的创设，帮助学生理解上述概念。如，《陈桥驿兵变》(略)《杯酒释兵权》《为赵普置副》。

故事1:杯酒释兵权

帝召赵普(同中书门下平章事)问曰:“……吾欲息天下之兵，为国家计长久，其道何如?”

普曰:“……方镇(即唐后期的藩镇)太重，君弱臣强而已。今欲治之，惟稍夺其权，制其钱粮，收其精兵，则天下自安矣。”

召守信等饮，酒酣，屏左右谓曰:“……天子亦大艰难，殊不若为节度使之乐，吾终夕未尝高枕卧也。”守信等请其故，帝曰:“是不难知，居此位者，谁不欲为之!”守信等顿首曰:“陛下何为出此言? 今天下已定，谁敢复有异心!”帝曰:“卿等固然，设(假如)麾下(将帅的部下)有欲富贵者，一旦以黄袍加汝身，汝虽欲不为，其可得乎?”守信等顿首涕泣曰:“臣等愚不及此，惟陛下哀矜，指示可生之途。”帝曰:“人生如白驹过隙，所为好富贵者，不过欲多积金钱，厚自娱乐，使子孙无贫乏耳。卿等何不释去兵权，出守大藩，择便好田宅市之，为子孙立永远之业，多致歌儿舞女，日饮酒相欢，以终其天年! 朕且与卿等约为婚姻，君臣之间，两无猜疑，上下相安，不亦善乎!”

——根据《续资治通鉴》改编

故事2:为赵普置副

上欲为赵普置副而难其名称，召翰林学士承旨陶谷问曰:“下丞相一等者何官?”对曰:“唐有参知政务、参知政事。”乙丑，以枢密直学士、兵部侍郎薛居正、吕余庆并本官参知政事。

——《续资治通鉴》①

借助上述故事，可让学生理解宋代加强中央集权的背景，感悟上述“同中书门下平章事（宰相）”“枢密使”“三司使”“参知政事”等概念的内在联系：《陈桥驿兵变》故事旨在让学生理解宋初强化中央集权的时代背景，知晓前述相关概念的历史语境；《杯酒释兵权》故事让学生体验宋初加强中央集权的背景，通过皇帝因担心地方节度使权重而夺其兵权、地方财权、军权改革的情境体验，理解“枢密使”“三司使”设置的由来与必要性；《为赵普置副》故事让学生体验“参知政事”平分相权的历史语境。借助以上历史故事，能使学生更进一步体验到相关概念的内在联系及其催生中央集权制度产生的历史“土壤”，贯通了重要历史概念。

四、何谓历史细节

如果按照“细节”字面上的理解，细者，小也；节者，单位或要点也。细节的这些要义在现代词典中也得到规范。如，《现代汉语词典》的界定为“细小的环节或情节。”《辞海》的界定：（1）指琐碎的事情；无关紧要的行为。（2）指文学作品中细腻地描绘人物性格、事件发展、场景和自然景物的最小单位。

当然，细节的多范围应用也使其词意得以延伸与拓展。细节曾广泛应用于小说创作。作为文学创作中最基本的描写手法，细节描写是“对人物的外貌、行动、心理、语言或周围某一细微特征所进行的具体而细致的描绘。它是文学作品完整地描绘人物性格、事件发展和环境景物的不可缺少的手段。”②作为手段，细节也被用于教学行为分析中。比如，教学细节是构成教学行为的最小单位，是教学行为的具体分解。教学行为是由其操作和控制的主体——教师，所发出的指向教学过程、教学对象，以完成教学任务为基本目的的师生外部行为的总和。更进一步地，教学细节不仅指教学行为的最小单位，还要求教学行为处于教学过程的关节点上，对教学具有重要的推动和联接作用。因而，并不是所有的教学行为都具有教学细节的作用，只有处于教学关节点、联接点上的教学行

① 陈振华.例谈“故事情境”在历史概念教学中的利用方法[J].历史教学（中学版），2015(2)：46-49.

② 丁柏铨.新闻写作研究导引[M].南京：南京大学出版社，2015：173.

为，才具有教学细节的作用，才具有推动、激活、联接、延续教学过程的功能[①]。

细节的多层意蕴也在历史教学中得以运用与体现。有论者将细节作为环节或手段，认为课堂教学的细节就是"在课堂实施教育的过程中，在某一个相对完整的步骤，或者在两个教学步骤之间进行过渡时，做出的细致安排，或对临场出现的问题做细微的处理"[②]。这是将细节视为教学环节的关键组成部分。有论者将细节作为构成历史的重要组成部分，认为历史细节指的是组成历史事实的一系列具体的环节或情节，与人物活动、事件发展、社会变迁等密切相关，具体、形象、典型的最小的组成单位或元素。[③]在这里，历史细节是构成历史本体内容的最小单元。还有论者兼及以上两个维度的含义，认为"细节往往是具体的、形象的，可以使已经逝去了的历史重现出有血有肉、有声有色的原状，使学生感受到历史的真实。细节往往又是典型的、有特色的，可以以小见大，于细微处见精神，使学生更真切地了解和认识所学的史实。细节还往往具有启发性，通过细节可以引发学生的联想、想象等思维活动，加深对所学知识的认识。"[④]

概括而言，历史细节既具工具属性又具本体属性。从其工具属性看，历史细节可以展现特定教学情境，渲染、营造某种教学氛围。好的历史细节不仅能使历史课堂具体、丰富而充实，而且可以使历史课堂充满着变化、灵动和创造。作为课堂教学的关键环节，历史细节能够推动历史课堂的发展和进程，从一般情境中演变出"激情"与戏剧，诱发和创造历史课堂的教学高潮，提升历史课堂的品位。从其本体属性看，历史细节可以展示人物内心情感，塑造历史人物形象，聚焦历史事件特征，深化和透视历史现象的本质。好的历史细节不仅能揭示历史原因、背景、事件经过、影响等历史内容的内在性质与特征，还能深化与挖掘历史事件的深层意义与价值。作为构成历史原貌的最小单元，历史细节通过小中见大、见微知著，能够洞察历史本质，生发历史智慧，表现与升华历史主题。

需要说明的是，就细节与故事的关系而言，细节是故事的浓缩与提炼。在课堂教学中，它不仅是课堂关注的兴奋点，是学生感知中的感知，更为本质的

① 彭钢. 教学现场与教学细节——新课程背景下教学实践研究的新范畴[J]. 教育理论与实践，2005，25(1)：48.

② 汪学毅. 重视细节，讲究技巧[J]. 历史教学，2007(1)：35.

③ 郎宇飞. 定格特写与矢量透视："历史细节"在课堂教学过程中的运用——以法国大革命为例[J]. 历史教学问题，2014(2)：135-137.

④ 叶小兵. 细节的重要[J]. 历史教学，2005(9)：56.

是，它能聚焦、穿透史实，于史实表象中把握历史本质。一节好的历史课不仅需要有史料、故事作铺陈与支撑，更可从中精选细节，以促生课堂的精彩。[①]

五、设计历史细节的准则

依据上述历史细节的内在性质，结合历史课堂特点，设计历史细节需要遵循以下准则。

（一）历史细节要真实可信

历史由过去曾经发生过的无数之事实建构而成。“所谓事实，总是合许多小情节而成，而其所谓小情节，又是合许多更小的情节而成，如是递推，至于最小，仍是如此。”[②]历史细节是建构历史的最小单元，其外在依据是可靠史料，而内在的根本属性却是其所深层折射的历史之真实。

设计历史细节时，要尽可能追求、确保其真实与可信。教师要明确历史细节的来源。一般地，真实的历史细节出自可靠的资料，特别是第一手的原始材料。教师要了解和掌握历史细节，需要平时广泛阅读，留心搜集，尤其是在备课时认真查阅有关的可靠史料。同时，要善于辨别、考订史料，检验史料的可靠性，以保证所设计的历史细节的真实性。还要注意的是，在设计历史细节时不要随意地编造、想象和拼凑，否则历史细节就失去了其应有的教学意义。

（二）历史细节要典型，有针对性

“一堂好的历史课一定要有典型的例子，而好的例子一定要有典型的细节。”[③]所谓典型的历史细节，主要指所选择、确立的历史细节要能示范、富有代表性。所设计的历史细节能揭示、升华本节课的教学主题。

设计历史细节要有清晰、完整的目标意识。为何要设计这样的历史细节？运用历史细节要达成怎样的目标？这些都是要着重考虑的。好的历史细节能激发学生的学习兴趣，带领学生走进历史的现场。进一步地，历史细节的运用

① 王德民，赵玉洁．“一节好的历史课”标准的操作性维度探讨[J]．历史教学（中学版），2014(8)：59-63.

② 吕思勉．吕著史学与史籍[M]．上海：华东师范大学出版社，2002：24-25.

③ 叶小兵．细节的重要[J]．历史教学，2005(9)：56.

还能让学生体验某些基本的史学思想方法，引发他们的情感激荡和理性反思，培养学生的学科素养。

设计历史细节要遵循学生的学习兴趣。美国教育学者布鲁姆认为，学生最好的学习动力是对学习材料有内在的兴趣。不过，在教学实践中，鉴于学生的兴趣千差万别，教师设计历史细节时，基于学生兴趣但又不要以兴趣为中心，偏离教学目标，从而陷入无谓的兴趣主义。教师选择历史细节要以学生反馈为基点，以达成教学目标为旨归，而不能仅以自己的兴趣或偏离教学目标去选择历史细节。设计历史细节要做到有的放矢，心中有数。具体体现：能够契合课程标准的目标要求；能够深化、揭示历史课堂教学的立意与目标；能够聚焦历史课堂教学的重点或难点等。

（三）历史细节要有角度、聚焦点与参照标尺

所谓角度，是人们看待事物的出发点。更深层次上，角度涉及主体认识的选择问题。也就是说，出发点不同，人们思维的指向或关注的侧重点也就不一样。创设历史细节首先要选准角度，确立适宜的看待问题的立场，或以微观透视宏观，或以局部揭示整体，建构恰切的"以小见大""见微知著"的切入位置与态度。

所谓聚焦点，就是主体聚向、关注之点。如果说角度决定了"看什么"，那么聚焦点就意味着"什么被看"。尽管两者处于观察与描绘世界的同一通道，但它们的落脚点与投射方向是互异的。角度侧重于选择，决定着"谁看"或"在什么位置看"，聚焦点侧重于关注，决定着"看到了什么"。聚焦点是一个文本精神所注、文脉所归、意蕴所集之点，或者说，它是文本最光亮之点。[①]创设历史细节要找准其聚焦点，找到其最能反映历史本质的精要、聚焦之处。

所谓参照标尺，就是为了描述某一具体认识，在主体与对象之间选作标准或依据的特殊中介。参照标尺由一定的维向构成，这种维向是指主体用以度量对象某一性质及其量的关系序列，是由被赋予理性因素的符号化系统构成。依据哲学辩证观点，对象如何对他说来成为他的对象，这取决于对象的性质以及与之相适应的本质力量的性质，因为正是这种关系的规定性形成一种特殊的、现实的肯定方式。[②]也就是说，参照标尺相对主体所投射的对象而言，其基本功

① 杨义.中国叙事学[M].北京：人民出版社，2007：246.

② 中共中央编译局.马克思恩格斯全集：第42卷[M].北京：人民出版社，1979：125.

能在于主体位置与对象性质之间关系的投影和变换。就参照标尺而言,个别对象绝不是纯粹的个别,它通过与其他事物的各种联系而投影于种种的参照系维向上,并通过维向的变换而规定其自身的不变性。[①]参照标尺在界定对象的同时,自己也和对象化的客体以及相关主体融会贯通为某种共通视域。就历史细节创设而言,参照标尺指向历史细节的相对性,即历史细节有大有小,参照标尺不同,历史细节的界定也会各不一样。

创设历史细节要有角度、聚焦点与参照标尺,三者叠加融合,立体贯通,共同建构历史细节所指向的"意义世界"。

六、设计历史细节的策略

历史细节的设计要与学生的认知特征相联系,还要结合特定的历史课堂教学目标与内容,通常可采取以下策略。

(一)通过细节对比,创设认知悬念

悬念本是艺术创作中的一种叙事方法。将其引入历史教学中,主要指教师在处理事件情节、设置冲突或展示人物命运时利用学生对历史发展的关切与期许,所采取的"悬而未决""悬而未解"的处理方式。历史细节凭借其对历史事件信息的聚焦与折射,可构建不同历史细节之间的信息落差或对同一历史事件的认知差距,由此创设认知悬念。

心理学的相关理论表明,人潜在地具备追求完形的心理态势,当悬而未决的叙事结构进入人的感知后,感受主体会激起强烈的改变认知失衡的心理倾向,在此强烈倾向驱动下,学生会触发强烈的探究欲望,从而更好地铺设了完成相关学习目标的思维平台。

(二)通过细节描述,渲染历史情境

从心理学角度看,情境是指问题(任务)的物理的和概念的结构以及与问题(任务)相关的活动目的和社会环境。[②]Choi & Hannafin 认为,情境具有两大极

① 蒙爱军.参照系及其认识论意义[J].宁夏社会科学,2000(1):10-15.

② 钟志贤,刘春燕.论学习环境设计中的任务、情境与问题概念[J].电化教育研究,2006,27(3):16-22.

其重要的作用：一是构建学习任务与学习者经验之间有意义的联系；二是促进知识、技能和经验之间产生联接。因此，情境包括一般的氛围、物理情境和当前的“背景”事件。[①]将情境理念引入历史课堂，可与历史细节密切结合。历史细节能聚焦特定历史事件的历史氛围，勾连历史事件发生的历史条件，营造特定的历史情境。比如，《法国大革命》一课，为映射法国大革命对教会传统力量的冲击，有教师选用了“拿破仑一世加冕大典”这一历史细节见图9-1。

图9-1　拿破仑一世加冕大典

上图虽题为“拿破仑一世加冕大典”，为什么画家选择的是“拿破仑站起来给皇后加冕”部分而不是自己被教皇加冕的场面？事实是这样的：为了巩固帝位，拿破仑极其傲慢地让罗马教皇庇护七世亲自来巴黎为他加冕，目的是借教皇在宗教上的巨大号召力，让法国人民以至欧洲人民承认他的“合法地位”。在加冕时，拿破仑拒绝跪在教皇前让庇护七世加冕。而是把皇冠夺过来自己戴上。大卫为避免这一事实，煞费苦心地选用皇帝给皇后加冕的后半截场面。这样，既在画面上突出了拿破仑的中心位置（拿破仑站起来给皇后加冕），又没有使教皇难堪。[②]

通过让学生观察上述图片，关注以下历史细节：拿破仑加冕之地；拿破仑夺冕之举。让学生思考：拿破仑加冕之地说明了什么？拿破仑夺过皇冠的举动是否偶然？如果不是，它揭示了什么？让学生领悟：拿破仑加冕之地挑战了本应在教皇居住地梵蒂冈加冕的教会常规，其夺冕之举更是蔑视了教皇的权威。情

① 译自：CHOI J, HANNAFIN M. Situated cognition and learning environments: roles, structures, and implications for design[J]. Educational Technology Research & Development, 1995, 43(2): 54.

② 郑金霞.挖掘背景，关注细节：读《图像证史》有感[J].历史教学（中学版），2012(12)：62-65.

境可以为学习者提供镶嵌式的记忆线索，为知识理解充当线索和暗示作用，也进一步提升了学习的意义。凭借上述历史细节渲染历史情境，可让学生较深入地理解拿破仑行为背后，是其强大的军事力量以及此种军事力量对教会权威的挑战，法国大革命客观上对教会传统力量形成了巨大冲击。

（三）通过细节关注，聚焦历史特征

历史特征是指某历史人物、历史事件区别于其他人物或事件的特殊之处。历史细节可聚焦某历史人物、事件的典型特征，集中说明其不同于一般历史事物的特殊之处。比如，描绘秦始皇的人物特征，可选用《史记》的相关历史细节材料："秦王为人，蜂准，长目，挚鸟膺，豺声。少恩而虎狼心，居约易出人下，得志亦轻食人。"此材料中，通过秦王的"蜂准""长目""挚鸟膺""豺声"等人物形象细节描述（意思是说，秦王这个人，高鼻梁，长眼睛，老鹰般的鼓胸脯，说话声音像豺狼），聚焦了秦始皇的人物形象，与其后"少恩而虎狼心""得志亦轻食人"（意思是说，缺乏仁德而有虎狼之心，不得志的时候对人谦和，得志时会轻易地杀人）相对应，揭示了其性格特征。再如，描述武则天的人物特征，可引用《资治通鉴》的相关历史细节材料："然不称职者，寻亦黜之，或加刑诛。挟刑赏之柄以驾驭天下。"从上述材料中的"黜之""刑诛""挟刑赏之柄"等历史细节，勾画出了武则天的"狠"，学生对这一历史人物特征也有了更深层次的了解。

（四）通过细节凸显，体验历史智慧

智慧是超理性的、直观的根本性洞见。历史智慧存在于历史知识中，但又超越历史知识，是对历史事件机理、人物行为、制度运行等背后"奥秘"的最根本洞察。历史细节可以折射此种"奥秘"，让学生深切体悟蕴含其中的历史智慧。比如，《汉武帝大一统》一课，涉及"推恩令"内容时，有教师补充以下材料，并从中选取历史细节材料加以体验：

> 主父偃说上（汉武帝）曰："古者诸侯不过百里，强弱之形易制。今诸侯或连城数十，地方千里，缓则骄奢，易为淫乱，急则阻其强而合从（纵）以逆京师。以法削之，则逆节萌起，前日晁错是也。今诸侯子弟或十数，而适嗣代立，余虽骨肉，无尺寸之地封，则仁孝之道不宣。愿陛下令诸侯推恩分子弟，以地侯之。彼人人喜得所愿，上以德施，实分其国，不削而稍弱矣。"上

从其计。

——《史记·平津侯主父列传》

问题：

“上从其计”中的“计”该如何理解？“神入”上述君臣对话情境，体会此材料中“计”之深意。

在历史课堂中，一般讲述“推恩令”时，常将其解读为“众建诸侯而少其力”，减少了地方诸侯对抗中央的力量。但借助上述历史细节材料“计”的体验，可以让学生更进一步、深层地体会到：“推恩令”允诺“诸侯推恩分子弟，以地侯之”，之所以能使诸侯不加以反抗，“不削而稍弱矣”，其背后实则利用了大多数诸侯“人人喜得所愿”的心理，将原先中央与地方之间的矛盾，转嫁为地方诸侯内部的矛盾。这是政治实践中最高统治者的治理智慧。

（五）通过细节定格，深化历史主题

历史主题是一节课教学立意的直接体现。通过选取特定历史细节，可以深化、揭示历史主题。比如，《法国大革命》一课，其教学立意旨在揭示文艺复兴以来在政治实践领域人类追求政治民主化的曲折历程。为揭示“民主”“平等”这一历史主题的曲折实践历程，可选取以下历史细节：

历史细节1：“定格”8 000名市民与7个囚犯

1789年7月14日，8 000多名巴黎市民进攻114名士兵驻守的巴士底狱，付出了98人阵亡的代价，打开监狱大门，里面却只关押有7个囚犯。[1]“巴士底狱被捣毁了，而暴力仍在继续。被革命之火点燃的激愤的民众毫不手软地杀死了6名已经投降的守军俘虏，然后，又迫不及待地杀死了也已经投降的守军司令——一个叫洛耐的侯爵，并砍下他的头颅，挑在枪尖上游街示众”。[2]尽管这个象征君主专制的巨大城堡里仅有7名囚犯，但攻克巴士底狱的意义显然远远大于解救几名囚徒的暴动，其何以成为大革命爆发的象征，预示着一个新政权和一个旧制度在法国历史交汇点上的兴衰存亡？这一定格特写，以期引发学生对该问题的思考。

① 杰克逊·斯皮尔福格尔.世界历史[M].黄雁鸿，等译.郑州：大象出版社，2006：56.

② 维克多·雨果.九三年[M].桂裕芳，译.南京：译林出版社，1998：48.

历史细节2:“透视”蜡像馆与断头台

杜莎夫人蜡像馆以栩栩如生的世界名人蜡像而知名,但其建立却是和断头台联系在一起的。法国大革命期间,杜莎夫人被命令专门复制那些被处斩的贵族名人的“死亡面具”蜡像,她经常在断头台旁捡拾贵族人头,用来制造蜡像模子,路易十六、王后安东尼特、罗伯斯庇尔的人头蜡像都曾被她制过“死亡面具”,这些恐怖蜡像成了法国大革命的见证。

雨果曾说:“所有看过断头台的人,都会发出一种神秘的战栗,所有的社会问题,也都会在那锋利的板斧四周举起他们的问号。”[①]在恐怖的1791—1794年间,革命广场上有一万七千颗头颅被斩首。仅1794年7月,被革命法庭判处死刑的人员中,资产阶级和劳动群众竟占74.5%。这些头颅中,年龄最大的人犯是一名92岁的老妇,年龄最小的人犯只有14岁。最具讽刺意味的是,路易十六、拉法耶特、丹东和罗伯斯庇尔,国王与革命家,他们踏上的是矗立在革命广场上的同一架断头台,执行死刑的也是同一个刽子手———夏尔·亨利·桑松,曾经掌握法国命运的人,最终殊途同归。[②]

以上两个历史细节,分别从不同方向定格、深化了历史主题:历史细节1通过几乎没有任何军事价值的“8 000名市民攻打只有7个囚犯的巴士底狱的战斗”材料细节,用市民占领象征君主专制的巴士底狱的战争“狂热”,从反面定格了其对“民主”“平等”的渴望;历史细节2用“死亡面具”蜡像、断头台这些原本极其恐怖、但在法国大革命时期却成为平民“时尚”的细节材料,揭示了巴黎人对“民主”“平等”的追求(中世纪欧洲及大革命前法国的死刑处决,断头台是贵族的专利,一般人要用其他酷刑)。同时,却又用法国大革命时期“死亡面具”蜡像、断头台死亡人数之多,定格了人们追求“民主”“平等”的曲折与艰难:追求“民主”“平等”的断头台与践踏“民主”与“平等”、剥夺大量人的生命的断头台。它们综合地揭示了法国大革命追求“天赋人权”“自由平等”等理想诉求所经历的血与火、执著与徘徊的曲折历程。

① 维克多·雨果.九三年[M].桂裕芳,译.南京:译林出版社,1998:67.

② 郎宇飞.定格特写与矢量透视:“历史细节”在课堂教学过程中的运用——以法国大革命为例[J].历史教学问题,2014(2):135-137.

七、历史故事与历史细节设计的操作性举例

案例1:《改革开放》一课历史故事的设计

同学们,2009年是中华人民共和国成立60周年,也是我们的改革开放31周年。我们今天这节课,就聚焦在改革开放31周年它的艰辛与辉煌上。让我们先把关注的目标聚焦在安徽的一个小山村上。

1978年,这一年的夏末,安徽遭遇了百年不遇的旱灾,当时的安徽省委书记万里同志视察了灾区,他走进了一个村庄,满眼看到的都是低矮的草房,摇摇欲坠,几乎毫无生气,终于找到了有人的一家,结果,万里惊讶地发现,在炎炎烈日里,女主人和她的两个女儿居然盖着一床破被子蜷缩在屋角。公社的干部俯在万里的耳边,心情沉重地对他说:"他们全家只有一条破裤子。"看到这,万里的眼睛湿润了,他哽咽地说:"(中华人民共和国成立前)老区人民抛头颅、洒热血,就是为了能够过上好的生活,可是今天,他们还食不果腹,衣不遮体。"

是啊!解放已经近30年了,为什么老区人民还挣扎在贫困线的边缘呢?20世纪50年代以来的"欣欣向荣"的现代化建设之花何以会结出如此"苦涩难咽"的果实呢?就这个问题,老师想请同学们先议一议,然后谈谈你们的看法。[①]

案例分析:

本案例以《母女一条破裤子》故事的设计,揭示改革开放的背景,即十一届三中全会后,中国为何要进行改革开放?本案例故事的设计符合本课主旨与立意,以安徽农村的贫困,揭示了改革为什么会首先在农村发起,这也为后来安徽农村"小岗村"率先实行"包产到户"做了铺垫。本案例故事既形象地让学生体验到改革开放前农村的贫困,又直观地揭示了改革开放的背景,避免了抽象的理论说教。

---

① 本课例由上海市同济大学附属中学贾彦春老师提供。

案例2:《辛亥革命》一课历史细节的设计①

从“剪辫子”这一历史细节入手,可能会给我们理解辛亥革命提供一个全新的视角。以下是书中几段关于“剪辫子”的历史细节摘录:②

画面一:鲁迅眼中的辫子

1903年,鲁迅留学日本的次年剪掉了辫子,并在照片背面写下那首传诵很广的《自题小像》。……但是,更多的留日学生不敢剪辫子,拖着辫子又怕人笑话,所以流行把辫子盘在头顶上,再戴上学生制帽,被鲁迅戏称为“富士山”。

画面二:黎元洪眼中的辫子

张难先回忆,1911年10月11日,黎元洪决定次日剪辫,他到谘议局后两天吃不下。就在剪辫的那天下午,他在军事会议上坦率表示:“我前天未决心,昨天也未决心,今日上半天还未决心,这时是已决心了。”

画面三:袁世凯眼中的辫子

1912年2月14日,莫里循给朱尔典的信中说:蔡刚才来看我,谈了关于我在今天下午五点钟去见袁世凯的事。他说袁世凯讨厌至极,他连辫子都不肯剪掉。

1912年2月16日,蔡廷干给莫里循的来信:他们同意让我去剪掉总理(大总统)的大辫子,而不是叫理发师,因为他感到相当难为情。这是你的独家新闻。

画面四:普通百姓眼中的辫子

1899年,生在宁波的法学家吴经熊说:“1911年革命后,剪辫子成了时尚,但我大娘并不知道这件事。有一天,我的辫子被同学剪掉了;我回家时,把辫子拿在手里,看上去像一条死蛇。可怜的大娘一见到我就吓得号啕大哭起来。……这辫子可是她十年里每天早上都精心地梳理打编的。”

画面五:辜鸿铭眼中的辫子

留学欧洲多年,曾在张之洞幕府的辜鸿铭坚持留辫子。有学生回忆,当初,他在北大任教,成为一道风景。因为辜鸿铭的辫子不大、也不长,而且有点焦黄。入北大,又一次在校园里,正好辜鸿铭走在前面,他们小声议论他的辫子,没想到他回头对他们说,别看我留着辫子,你们身后还拖着一

① 朱继军.小细节中的大历史:从历史中的“蝴蝶效应”说开去[J].历史教学(中学版),2015(5):63-67.
② 傅国涌.辛亥百年:亲历者的私人记录.上册[M].北京:东方出版社,2011:199-249.

条精神辫子呢。

画面六：外国人眼中的辫子

1911年11月20日，腾越代领事史密斯致信格雷说：就腾越所能见到的情况来说，公众舆论对革命是冷淡的。人们没有任何热情……剪掉象征满族征服的辫子，远远不是很普遍的，所以在街上很少见到剪了辫子的人。……当大多数高贵的人仍留着辫子的时候，他们是不大可能剪掉辫子的。

案例分析：

从以上历史细节描述中，可以看到坚定的革命者鲁迅在1903年毅然剪掉了象征封建传统和种族压迫的辫子，并以诗表达自己为国捐躯、矢志不移的决心；黎元洪在武昌起义枪口的逼迫之下，斟酌再三，痛苦剪辫，显示了一个封建旧官僚在无奈中的被迫转折；袁世凯在就任民国大总统前夕割辫，显示了其表面力主共和，但内心却向往专制王权的利益权衡；普通百姓在路途中被人剪了辫子，惹得家人痛哭流涕，体现了民众内心深处那种剪不断、理还乱的恋旧之情；一代名儒辜鸿铭是一个特例，他以前是赞成剪辫子的，等到别人都剪了，他偏要留起来。他用自嘲的口吻道出了国人剪掉有形辫子容易，剪掉无形辫子难的现实；外国人在这场革命中的立场大致是中立的，从他们的描述中看到了当时普通国人对剪辫子的不解，对民主共和观念的淡漠。在历史教学设计中，将上述历史细节运用于历史课堂，可以揭示辛亥革命的不彻底性，也能够让学生更深刻地洞察辛亥革命并没能完全“深入人心”。

案例3：《鸦片战争》一课历史细节的设计①

鸦片战争期间，清朝将军的参谋机构中有许多文人，在发动进攻（1月30日）的前10天。将军命令他们撰写捷报。他们呈递30篇文章，将军按作者文才大小的顺序进行了排列。第一位归谬嘉穀，他写了一篇详细而生动的有关各种英雄事迹的报道。列在名单上第二位的是何士祁（一位相当有名的书法家），他呈报了一篇文学造诣很高的文章，其中充满了经典的比喻

① 付昭权.历史探“原”另辟蹊径——用历史细节探究鸦片战争中国失败原因[J].历史教学（中学版），2014(3)：9-10.

和机敏的措辞。[①]

问题：

结合材料和所学知识分析，清军将军参谋机构在战前10天就写捷报，暴露了当时中国军队、官场上的什么问题？

案例分析：

这则典型生动、以小见大的历史细节材料，直接将清朝政府官员寡廉鲜耻、腐败无能、对上欺骗蒙蔽、整体军政素质低下的现象暴露无遗。它不是对学生灌输所谓“腐朽的封建制度”“清政府腐败无能”等苍白、抽象的说教，而是让学生很容易通过材料和所学知识得出结论，使历史学习由“被灌输”变成为欣赏、感悟和提升的过程。

思考题：

（1）如何理解历史故事与历史细节？

（2）设计历史故事的准则与策略有哪些？

（3）设计历史细节的准则与策略有哪些？

① 斯塔夫里阿诺斯.全球通史（下）[M].董书慧，王昶，徐正源，译.北京：北京大学出版社，2005：584.

第十章　史料的选用与教学设计

史料是史学研究的基础,更是学生感受、确证历史的证据来源。在历史本体意义上,历史绝不是用叙述写成的,它总是用凭证或变成了凭证并被当作凭证使用的叙述写成的。[①]在学生的认知世界里,史料恰恰充当着学生重构历史的证据。在历史教学设计中,既要注重选择史料,又要重视运用史料。

一、何谓史料

史料不仅为史学研究所必需,也是历史教学不可缺少的材料。关于史料的定义有不同角度的界定与看法,列举如下:

(1)史料是研究和编纂历史所用的资料。

(2)"史料是反映和记录人类社会历史进程的材料"。[②]

(3)"史料为人类动作之结果,确可用以认识并证实历史上之事实,或可由其存在、发生及其他之关系中,以推知者也。"[③]

(4)"史料者何? 过去人类思想行事所留之痕迹,有证据传留至今日者也。"[④]

(5)"所谓史料,乃前人思想行为之遗迹也。"[⑤]

(6)史料是"人类社会历史在发展过程中所遗留下来的痕迹"。[⑥]

(7)"史料,即构成历史的材料,举凡人类活动的遗迹、遗存,都可称为史

① 贝奈戴托·克罗齐.历史学的理论和实际[M].傅任敢,译.北京:商务印书馆,1997:226-240.
② 杨豫,胡成.历史学的思想和方法[M].南京:南京大学出版社,1996:221.
③ 刘泽华.近九十年史学理论要籍提要[M].北京:书目文献出版社,1991:145.
④ 梁启超.中国历史研究法[M].北京:东方出版社,1996:44.
⑤ 何炳松.历史研究法[M].上海:商务印书馆,1927:8.
⑥ 白寿彝.史学概论[M].银川:宁夏人民出版社,1983:4.

料。”[①]

(8)“史料就是人类在自己的社会实践活动中残留或保存下来的各种痕迹、实物和文字资料。”[②]

从上述界定可看出,史料或被界定为“历史资料”,或被界定为“历史遗迹”或“历史痕迹”,有的甚至还扩大史料的范围,将其视为人类活动的一切遗物。史料界定的差异,反映了不同的史学观点与治史路径。更进一步讲,它是更深刻的历史观在治史对象、治史工具上的不同折射。这些反过来又都影响着历史教学活动。

二、史料的分类

史料有不同角度的内涵界定,相对应地,对史料所包涉的外延分类,也可有不同的角度与标准。

从史料保存状况的角度划分,史料可分为原始史料与二手(转手)史料。所谓原始史料为目击者的陈述、文献以及事实自身的遗存,数者皆与事件同时。所谓二手史料,为史学家或编年家论述彼等所未及亲见的事件,仅凭传闻或直接或间接的参稽原始史料而来。[③]这种划分方法是按照史料的时效性原则设置的,它隐含的观点是,原始史料具有更多的真实性,也更加可信,相对而言,二手史料就不那么可靠。因此,这种二分法所蕴含的实践指导原则是:在研究过程中,要尽量地依靠原始史料。[④]

从史料与其所指事件的关系划分,史料可分为直接史料和间接史料。所谓直接史料,是与已发生的事件有直接关系的史料,包括当事人直接的记载与遗物、当事人事后的追忆、同时人的记载。间接史料与直接史料相对,是指非直接的史料、非原形的史料、经过转手的史料。[⑤]

从史料作者的主观性角度划分,史料可分为有意史料与无意史料。有意史料为史料作者蓄意存留某一部分往事的那类史料。大凡名流的回忆录、公家的宣传册子以及肆意颂扬或诋毁的一类文字,绝少不是有意史料。无意史料则为

① 赵吉惠.历史学方法论[M].成都:四川人民出版社,1987:38.
② 李良玉.史料学片论[J].福建论坛,2000(5):55.
③ 杜维运.史学方法论[M].北京:北京大学出版社,2006:100.
④ 李隆国.史料分类法杂说[N].光明日报,2001-6-19(3).
⑤ 杜维运.史学方法论[M].北京:北京大学出版社,2006:111-113.

不知不觉中的表现，没有预定的目的、周密的计划，只是自然地流露出来。如，报纸中的广告、俗语、遗风遗俗以及法院公告。[①]

从史料的承载信息形式划分，史料可分为实物史料、口传史料与文字史料。实物史料是以实物为载体的、与人类历史发展有关的史料，如古遗址、古建筑甚至古人类牙齿等。口述史料主要指口耳相传或依据口述获得的史料，如传说、民歌等。在近现代史料中，也有一部分依据民间人士口述的史料。文字史料是以文字形式存在的史料。狭义的史料也仅指文字史料。文字史料又根据所依附的器物不同而有多种分类：依附于龟甲或兽骨上的甲骨文史料；铸刻在金属器物上的金文史料；写在缣帛上的帛书史料；镌刻在石板、岩壁上的石刻史料；写在纸张上的书籍史料；等等。

史料的划分种类很多，所涉及的标准不同，范围也很广。对历史课堂教学而言，不管基于哪种划分角度与标准的史料，它们都与所发生事件有着真实程度不一、多方面的关系，也是历史教学中可以使用的重要教学资源。

三、如何辨析史料

史料是反映某一特定史实的材料，史料的真实程度是相对而言的。一般来说，辨析史料的真伪程度，可有以下方法：

其一，考察史料的来源。这是较为简单的辨析方法，即考察史料的原始出处，辨析史料的作者、时间、地点和用途等。对于古代史料，可考察其制作的原料和技术。比如，绢、帛、铜等材料的演变可为考察提供鉴别信息；对于近代史料，可将其与已有材料做对比，也可结合当时的制度、思想与时代特点加以鉴别。

其二，考察史料的保存、流传过程。史料总有一个保存过程，在其迁延过程中，或经过传抄，或经历编撰，多方面的因素导致其可能被造伪、篡改，史料所涉及的时间、地点、作者姓名甚至史料的核心内容，都可能被掺入不实的伪造品。比如，对于书籍、文章中的引用史料，由于传抄疏忽或校对不清等因素，可能会产生字误或张冠李戴等问题，对此要尽可能核对原材料。考察史料的保存过程，实质上是追溯相对特定史实的第一手史料的过程。从某种意义上讲，第一

① 杜维运.史学方法论[M].北京：北京大学出版社，2006：113.

手史料最为可信，以下依次类推。一般情况下，史料经历传抄次数越多，其出错的概率就越大。考察史料的保存过程，从一定程度上可提高史料的真实性。

其三，核实与提炼史料。核实史料主要解决史料的真假问题，看其是否原始史料，或有无虚假成分。提炼史料主要针对某特定史实或研究对象，选择最有价值的史料，即将最贴近史实的史料挑选出来。比如，针对某次会议，当时的会议记录、与会人员的日记与信件、经过考订的回忆材料，就是核心史料。当然，辨析史料，不仅包括提炼核心史料，还包括挑选反映历史活动进程的关键史料。历史进程中的某些关节点，常是各种因素聚焦的、形成历史必然趋势的临界点。提炼史料，要针对特定史实或不同问题，挑选最接近历史临界点的关键史料。

其四，运用内证、旁证、反证等方法鉴别史料。内证就是依据史料所反映的史事、文字、文体、思想等内在要素辨别史料的真伪程度。旁证就是借助别的旁系材料去寻求史料的真伪。反证就是举出一个与史料所言意思相反的证据。此外，还可借助考古发掘等材料来鉴别史料。总之，要尽可能运用多种手段与方法，辨析史料真伪，去粗取精，去伪存真。

四、如何选择史料

选择史料是探究历史的必要步骤。一般而言，涉及上古时期的史料中，考古资料较重要；涉及近代的史料中，则包括大量官方文书、报纸、书信、日记等原始史料；涉及现代的史料还有口述史料等。对于众多类型的史料，如何加以选择？以下有几点可供参考。

（一）选择可信度高的史料

选择真实性高的史料，是史料选择的首要原则。史料真实是历史求真的基础。在历史课堂中，为寻求历史教学的生动性而选择未经证实的、不可靠的史料，此种做法是要尽可能避免的。比如，讲述商鞅变法的内容时，有教师选择电视剧《大秦帝国》中的某些情节：孟子在齐国稷下学宫讲学，卫鞅与之意见相左，于是双方展开了一场论战。事实上，卫鞅（商鞅）与孟子论争的场景是绝对不可能发生的，因为根据考察，孟子于公元前339年首次到齐国讲学，而商鞅此时已在秦国变法成功。因此，选择史料要尽可能真实可靠，以第一手史料为佳。似是而非、疑点重重的转手史料尽量不要选择。

(二)选择核心史料

核心史料是针对史实、对象与问题而言的,在历史课堂中,主要包括:

1. 针对达成课堂教学目标的核心史料

围绕课堂教学目标选择教学材料,是历史课堂的内容组织策略之一。在教学目标引领下,避免了教学知识目标本身的碎片化,为史料的取舍和加工提供了总的指导。可首先根据课程标准等因素确立课堂教学目标,在此基础上选择相关史料。比如,"欧美资产阶级代议制的确立与发展"专题的课程标准要求是:了解《权利法案》制定和责任内阁制形成的史实,理解英国君主立宪制的特点;说出美国《1787年宪法》的主要内容和联邦制的权力结构,比较美国总统制和英国君主立宪制的异同;知道《法兰西第三共和国宪法》和《德意志帝国宪法》的主要内容,比较二者的异同;分析资产阶级代议制在西方政治发展中的作用。上述要求涉及资产阶级代议制在欧美国家的确立与发展,强调新制度的变迁与创新,而教材内容注重欧美资产阶级革命,由此需要依据课程标准与教材之间的内容落差,补充相应的核心史料。补充核心史料宜精不宜多。

2. 针对实现教学内容整合的核心史料

史料选择要建立在教师对教学内容的宏观把握之上,尤其体现于对教学内容的整合。比如,高中必修1"资产阶级代议制的确立与发展"、必修2"启蒙运动"、选修2"近代社会的民主思想与实践",三个专题互有关联,且分属于不同模块。从学科内容整合看,启蒙运动是近代西方文艺复兴以来的重要民主思潮,其发展、演变与近代西方代议制的确立密切相关,两者又都属于近代社会民主思想与实践的重要内容。模块整合体现于纵、横两个维度的内容整合:横向维度上,英国确立君主立宪制与议会内阁制;美国确立总统共和制;法国确立共和制与半总统制;德国确立二元君主制。纵向维度上,英国选择君主立宪制的进程较为缓慢、渐进;美国创建总统共和制的道路较为独特;法国确立共和制的道路更为艰难曲折;德国实现统一与制宪的道路并行开展。这其中,虽同为君主立宪,英国与德国的差异有天壤之别;美国与法国的共和制也相差显著。鉴于教材内容叙述不足,有关上述方面的历史特征都需要选择适宜的核心史料加以补充。

3. 选择可读性强的史料

史料的选取,除了符合教学目标、教学内容及可信度高等因素外,还要考虑可读性。所选史料要能引起学生的阅读兴趣,能够激发学生思维;史料要简洁明了,难度适中,能够针对学生的知识视野与阅读水平;史料要有层次性,所选史料要有梯度,能够针对学习内容层层递进,使学习能够顺利进行;选择的史料还要避免艰涩难懂,不要在词汇、语言形式、概念或上下文信息上对学生构成障碍。

五、如何运用史料

对于运用史料,教师可实际操作的方式很多。国外对史料的运用较全面、彻底。比如,英国教师在实际教学时所采用的主要方式大致有:(1)展现叙述与证据之间的关系。常见的提问形式:"在这段资料中可以得到什么样的证据来说明……"(2)鼓励学生去分析史料的内容,从中引出推论,说明自己的观点以及找出支持此观点的证据,而不是让他们只是去重复或摘要史料的内容。(3)时常要求学生针对不同材料的证据,就内容和可信度做比较。(4)明确针对相互冲突的证据进行讨论。(5)对同一事件之不同的历史论述加以比较。(6)选出一个主题,给予学生多段来源不同的材料,让他们自己去对照整理,并且解释其中的差异,进而形成他们自己的推演,找出自己的结论。(7)让学生尝试用自己的眼光去找出史料中的问题,并用他们自己的方式处理。①

对于史料的设问,教师多集中于史料的特殊性和可信度。为了做到这一点,师生可以对文献做一些最初的"质问":(1)这是原始史料还是二手史料?(2)是谁创制了原始文献?作者来源的证据是什么?(3)文献是什么时候创制的?创制日期的证据是什么?(4)文献最初在哪儿创制?(5)文献最初设想的受众是哪些人?(6)文献最初设想的目的是什么?(7)在当时什么事件给文献提供了背景?②

当然,运用史料要结合特定的历史课堂条件,结合具体的课堂要素加以展开,可分为以下两种情况:

其一,根据特定的教材内容来筛选、运用史料。

① 陈冠华.英国中学历史教育改革[M].台湾:龙腾文化事业股份有限公司,2001:154.
② 陈冠华.英国中学历史教育改革[M].台湾:龙腾文化事业股份有限公司,2001:45.

史料对于教材内容有拓展、补充与深化作用。在历史课堂中，先要对教材中的史料加以充分运用，在教材中的史料不足的前提下，再根据特定教材内容，补充相关史料。比如，《第二次世界大战的扩大》一课，对于叙述美国对外政策的变化，可直接从教材中提取史料：

材料1:1939年11月初，通过新《中立法》，允许现款自运的条件下，购买美国武器。这为掌握航海权的英国购买军火打开方便之门。

材料2:1941年3月通过《租借法》，授权总统可以向“对美国防务至关重要的国家”出售、转让、交换、出借军事设备和其他物品。

结合这两个材料，让学生思考两个法案发生的变化。为了呈现美国对外政策的前后变化过程，我们还提炼了《中立法》的内容。

材料3:1934—1937年，美国连续出台三个中立法案，规定美国在世界其他地区发生的战争中保持“中立”，不得向交战双方输送军火和战略物资。

以上三则材料虽然从教材中提取，但在美国对外政策变化上已经有了关键历史细节的支撑。①

其二，根据课堂教学逻辑和学生认知规律，适时地融入史料。

对于课堂内容的理解，还需要考虑其内在的内容逻辑及学生的认知特点。在历史课堂中，可根据学生理解教学内容的认知难度，结合具体的教学逻辑进程，科学地补充史料。比如，学习“官渡之战”的内容时，面对势力强大的袁绍军队，如何让学生理解曹军能以少胜多，可补充以下史料：

材料1:毛瑜语太祖(曹操)曰:“……宜奉天子以令不臣，修耕织，蓄军资，如此则霸王之业可成也。”太祖敬纳(接纳)其言。

——《三国志》

材料2:沮授说绍(袁绍)云:“……宜迎大驾，安宫邺都，挟天子以令诸侯，蓄士马以讨不庭，谁能御之。”……绍不能用。

——《三国志》

① 豆雨松，陆扬.史料取舍与加工的步骤与方法——以《第二次世界大战的扩大》为例[J].历史教学(上半月刊)，2015(10):65.

材料3：彧（荀彧）曰："……今与公（曹操）争天下者，唯袁绍尔。绍貌外宽而内忌，任人而疑其心，公明达不拘，唯才所宜，此度胜也。绍迟重少决，失在后机，公能断大事，应变无方，此谋胜也。绍御军宽缓，法令不立，士卒虽寡，其实难用，公法令既明，赏罚必行，士卒虽寡，皆争致死，此武胜也。绍凭世资，从容饰智，以收名誉，故士之寡能好问者多归之，公以至仁待人，推诚心不为虚美，行己谨俭，而与有功者无所吝惜，故天下忠正效实之士咸愿为用，此德胜也。夫以四胜辅天子，扶义征伐，谁敢不从？绍之强其何能为！"

——《三国志》

问题：

（1）谋士给曹操和袁绍提出的建议中有哪些相同措施？这些措施是否正确？

（2）措施相同，为何最终曹操胜利袁绍失败？

官渡之战想要取胜需要具备政治资本，即材料1中所提"奉天子以令不臣"，材料2中"挟天子以令诸侯"；也需要经济军事资本，即材料1中"修耕织，蓄军资"，材料2中"蓄士马以讨不庭"。虽然学生不能将材料完全翻译出来，但都能利用原材料思考和解决第一问题，关键在于第二问，既然谋士对袁绍和曹操提出的建议相同，为什么曹胜袁败，由材料3进一步提升，让学生了解善于纳谏、善用人才、法令严明是曹操取胜的关键。①

六、口述史料的价值与获取

口述史料是通过口述方式收集的史料，它相对于文字史料而言，是与文献史料、实物史料并列的三大史料之一。从某种意义上讲，口述史是亲历者叙述的历史②。从其撰写角度看，口述史主要是指非亲历者或知情者写作的历史回忆录③。

① 钱金燕.在史料中分析，在思考中提升：也谈以曹操为线索的"三国鼎立局面的形成"一课教学设计[J].历史教学（中学版），2013(2)：50–51.

② 程中原.谈谈口述史的若干问题[J].扬州大学学报（人文社会科学版），2005，9(2)：20.

③ 虞和平.口述史学的学术特点[J].北京党史，2005(6)：37–38.

（一）口述史料的价值

口述史料作为现代史学研究的凭借与方法，被引入历史学习，其价值主要体现于学习内容与学习功能两个方面。

1. 从学习内容方面看

口述史料所具有的价值主要包括：

（1）口述史料能够提供历史记录的广阔空间。传统的历史学习内容主要侧重于政治生活与社会精英的活动，对普通民众的社会生活记录很少，尤其缺乏有血有肉的个案记录。口述史料可以提供普通民众的“由下而上”的生活史，为普通人留下从来没有过的历史记录，开拓传统历史学习内容延伸、发展的可能空间。

（2）口述史料能够提供非常生动的描述，不仅能使史料的表述生动化、通俗化，且能借助现代音像记录手段使其史料记录完整地、“原汁原味”地加以保存，让学生能够直接观察、评价，能够较为完整地再现历史原貌。

（3）口述史料挖掘了传统史料的承载内容，还能纠正、充实文字史料的偏见，这比单一的文字史料来得全面。

（4）口述史料能促使学生走出课堂，接触社会，在通过记录口述史料的过程中直接地感受社会与现实，从历史与现实的联系与差异中增加对社会的多维度认识。

2. 从学习功能方面看

口述史料所具有的价值主要包括：

（1）从工具运用手段看，口述史料的引入促进了史料呈现主要由记文向录音、摄像等手段转移，进一步丰富了历史学习的外在运用手段。

（2）口述史料能够使学生直接接触到历史探究的方法。口述史料以问题为中心，涉及资料搜集、分析与整理等多个环节，聚焦了历史探究方法的基本特征。

（3）口述史料能够促进学生各种能力的发展，丰富其情感，增进其社会意识。

（二）口述史料的获取步骤

对学生而言，口述史料的亲自获取，需要经历以下步骤：

(1)确定访谈选题及相关资料的准备。要根据访谈对象特点、经历等,确定要访谈的适宜主题。对被访谈者要尽可能地做访前了解,以便访谈能深入进行。根据拟定的访谈主题查阅相关资料。对访谈中可能需要的其他设备,要做到提前准备。

(2)拟定访谈提纲。根据访谈主题设计详细的提纲,设计时需要考虑以下问题:如何进入访谈主题;主要提问哪些问题,这些问题的先后次序;对较难的、不容易回答的问题采取什么样的突破方式;等等。

(3)活动实施。在口述史料过程中,要重视访谈互动,尽可能营造轻松的访谈气氛,比如,采访人可自我介绍,向受访者说明来意,就采访内容做简要沟通等。同时,要注意受访者的心理变化,不打断受访者的陈述,采访者要尽可能与其互动,对受访者的谈话要尽可能倾听。在采访过程中,对可能发生的意外情况要能随机应变。

(4)整理口述访谈资料。可分为两步:第一步是对所得口述材料进行分类,将有些杂乱的内容尽可能系统化;第二步是对口述材料进行比较,将重复的、不相关的内容删掉,筛选出有价值的历史材料。

(三)口述史料的获取准则

(1)尊重受访者意愿与隐私。口述史访谈活动应以受访者为中心,整个访谈活动过程中要尊重受访者意愿,涉及访谈活动的内容、时间、地点、方式等问题和访谈后整理的口述材料及原始资料等,对受访者的隐私,需要在整个活动中予以全程保护。

(2)口述史料与文本史料相结合。口述史料尽管重要,但由于被访者受诸多因素限制,比如,对特定历史事件的认识局限、记忆误差、表达过程中的刻意回避或夸张、自我拔高等,都会使口述史料的可信度受到影响。因此,根据口述所得的材料,需要与文献史料相互印证、核实或辨伪。口述史料也不能仅局限于对口述者的访谈,还要注意搜集与访谈主题相关的其他文献或实物,如日记、相册、家谱等,以提高口述史料的可信度。

(3)史学单元准则。口述史活动的目标在于搜集一般不易于记载的史料,用以再现和留存特定时段的历史与事件。一个具体的口述史活动,要尽可能构成具有史学意义的独立单元,尽可能自成体系、独立完整。比如,五四运动亲历者口述史、南京大屠杀见证史等。

（四）口述史料的成果制作

（1）口述史料记录成果。口述史料成果应尽可能原话原录，避免产生误差。成稿的记录成果应该请受访者确认。需要后期加工的，也应告诉受访者，并约定日后确认。避免未征得受访者同意，擅自将口述史料记录成果对外公布。凡外示口述史料记录成果必须经过口述者授权。

（2）口述史料论文成果。口述史访谈活动结束后，学生可围绕一定主题，分析、探讨口述史料，并根据分析所得，撰写口述史料论文。

七、史料教学与学生的证据素养[①]

史料是史学研究的基础，这一点众所周知。不过，从教学的层面看，史料首先应是学生感受、确证历史的知识来源。进而，通过史料教学，它还可以充当培养学生逻辑推理与分析能力、证据素养、求真意识的重要手段。当然，本体意义上，史料在学生的认知世界里还充当证据。鉴于此，以下从培养学生证据素养的角度，做具体探讨。

1. 史料为何引入教学——用证据说话

学生对历史的感受与理解是分阶段发展的。相关研究表明，“一些学生并没有想到人们是如何了解过去的这个问题，尤其是更小的学生，他们认为历史是已知的，仅仅是像百科全书那样的权威书籍中的信息。”[②]如此的观念不仅普遍存在于较低年级学生，即使高中、本科阶段学生，在以教材为本、讲授为主的教育模式下，也颇占一定比例。笔者曾不止一次于大四本科生实习听课中发现，学生讲述涉及夏商周文明的内容时，或者栩栩如生地描述禹“三过家门而不入”的治水故事，或者生动形象地“控诉”商代奴隶制的罪行。且不说这样的内容作为“传说”或某种推断，其真实性大可作疑，即使非要将其作为课程内容，也必须从证据的角度对其可信性程度做必要说明。

让学生懂得历史需要用证据说话，这是历史教学的基础，也是史料引入教学的最深层原因。对学生而言，史料作为证据引入教学，至少可起到以下作用：

① 王德民，赵玉洁．史料教学与学生的证据素养培育［J］．历史教学（上半月刊），2015（10）：59-62．

② 多诺万．学生是如何学习的——课堂中的历史［M］．张晓光，译．桂林：广西师范大学出版社，2011：64．

(1)与学生的日常观念做区分。学生理解历史人物、事件通常以已有知识、日常观念为基础,但日常观念与过去的时代迥然相异,学生常认为过去的人们看起来很奇怪,这就需要考虑如何有效地运用史料,以史料为证据来解释过去的人们是如何看待事物的。(2)与社会上的某种"戏说"、偏见做区分。当代社会信息发达,网络、电视、报刊等各种媒介会借助不同途径、手段时时影响学生对历史的认知,这其中既有史实的"戏说",更有某些非历史的偏见,这也需要教师引用史料加以适当纠正。(3)懂得历史知识的来源。当前的学校教育实质上仍将教材作为组织课程内容的主要凭借,学生接受历史知识的途径主要来自历史教材,但历史教材限于篇幅,还是以对历史的叙述、记载为主导形式,这常导致学生误将"历史叙述""历史记载"作为历史知识的来源。引入史料,也正是为了纠正此种认知偏差。

当然,从根本上讲,将史料作为证据引入教学,终归是要学生确立"通过史料推论重塑过去"的观念。发生的是"过去",写出来的是"历史"。写历史是人类对"过去"的梳理与重新认识,是人类对"过去"的挑选与判别,体现着每一代人对"过去"的不断理解与不断思考。[①]史学研究需要借助史料"写历史",历史教学更需要借助史料,让学生体验"写历史"是一个对史料不断鉴别、判断、解读乃至智慧参与的创造过程。比如,夏商周文明尽管上下纵贯一千八九百年,但遗留文献甚少,且越向前记载便越模糊,并夹杂着神话成分。这一时段的历史空白、疑问很多。学习此段历史,就不宜只向学生简单地陈述历史知识或研究成果,以避免学生形成此段历史已知的认知错觉。而更应该是,借助文献记载,参照历史遗址、遗物、青铜器铭文,甚至甲骨文等史料,由已知推及未知,由相对晚近推及相对远古,向学生呈现"实在"的原生态的"历史"。如此,既可使学生生成"以史料为证据探究历史"的观念,又可以使其认知结果更接近历史的本真。

2. 史料未必都是真的——一分证据说一分话

将史料作为证据引入教学,是培养学生证据素养、建构合理"历史"观念的前提性基础。但是,从证据角度看,引入历史教学的史料未必都是真的。作为反映某一特定历史事实的材料,史料既有实物或文献、原始史料或二手史料之分,又存在有意史料或无意史料之别。史料的客观局限或主观属性,使史料对

① 钱乘旦.发生的是"过去",写出来的是"历史"——关于"历史"是什么[J].史学月刊,2013(7):5-11.

史实的反映既可能不相符合，又可能不相周延。这就决定了，基于史料作证据的推论要适当，要“一分证据说一分话”。在史料教学中，若要让学生做到“一分证据说一分话”，至少需要避免以下情况：

其一，避免推论“过度”。基于史料考证史实，对相关的历史人物、事件、制度等做出评价与推论，是史料教学的基本规程。此操作规程中，鉴于有些史料存在某种程度的不确切、不完全、带偏见，甚至有歪曲，对其分析与推论就宜把握适度。在当前的历史教学中，很多案例中的史料运用仅是为了证明某种观点，对史料自身作为证据的准确性、适当性、周延性等并不予以关注，这就导致很多案例即便运用了史料，其整体的信息呈现仍像是一种“历史叙述”。学生所能训练、习得的，也多是对史料的句读、辨别、阐释能力，更深层地对史料的反思能力、批判性思维能力反而很少涉及。更多的情况下，为了论证某种观点，史料通常被直接作为证据用于演绎性论证，史料自身有无问题、能做何种力度的证据则不考虑，这就会造成对史料的误用或过度推论。笔者曾多次在教师培训讲座中调查发现，很多教师在讲授《太平天国》一课时，为了论证《天朝田亩制度》的“凡天下田，天下人同耕”以及其“以户为单位，不论男女，按人口和年龄平分土地”等内容，会拿“忠王李秀成所发的田凭”作例证（见图 10-1），以此来说明“太平天国分田地给农民”。

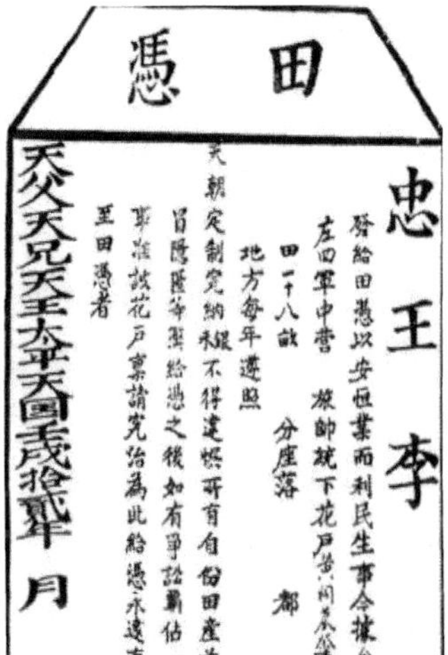
田凭
忠王李　为
發給田憑以安恆業而利民生事今據金匱縣
左四軍中營　旅帥統下花戶[illegible]着佃置
田一十八畝　分座落　都　啚
地方每年遵照
天朝定制完納粮米不得違悮所有自佃田產並無假
冒隱匿等弊給憑之後如有爭訟霸佔一切情
事准該花戶禀請究治為此給憑永遠存執須
至田憑者
天父天兄天王太平天國壬戌拾貳年　月　日給

图 10-1　忠王李秀成所发的田凭

从史料作为证据的角度看，以上述田凭为证据来论证太平天国分田地给农民(教材也如是说),实际上属于推论“过度”:根据田凭上的内容,可推断这是忠王李秀成发给“花户黄祠墓祭”的田凭,但“花户黄”究竟是什么身份,却很难做定论。因为,所谓“花户黄祠墓祭”意指占有黄氏祭田的在册民户,依据所能掌握的材料,祭田的占有情况却很复杂。占有黄氏祭田的“花户黄”可能是黄姓宗族,也可能是黄姓某个家庭,至于这个宗族或家庭是地主,是农民,还是其他什么身份,终究很难确定。鉴于此,罗尔纲先生也只能称其为“忠王李秀成发给金匮县黄祠墓祭田凭”。①

其二,避免推论“错位”。史料作为证据,有确证与反证之分,涉及某一历史人物、事件、制度等的评价,也都可能从正面或反面找到可作证据的史料支撑。不仅如此,并不是所有的历史都可以用史料再现,遗留下来的“历史”也有空白。因此,在史料教学中,对作为证据的史料要做准确评估,切忌仅从某一方面或超越某特定的历史阶段做出推断,以避免所做的评价或推论“错位”。比如,关于义和团运动的评价,既可找到其围攻教堂、抵抗八国联军的史料,也可找到其降神驱鬼、破坏铁路以及抵制洋货的史料,无论基于哪类史料,所做出的推论都可能是偏离、错位的。在教学实践中,即使让学生分别从“反帝爱国”“愚昧排外”两类正反相异的视角展开讨论,倘若教师不做辩证引导,或者仅对正、反辩论双方都赞扬,或者各打五十大板,借此所呈现的由证据到推论的逻辑思维也是“简单化”的,最终也会脱离其特定的历史境遇与历史时空。

其三,避免“人造史料”。人造史料指基于课程目标的需求而被人为塑造的“史料”。此类史料的特点在于,史料所反映的单个历史人物、事件虽然并不存在,是虚构的,但它可能折射或揭示某类历史现象、某个历史阶段特征的“普遍之真”。比如,某教师为让学生形象感知中共八大、“大跃进”及人民公社等内容,虚构了“阿牛”这个小人物,并以日记形式的“史料”向学生呈现了阿牛在此期间所经历的种种怪象、所遭受的痛苦等,以此来揭示“大跃进”、人民公社的“左倾”表现及后果。应该说,作为提升教学效果的手段,此种做法本无可厚非,但是,从培养学生证据素养的角度看,此种“人造史料”的做法却并不可取:作为过去“遗留物”的当下存在,史料决定着人们还原、建构过去“历史”观念的基质与诉求,“史料之真”决定了人们所重塑的“历史之真”。易言之,史料作为证据不可“人造”,它会消解、虚化学生求真意识的理性与根基。

① 罗尔纲.太平天国史:第二卷[M].北京:中华书局,1991:803.

3. 史料作为证据的方法论反思——大胆假设，小心求证

由史料作为证据推论“过去”，既揭示了史学研究的必由之途，又强调了史学重视事实、追求“史真”的学术基质。不过，史料作为证据，虽能做客观的史事“复原”，但也存在不整齐、可能的主观臆断，这就从方法论上强调了，探究历史尽管要以史料为凭借，但对待史料要谨慎，需“大胆假设，小心求证”。

对学生而言，“大胆假设，小心求证”不仅揭示了由史料获取历史知识的史学方法，而且启悟了由史料培养学科思维的学习方法。从对史料的质疑开始，提出假设，假定种种解决问题的办法，通过验证每种假设最终寻求正解与答案。在这里，“假设”是建立在搜寻、辨别史料的基础上，“求证”则是建立在方法自觉、证据推理的基础上，科学的怀疑态度、基于“求真”的逻辑推理及辩证理性，都涵盖其中。具体又可聚焦于以下特征：

其一，“疑”与“证”相反相存。从史料作为证据的推理过程看，“大胆假设，小心求证”作为“方法”蕴含了“怀疑”与“求证”两个主要环节。“怀疑”既是开启从未知到已知的逻辑起点，又体现了参与主体的批判性思维品质；“求证”既指向参与主体的求真意识，又包含考辨、判断、逻辑推理与辨证等建构性思维理性。两者正反相依，相辅共存。在历史课堂中，恰当、深层次的史料运用恰恰蕴含了此类思维特征。比如，以《清明上河图》为凭借探究北宋城市经济，可通过图画中的街市结构、招牌、灯箱广告、药铺、旅店以及饮食等，探讨北宋东京的商业经营场所、经营手段与理念，以此透视北宋城市经济的繁荣，这是从史料中辨别、分析与推理有效信息的一般做法。但也有教师突破此常规做法，让学生进一步关注图画中的“驴队”（见图10-2），做出“假设”与“求证”。

图10-2　驴队

学生由此可做出的“假设”包括驴队驮运的可能是粮食、铜钱、工艺品、药材、木炭等；“求证”的结果虽然并不确定，但却深层地揭示了城乡经济的互动，折射了城市经济的繁荣，具体推论过程如下：

生A：粮食……??

生B：铜钱……??

生C：工艺品……??

生D：药材……??

师：木炭……??

结论：其实，可以反映城乡关系……①

从学生的思维特征看，上述“假设”“求证”的过程恰恰体现了“疑”与“证”并存，不仅蕴含了学生依据“驴队”作为商业运输载体，对其可能驮运的、与城市经济对应的“商品”的推测与概括，也从整体上聚焦了一个示范默会、假言推理的辩证思维过程。

其二，“实”与“疏”至通至远。从史料作为证据的推理结果看，“大胆假设，小心求证”既以“求实”为努力的目标，又以不确定性为特色。它一方面肯定史事的“复原”需要以证据为前提，另一方面又隐含着对史料有限性的超越，强调对史料做有凭借也有约束的假设与推论，勾勒历史的丰富性，以“假设”之“疏”来连接、弥补历史的断层。就学生的思维发展来说，“大胆假设”突破了其对已有史料的接受、理解模式，强化了对史料作为证据的超越与反思，倡导学生对历史的多元阐释与对话，关注学生作为生命主体的独立表达与评判，其价值导向更着眼于学生的自主发展与未来。就这一点，美国史料教学有较好的借鉴与启示。比如，关于《美国独立战争》一课，美国教师不仅呈现涉及独立战争的史料，分析相关史料的内容与形式，还会让学生据此做出不同的假设：(1)如果你是一位反独立者，你认为你在战前、战中以及战后是何感受？如果你是一位爱国者，你认为你在战前、战中以及战后是何感受？(2)作为反独立者的正面意义有哪些？爱国者呢？(3)作为反独立者的反面意义有哪些？爱国者呢？(4)如果反独立者赢得这场战争将会怎么样呢？生活会与现在有何不同呢？②如此，学生就会超越现有的史料文本，其思维更具洞察性、延展性。

以上，以“用证据说话”“一分证据说一分话”“大胆假设，小心求证”为突

① 纪连海.从《清明上河图》看北宋的城市经济[J].历史教学，2009(4)：28.

② 詹森.深度学习的7种有力策略[M].温暖，译.上海：华东师范大学出版社，2010：211.

破，探讨了史料作为证据的层次以及学生可能具有的证据素养。史料是史学研究的“粮食”，更是从事历史学习不可或缺的“构件”与凭借。史料能否成为证据、学生能否生成恰当的证据意识，取决于教师对史料的理解、解释与运用。不同年龄和能力的学生需要使用不同形式的史料，也对应不同层次的证据素养潜质。如何让学生从懂得“用证据说话”到能够辨清“一分证据说一分话”，最终能在方法论层面上理解与体悟“大胆假设，小心求证”，既需要教师对学生现有水平有深入的了解，又需要教师对此做相应的、精心的史料教学设计。

八、史料选用的操作性举例

案例1:《美国1787年宪法》一课的史料选用①

一名教师设计的“过程与方法”教学目标：从纵向的角度了解美国宪法的历史，从横向的角度解读美国宪法的内容。学会多维化透视美国宪法。为达到第一个教学目标，他选取的史料：

1620年，《五月花号公约》：以上帝的名义……制定并颁布公正平等的法律、法规、条令、宪法并选任官员。

1776年，《独立宣言》：人生来就是平等的，人的生命、自由和追求幸福的权利是不能被剥夺的。为了保障这些权利，人们协议成立政府，任何政府如果损害了人民的权利，人民则有权改变或废除它。

1781年，《邦联条例》：各州保留主权、自由独立，拥有除外交以外的一切重大权力。中央只设一院制的邦联国会。

案例分析：

本案例所选取的史料阅读难度不大，都因为出现于教材而为学生所知，但是又因为教材中无具体条文而为学生所陌生。通过以上史料，让学生明白《五月花号公约》是美国制宪的基础，自治传统长远；《独立宣言》使启蒙思想成为美国的法律，协议政府成为一个理想模式；《邦联条例》却使美国成为一个松散政府。而且这也使学生对这些重要历史文献产生一些感性的认知。

① 何成刚，等.智慧课堂：史料教学中的方法与策略[M].北京：北京师范大学出版社，2010:62.

案例2:《法国大革命》一课的史料选用

在学习《法国大革命》一课时,教师引用了据说是路易十六在狱中指着伏尔泰和卢梭的著作封面说的一句话:“这两个人毁灭了法国。”

在引用时,教师设想以不同的环境、不同的语气和神情来再现这句话,期望学生基于此能够对身陷囹圄的路易十六的心态有更多的了解。

方案一:愤怒的语气,对来访者。

说明:革命推翻了王朝,对于主张“朕即国家”的波旁王室来说,王室的毁灭与国家的毁灭并没有区别。或者他是在愤慨:竟然有人当着他的面读叛逆者的书!

方案二:沮丧的语气,喃喃自语。

说明:路易十六也许并不那么在意是谁毁灭了王朝,重要的是,波旁家族的统治结束了。

方案三:不屑的语气,对来访者。

说明:路易十六也许从来也没有读过伏尔泰或者卢梭的著作,到死也没有。根据大卫的著作,路易十六爱好的是布丰(1707—1788年,法国博物学家),读过他的《自然史》好多遍,路易十六也喜欢拉丁语作家的作品,喜欢旅行文学,他在狱中读的是一部神学作品:《效仿基督》。对他来说,伏尔泰和卢梭未必是什么大人物。

方案四:怜悯的语气,对狱卒。

说明:伏尔泰和卢梭在路易十六看来也许算不上一流的哲学家,法国人就是被这样的人蛊惑,竟然为之干出了大逆不道的行为!①

案例分析:

本案例在所引史料并不充分的前提下,对史料可能对应的历史情境作了多种推测与设计:对路易十六的“心态”做了“愤怒”“沮丧”“不屑”“怜悯”不同状态的估计,并据此给出不同的情境,设计出不同的语气读出这些话。同时,也是在某种程度上向学生再现了多种可能的历史情境,为学生提供了多角度推测、想象的机会。在史料不充分的条件下,本案例的多种推测与设计符合史料选用的内在准则,也体现了历史推测的合理性想象空间。

① 何成刚,等.智慧课堂:史料教学中的方法与策略[M].北京:北京师范大学出版社,2010:86.

案例3:《五四运动》一课的史料选用[1]

现在日本在万国和会上要求并吞青岛,管理山东一切权利,就要成功了!他们的外交大胜利了!我们的外交大失败了!……我们学界今天排队到各公使馆去要求各国出来维持公理。务望全国工商各界一律起来设法开国民大会,外争主权,内除国贼,中国存亡,就在此举了!

——罗家伦:《北京全体学界通告》

问题:

(1)从材料中看,游行的背景是什么?(预设答案:巴黎和会上日本取得管理山东的权利,或巴黎和会上中国外交的失败。)

(2)从材料中看,游行的目的是什么?(预设答案:外争主权,内除国贼。)

补充说明:在使用这个材料时,可简单介绍相关的历史背景:1898年,德国强租了山东的胶州湾;一战爆发,日本驱逐德国,并占领了山东的大部;1915年,日本迫使中国签订"二十一条",其中包括管理山东;1919年,巴黎和会召开,中国以战胜国的身份参加会议,并提出收回山东的要求。教学中可引导学生思考:"外争主权"的同时,为什么还要"内除国贼"?这里的"国贼"指哪些人?为什么称他们为"国贼"?

图10-3　曹汝霖

图10-4　陆宗舆

图10-5　章宗祥

① 王昌成,沈为慧.基于人教版"五四运动"内容的复习教学设计[J].中学历史教学参考,2011(4):25-29.

卖国贼曹汝霖、陆宗舆、章宗祥遗臭千古

卖国求荣，早知曹瞒遗种碑无字；

倾心媚外，不期章惇余孽死有头。

北京学界泪挽

教学意图：在学生阅读了挽联后，引导他们分析其含义：痛骂曹汝霖就像奸诈专权的曹操一样，以至于无法用言语形容；诅咒章宗祥就像引用党羽蔡京、擅权植党、导致北宋灭亡的章惇一样，因此必将死到临头。教学中应介绍曹汝霖、陆宗舆、章宗祥三人的主要卖国史实：1915年时任外交次长的曹汝霖和当时的驻日公使陆宗舆，与日方代表签订了“二十一条”；1918年，继任驻日公使章宗祥与日本签订秘密协定，“欣然同意”日本管理山东。还可以根据情况介绍五四事件发生后陆宗舆、章宗祥两人的下场，借以进行情感教育：浙江海宁宣布开除陆宗舆的乡籍，并在陆家门口等处树立石碑，上刻“卖国贼陆宗舆”字样；浙江湖州宣布开除章宗祥乡籍、族籍，并查封其家产。

补充说明：1895年中日签订《马关条约》前夕，应考举人发起了“公车上书”，主张“拒和”“迁都”“变法”。作为条约的签字者李鸿章并未受到太多的谴责，为什么曹汝霖、陆宗舆、章宗祥三人会有如此“待遇”？

案例分析：

正因为五四运动有广义和狭义之分，因此，对它可以长时段研究，也可以瞬间描述；可以全景透视，也可以私人叙述；可以理性分析，也可以感性复原。从史实的叙述上看，教科书采用的是狭义概念；加之，广义的五四运动不仅难以驾驭，更难在一课时内完成，所以这个教学设计中的五四运动是狭义的。对于狭义的五四运动，不宜进行“全景透视”，单纯的“理性分析”也不可取。此设计中将采用“瞬间描述”“感性复原”的方法，通过大量的史料呈现历史细节，引导学生对这一学习主题进行研究。

中学历史教科书和一般的史著在叙述历史事件时，基本上都是按照这样的思路进行的：背景或原因—情况或过程—结果与影响。这种思路似乎给人以这样的感觉：历史是必然的，作者早就预料到了事情的发生。其实，许许多多的历史事件是在发生以后，人们才理出一个基本的线索来。如果没有一定的时间间隔,人们所看到的并记录下来的事实不一定就是事实的真相,或者不一定就是事实的最主要方面。思考的起点一般有两个。当事情发生时,人们可能才会想道:为什么会出现这种事情?当一定的结果出现时,人们可能才会想道:为什么会出现这样的结果?

思考题:

(1)如何理解史料?

(2)如何辨析史料?

(3)如何选择与运用史料?

(4)如何获取口述史料?

第十一章　历史课堂环境的设计

历史教学是在具体课堂环境中进行的,课堂环境是师生交往、学生主体参与的重要媒介。良好的历史课堂环境是提升历史教学有效性的重要保障。历史教学设计需要考虑课堂环境。

一、何谓历史课堂环境

课堂环境作为教学设计的重要环节,旨在强化对教学内、外影响因素与条件的设计与改善。如何理解课堂环境,有不同角度与层面的理解,典型观点如下:

(1)课堂环境包括结构维度和情感维度。前者指学生在班级内的角色组织、角色期待以及共同的行为规范和约束机制,而后者则指个体的人格需要独特的满足方式,如课堂中的满足感、亲密性和摩擦等。①

(2)课堂心理环境指作为一个社会集体的班集体中的气氛,这种气氛对学生的学习产生潜在的影响。②

(3)课堂环境即影响学生学习成就和品德的班级风气和气氛。常与班级心理特征有关,如班级成员之间的社会关系和相互影响,个人与集体的关系,竞争与合作的关系,师生关系,教师的领导方式,要求学生保质保量完成学习任务的强调程度,明显或不明显的班级组织和纪律方式等。③

(4)课堂环境就是影响教学活动的开展、质量和效果,并存在于课堂教学过

---

① 译自:WALLBERG H J,ANDERSON G J.Classroom climate and individual learning[J]. Journal of Educational Psychology,1967,59(6):414-419.

② 中央教育科学研究所比较教育研究室.简明国际教育百科全书:教学(上册)[M].北京:教育科学出版社,1990:80.

③ 顾明远.教育大辞典(上)[M].上海:上海教育出版社,1998:1210.

程中的各种物理的、社会的及心理的因素的总和。[①]

倘若将课堂环境放在大的教学环境中理解,教学环境主要指学校教学活动的场所、各种教学设施、校风班风和师生关系等。[②]将其对应于课堂环境,课堂环境也可从物质空间环境、组织文化环境、人际心理环境三种交互维度加以理解。对历史教学设计而言,历史课堂环境除了关注常规性的物理(物质空间)与心理(组织文化)环境外,更侧重于强化基于学科特征与方法的、对特定历史内容理解的人际心理情境的理解与创设。

二、历史课堂环境的构成要素

历史课堂环境既具有课堂环境的一般性要素,又带有特定的历史学科特点,其课堂环境至少具有以下构成要素。

(一)物理环境

课堂物理环境是显性环境,是教学活动赖以进行的物质基础,主要包括教学设施、课堂座位排列、课堂自然条件、班级规模等。

教学设施是构成历史课堂物理环境的主要因素,课桌椅、历史图片、多媒体教学设备等,都是历史课堂教学必备的基本物质条件,苏联学者苏霍姆林斯基曾说:我们努力使学校的墙壁也讲话。这是因为丰富的墙壁布置是我们道德的、精神的、伦理的教育体系中的一个组成部分[③]。历史课堂也应充分利用课堂内的教学设施,使其发挥最大效用。

课堂座位排列是历史课堂物理环境的必要构成部分。正确的座位排列还包括课桌设计。传统的成行的座位排列只强调了教师授课的主导地位,讲台是最耀眼的中心区,教师处于课堂聚焦的中心点。在此种座位排列下,学生参与课堂的意识较弱,相对而言,课堂前排和教室的中间地带是学生较多参与教学的活跃区,其他座位的学生不自觉地会被边缘化。因此,在课堂教学中,教师可在教室里不断走动,尽可能让靠边就座的学生发言,同时,也可定期调换座位,或在适当条件下可让学生围在环形、长方形桌旁学习与讨论,增加学生参与课

① 范春林,黄奇.课堂环境研究的现状、意义及趋势[J].比较教育研究,2005(8):61-66.

② 田慧生.教学环境论[M].南昌:江西教育出版社,1996:7-8.

③ 苏霍姆林斯基.教育的艺术[M].肖勇,译.长沙:湖南教育出版社,1983:53.

堂的机会。

课堂自然条件是历史课堂物理环境的自然基础,直接影响学生的心理健康水平。研究表明,课堂物理环境因素如教室内光线、温度、声音、色彩等,确实对教师和学生的认知、情感和行为产生着广泛的影响。[①]历史课堂应尽可能采取较理想的课堂自然条件。

班级规模也是历史课堂的重要构成部分。班级规模主要是指一个班级内学生人数的多少。班级人数适中的课堂,学生会有更多机会参与课堂讨论,也有更多机会回答教师提出的问题。相反,如果班级人数过多,只有部分学生能参与正常课堂活动,另外部分学生会被边缘化,在历史课堂中,教师应考虑此种变化,尽可能减少班级规模带来的负面影响。

(二)常规性心理环境

常规性心理环境主要指历史课堂内的人际关系与教学气氛。

人际关系是人与人之间的交往关系,在历史课堂中特指师生关系与生生关系。师生关系是基于历史教学过程中的师生交往形成的,通过师生相互影响、相互认识、相互间的信息交流而强化。生生关系建基于学生个人的家庭环境、学生个体的知识水平与情感兴趣等,生生关系也是复杂的,并对历史课堂的教学气氛产生重要影响。

教学气氛主要指特定班级在历史教学过程中形成的一种情绪、情感状态,是在长期的历史课堂中基于学生对历史学习体验与感悟的情感综合与应对形成的,它以师生对教学的态度及对周围条件的态度反映为基础,具有稳定性、综合性、交互性等特点。

常规性心理环境是历史课堂环境的基石。这其中,师生关系、生生关系以及有学科特色的、稳定性教学气氛的营造都至关重要。西方学者莫亘内特提出,师生关系的质量能够鼓励学生在课堂上成为积极的学习者,能够培养创造力。[②]卡特也认为,积极的师生关系能够培养创造力。[③]常规性心理环境是构建

① 柴亚军.甘肃临夏民族地区小学课堂物质环境建设的研究[D].兰州:西北师范大学硕士学位论文,2005:8-9.

② 译自:MORGANETT L. Good teacher-student relationships: a key element in classroom motivation and management[J]. Education, 1991, 112 (2): 260-264.

③ 译自:CARTER M. Training teachers for creative learning experiences[J]. Child Care Information Exchange, 1992(5): 38-40.

积极课堂环境的重要因素。

（三）基于学科特征的历史情境

历史情境是联系学生学习经验与历史教学目标的桥梁。在历史课堂中，教学目标是根据学生经验、依托历史情境并在与教学目标的指向性互动中完成的。学生具有建构历史内容的相关经验，但这些经验常常是零散的、潜意识的，且并不能激活内含于特定历史对象的内容，历史情境恰恰能有选择性地将其激活、整合，或者能够提供更鲜活生动的经验“侧供给”，从而有助于提高历史教学目标的达成质量。

创设历史情境要紧紧围绕教学立意与目标，情境的选题、角度、氛围都要与之相适应。要基于历史学科特征，历史情境可以有合理性的想象，但尽量不要有虚构。即使学习远古内容时，苦于没有一手史料，可以做合理性想象或推测，但也不能无原则性地加以虚构。历史情境要有趣味性，能使学生乐于参与，并要有一定思维含量，能够促进学生历史学科思维的培育。

概括而言，历史课堂环境是课堂物理环境、常规性心理环境、基于学科特征的历史情境三者相互影响、相互渗透的综合。

三、创设历史课堂环境的策略

历史课堂环境涉及常规性物理环境、教学人际关系及具体的学科情境等，创设历史课堂环境的策略主要包括：

（一）创设良好的常规性物理环境

常规性物理环境通常涉及教室座位的排列。教师对学生的人文关怀可从座位调整入手，使其尽可能传递对学生平等关爱等信息。比如，从教室的中间到前排是教学容易聚焦的区域，教师的关注度较高，容易吸引学生的注意力，而后排的学生却比较容易走神，教师可通过各种调换方式，比如，优劣搭配编组、组与组之间按照一定顺序前后换位，左右对调换位，或每个学生依次轮换不同方位的座位等，创设各种办法来营造平等的课堂气氛。还可以通过改造教室桌椅的排列、将“插秧式”改为U型或O型排位，改善教室空间布局，改革教学组织形式以及组织小组讨论等，以此来营造良好的常规性物理环境。

此外,在教室中设立图书角、办板报,充分发挥教室多媒体、互联网等课程资源的作用,尽可能利用各种教具、学具等,都可以促进良好物理环境的形成。

(二)课堂教学中正向、积极教学气氛的设计

教学气氛中的关键要素是情感。"传统教学的'感知—理解—巩固—应用'这一掌握知识的阶段结构是一个无情感的活动结构,是'目中无人'的纯认知活动过程。而情境教学是借助丰富的想象和情感,使学生获得对事物本质和相互关系的认识。情境教学巧妙地把认知与情感、抽象思维与形象思维、教和学、指导与非指导等诸因素加以协调、平衡与整合,这正是在更深层次上反映了教学认识的进程模式。"①情境教学注重情感沟通,这与课堂教学中正向、积极教学气氛的设计有内在关联。在历史教学设计中,教师要注重良好教学氛围的设计,从师生关系、教学导向、学习气氛等方面着力营造,尤其需要结合历史学科、历史知识内容特点,根据学生的年龄特点和心理认知规律,设计较为适切的学习期望与教学行为,为师生交流互动、相互促进创造条件。同时,尽可能地设计多种教学手段,利用语言设计、挂图与图片设计、音像作品等手段,营造正向、积极的教学气氛。

(三)预设课堂教学活动中即时情境的调控

促进学生创造力发展的课堂环境因素涉及多个方面。有研究表明,促进学生创造力发展的课堂环境因素有:学生创造性思考时间的保证,对学生产生创造性观念和产品的奖励,鼓励学生切合实际的冒险,允许学生犯错误,对其他观点进行猜想,对环境进行探索,对假设进行质疑,善于发现自己的兴趣和问题,能够产生多种假设,能够关注广泛的思想观念而不是某个具体的层面,能够对思维过程进行思考。②可以看出,及时调整课堂教学活动中的即时情境,对提升课堂环境质量意义重大。

课堂教学过程中的即时情境,主要是指教学活动中各种教学因素作用下所产生的偶发、短时情境。此种即时情境尽管短暂,却会构成课堂教学活动的经常性因素,涉及教学内容、师生态度、师生交互影响的体验与心境等。在历史教

① 裴娣娜.情境教学与现代教学论研究[J].课程·教材·教法,1999(1):4.

② 译自:FLEITH D.Teacher and student perceptions of creativity in the classroom environment[J].Roeper Review,2000(22):148-153.

学设计中，要尽可能预测教学活动中的即时情境，强化生成性情境及问题的预防性措施。

生成性情境强调教学活动的开放、多元互动与建构，这就需要教师对预定的教学行为与思路进行灵活性设置，尤其强调建立在充分了解学生情况基础之上的精心预设。以往的历史教学设计强调预设的单方面作用，生成性教学设计倡导在精心预设的基础上，以教学过程的动态生成实施补位。生成性情境有两种基本形式：一是教师通过预设逐步启动问题的生成情境，二是学生在学习中随机引发的具有个性特征的生成性问题。

对于上述存在的情况，在历史教学设计中要注意预测学生可能引发的问题，比如，学生辩论过程中可能表达与众不同的见解，不尽相同的观点形成了大量的差异信息，其中相当一部分信息可以成为生成性资源，但也同时可能引发潜在的问题，甚至可能出现“课堂事故”。对此，教师要尽可能课前预设可能的问题，准备可能的预案，调控课堂教学活动中的即时情境。

（四）对课堂教学活动内容的预设与调整

有研究表明，“实际的”课堂环境与“理想的”课堂环境越接近，学生学得越好。依据当代建构主义学习观，环境的改变应该与个体需要的发展保持同步，最佳的环境要能刺激个体积极成长并对个体不同发展阶段的需要做出相应的敏感反应；教学或课堂环境一方面需与学生当前达到的发展水平相适应，另一方面又要稍稍高于学生能够独立应付的水平。[①]

由此，历史课堂环境的创设，需要与课堂教学活动内容的调整与改善相结合。在历史教学设计中，教师应事先在备课时对课堂教学活动过程有预设，对课堂教学活动内容的处理要有不同层次、对应不同教学情况的可能性设计，对课堂教学活动中学生可能出现的内容认知偏离甚至态度背离极端等情况有应对预案，以保证教师能适时有效地调整课堂教学内容和教学策略，调整教学方向与内容主题，营造合理的教学节奏与课堂环境。

① 孙汉银.课堂环境研究范式的回顾与分析[J].教育科学，2010(3)：36.

四、构建历史情境的手段与途径

历史情境可视为基于历史学科特征的课堂环境。历史情境是联系学生经验与历史知识内容的辅助性桥梁。它是教师根据相关教育理论、历史学科特点及学生认知规律,针对特定教学目标与内容,综合地采用教学手段与方法所创设的特定教学情境。在历史教学设计中,历史情境以学生已有的学习经验为基础,以建构特定历史学习内容为依托,其情境构建基于历史学习对象的具体化,可采取多种方式与途径。

(一)借助多媒体手段构建历史情境

多媒体是借助文本、图像、声音等要素构成的媒介组合,它能以其鲜明逼真的动态画面、情感丰富的音响刺激、立体丰满的形象塑造,构建逼真的历史情境。从心理认知的角度看,以多媒体手段构建的历史情境能够在某种程度上复原曾经发生的历史,拉近学生与历史的距离,使学生能够在尽可能真实的"情境"中审视和认识昨天。同时,历史情境也能够使学生有身临其境的心理体验,它能将抽象的历史内容转变为形象的音像展示,易于激发学生的学习兴趣,使历史知识内容具体化,更能激发学生的课堂参与。在历史教学设计中,要尽可能利用音像、影视等多媒体手段构建历史情境。

(二)通过设置问题构建历史情境

基于问题的历史学习与教学,力图促使学生在学习历史知识内容的同时,借助问题的呈现创设历史情境。凭借历史情境,可以让学生体验、感悟相关历史内容。相对于抽象的历史文本,问题情境可以激发学生的历史学习兴趣,让教师能够结合历史教材提出新颖的、可供积极思考的问题,实质上也就能激起学生的历史思维活动,通过问题开启学生思考与探究历史的思维活动空间。比如,讲到辛亥革命发生以后西方列强对中国革命态度发生变化时,有教师创设了一个问题情境:"一床被子不小心着了火,人们发现时,火刚刚燃烧,损失不大,这个时候最佳的办法是什么?学生回答:积极灭火。笔者引申,这种做法类似于清政府与西方列强共同镇压太平天国运动,因为太平天国运动还没有发展到足以摧毁清政府的地步,对于列强来说清政府仍有重要的利用价值。假如发现的时候，被子已经烧得差不多了，这时候最佳的解决方案是什么？学生回答：置之不理，另买一床新被子。笔者肯定了他们的选择，并引导学生认识辛亥革命当时势如破竹，清政府的统治已经土崩瓦解，类似于后一种情况，因此，西方列强才采取'中立'态度，其实质是积极扶植袁世凯为新的代理人（买一床新被子）。这个情境其实就是根据生活经验虚构的，但是很有用，具有化抽象为形象的优点，有助于学生建构新知识。”①当然，在历史教学设计中，还可以设计有层次的、供学生思考与探究的“问题链”，通过诱发、激启、拓展、深入等阶段，设置有层次、有深度的历史情境。

（三）通过挖掘热点构建历史情境

鉴于历史与现实的距离，学生学习历史需要一定的现实“兴奋点”。利用史学鉴古知今的特点，在历史教学设计中可以联系现实生活中的热点问题，通过史学内容与现实生活的联系，激启学生兴趣的同时，构建相关的历史情境。挖掘热点问题既要依据学生特定年龄阶段的心理特点，又要结合特定课时内容、目标，不可盲目为情境而情境。历史教学设计要力求实效，在利用现实热点问题挖掘历史价值的同时，尽可能激发学生的学习兴趣，营造愉悦、宽松、合作、探究的课堂情境。挖掘热点问题，将其与历史学习内容相联系，一方面可增强学生对历史学科的关注与认同，另一方面可强化史学问题的现实性，增强历史学习的情境体验。

（四）通过开展活动构建历史情境

用历史活动构建相关历史情境，是历史情境创设的重要手段。在历史教学设计中，设计一定场景的戏剧表演、游戏、模拟角色扮演等活动，可以创设不同程度与维度的历史情境。

1. 角色模拟活动的设计

角色模拟是通过模拟历史场景或提供涉及历史问题的情境，呈现历史活动，让学生扮演其中的人物角色，在模拟历史场景中尝试运用不同方法解决问题，从而使学生“神入”历史情境，体验历史人物的思想与情感。角色模拟主要通过直接感受、角色体验来强化学生的历史认知，增强学生的历史体验。

① 王涛. 历史情境概念界定和创设方法浅谈[J]. 历史教学（中学版），2007（10）：29.

角色模拟活动的设计主要包括：(1)历史背景知识的设计。主要涉及角色模拟中的历史事件、历史人物的宏观背景性知识。通过阅读史著、资料、教科书等途径，获取对相关背景性知识的了解，从大的方面了解相关历史事件、历史人物的背景性知识，并予以设计。(2)角色与矛盾冲突的设计。角色模拟的关键在于扮演何种"角色"及其聚焦的矛盾冲突。扮演角色决定了学生分析与思考模拟情境中相关历史事件、历史人物的视角与立场，矛盾冲突凸显了模拟事件与人物的特点等，并据此进行设计。(3)模拟历史情境的设计。角色模拟需要具体的历史情境。若仅让学生关注角色，而不涉及具体的历史情节与情境，学生也不能进入模拟角色。学生需要讨论具体的模拟问题与情境，理解与"神入"所涉及的历史境遇，如此才能全神心投入角色模拟活动之中，因此，也需要予以设计。此外，角色模拟需要教师的有限卷入，根据角色模拟活动的展开灵活地指导学生，比如，可以根据学生对角色扮演的体验指导学生把握表演行为的分寸与尺度，或适时地指导模拟活动的程序策划等，因此，也需要对教师的指导行为予以必要的设计。

角色模拟实施过程的设计，需要注意的问题：要灵活应对表演中出现的问题，如个别学生可能会提出意想不到的问题，或出现言语性人身攻击等；对于初次承担角色模拟的学生，选题要有针对性，尽量简易可行；注意设计学生合作的气氛，使学生扮演角色更近于自然；对于角色模拟活动中可能出现困窘或不知所措的学生与情况，要做好多种可能性预案等。

2. 历史剧活动的设计

历史剧是历史教学中通过教师引导或协助学生而开展的戏剧表演活动。历史剧活动的设计需要结合课程标准与教学目标，并参照相关历史教学内容。历史剧旨在通过描写历史人物和事件来再现一定历史时期的生活面貌或历史精神，让学生于亲身体验中加深对历史、社会的理解。

历史剧活动的设计需要遵循历史剧创作的虚与实。历史剧是历史和戏剧的组合。历史进入戏剧的怀抱，戏剧承载着历史。历史剧创作以尊重历史为前提，以遵循历史人物性格逻辑和事件的生活逻辑为引申，但同时，历史剧终归还是"剧"，它有某些艺术成分，允许一定程度的虚构。因此，创作历史剧首先涉及历史剧本的虚与实。历史剧本的"实"一般涉及历史真实和真实历史。历史真实属于历史的大框架，特指由历史事件发展、变迁所构成的宏大历史脉络，是历史的本质真实。真实历史属于历史的本初语境，是历史的简约记载，它一般由文献典籍记载历史人物、历史事件构成，强调“事事有来历，件件有出处”。历史剧本设计应尽可能依据真实历史，同时于大的层面上更要符合历史真实。历史剧本的“虚”指的是假设与想象。历史书写需要想象，“史家追求真人实事，每须遥体人情，悬想事势，设身局中，潜心腔内，忖之度之，以揣以摩，庶几入情合理，盖与小说、院本之臆造人物，虚构境地，不尽同而可相通。”[①]历史剧本既要基于真人实事，还要对其进行“入情合理”的“揣摩”，在描述历史“不失为逼真”与“大体上正确”的广阔空间之中，寻求假设与想象的平衡。历史剧设计必须以认真研究历史为前提，深入理解历史的精髓，以史实为基础，“出之贵实”，但也不能仅被史实所局限，还要“用之贵虚”，用虚构形式编撰戏剧内容。作为史家与历史剧作家的郭沫若曾认为，“写历史剧并不是写历史，这种初步的原则是用不着阐述的。剧作家的任务是在把握历史精神而不必为历史的事实所束缚。剧作家有他创作上的自由，他可以推翻历史的成案，对于既成事实加以新的解释，新的阐发，而具体地把真实的古代精神翻译到现代。”[②]史实的记载一般都是简约的，这就为虚构提供了创作空间，但虚构必须基于简约的历史记载，尊重大框架的历史真实。

历史剧设计是基于历史真实的艺术加工。历史剧虽有史，但终归也含有“剧”的成分。历史剧作为“剧”要遵循艺术真实的准则，在不违背历史真实的前提下创造性地进行艺术创造与虚构。其中，悬念的设计就是其艺术创造的重要内容。悬念是观看历史剧的一种期待。急切的期待是希望观众能保持的一种最理想的心情。[③]对学生而言，让学生处于一种期待之中，就能较好地调动学生的紧张情绪。“戏剧建筑的秘密的最大部分在于一个词——紧张。而剧作家技巧的主要内容就是在于产生、维持、悬置、加剧和解除紧张。”[④]在历史剧创作中，若要最大限度地让学生产生期待，需要设置剧本“悬念”。常用的设计方法：(1)结果前置法。就是从学生最期待的重要场面开场，先展示剧本之中可能出现的高潮是什么，以此提示学生，然后再将剧本内容转回至正常顺序，由此设置剧本“悬念”。(2)同类比较法。这种方法就是设置与剧本人物或事件本质上极为相似的同类，将聚焦于剧本的重大矛盾冲突或危机集中展示出来，以此来调动学

① 钱钟书.管锥篇：第1册[M].北京：中华书局，1979：166.

② 郭沫若.沫若剧作选[M].北京：人民文学出版社，1978：79.

③ 威廉·阿契尔.剧作法[M].吴钧燮，聂文杞，译.北京：中国戏剧出版社，2004：109.

④ 罗伯特·麦基.故事——材质、结构、风格和银幕剧作的原理[M].周铁东，译.北京：中国电影出版社，2001：164.

生的期待情绪。(3)预言提示法。预言是对尚未发生的事情的宣告或隐言。此方法就是预示剧本最大危机的必须到来，且不可避免，由此暗示学生，制造对未来事件发生的强烈期待。

历史剧活动的设计需要注意：(1)因地制宜，精心选材。历史剧本创作要结合学生的认知特点及教学状况，适时地进行剧本创作。历史剧本的选材也相当关键，教师要深入分析教材，适时把握教材，选择学生便于表演、富有创意的学习内容。同时，要依据教学进度与学生学习特点灵活进行。(2)形式尽可能多样。历史剧活动设计可长可短，可繁可简。可以选择反映宏大历史场面的重大历史事件，也可选择有突出特点、矛盾冲突集中的小的历史片段或历史人物。历史剧创作的形式，既可以体现为一人独白，也可体现为多人合作。概言之，要根据教学内容、教学实施状况，灵活选择，不拘一格，创作形式尽可能多样。(3)历史剧活动设计要注重学生合作与教师指导。要调动学生积极性，尽可能让所有学生参与，要提供学生表达思想、观念的机会与平台。在设计过程中，教师既是组织者、引导者，又是促进者与合作者。教师既不越俎代庖，包揽剧本设计的全过程，又要让学生在剧本设计中积极参与，并在关键时刻提供帮助，教给学生解决问题的方法与思路。

3. 历史游戏活动的设计

游戏是自主的体验活动。历史游戏主要借鉴游戏的设疑、挑战、自主等理念，将历史教学目标隐含于游戏活动中，依据历史教学内容及学生特点，采取游戏化教学策略，进而将学生置于自主、自愿学习状态下，以此使学生获得相应的历史知识与技能，并获得相应的态度与情感体验。历史游戏明显超越了真实、客观的历史发生环境，所提供的复杂情境带有一定条件设定，可形成积极有效的问题探索情境。其基本构成有以下要素：其一，叙事性要素。历史游戏旨在让学习者处于新奇的历史故事情节之中，以此激发学生的参与积极性与创造力，而叙事的限制和可能性条件，促进了游戏学习的发生，构成学习者理解学习任务的基本部分。其二，游戏性要素。历史游戏是按照一定游戏规则来设计游戏目标、内容与具体情节冲突的，学习者通过操作游戏性变量来改换认识的对象、内容或范围，并产生相应理解与应答，解决某些挑战性问题，贯彻于其中的游戏性要素十分明显。其三，技术性要素。历史游戏要利用游戏的一般性技术，对历史游戏涉及的社会、自然、物理等系统因素进行技术性设计，以此来激发学习者的参与热情与兴趣。

(1)历史游戏中的情境设计。历史游戏需要创设轻松的学习情境,但又需与历史教学目标、内容密切相关。可采取以下策略:其一,尽可能从历史课程中析取概念,形成建构情境问题的学科内容基础。认知建构理论认为,概念是构成认知结构的核心元素,学习者可形成适应自己知识发展的认知结构。历史游戏设计的首要步骤是分析历史课程的相关内容,从课程内容中析取相应的概念要素,由此设计的情境问题与学科内容能有紧密关联。其二,历史游戏要为学生提供探究的"问题空间"。游戏情境中的"问题"是包含多维意义的网状结构,内含许多概念元素。游戏情境综合地描述概念的多维特征,并动态地成为概念描述的特征集。历史游戏的设计要找出影响学生概念形成的主要变量,构建问题情境表征的结构特征。此类结构多为非良构问题,即概念系统的多维关系在不同的情境中是不一致的,这意味着同一概念应用于不同具体实例中,其内涵将体现出一定差异,学生在此问题情境中的探索,即为复杂的、非良构问题的思维探究活动。其三,处理好概念语境的"异离化"。异离化是指把一个概念从原来的情境中抽离出来,放至新的情境中,建构新的问题情境。历史游戏要尽可能做好游戏概念的诠释语境,所构建的新情境与概念所处的原始情境应有一定程度的相似性,围绕概念诞生的原始情境做好游戏问题的设计联结。

(2)历史游戏中的叙事设计。从某种意义上讲,游戏设计是叙事的艺术。叙事的主旨在于为学生提供解决问题的语境氛围,给学生提供创造、想象的机会。具体而言,叙事设计可为历史游戏提供资源框架、为学习者提供必要的场面与背景信息、激起学习者预存的经验联结等。概言之,历史游戏中的叙事设计不是简单地告诉学生故事,而是要为学生提供创意、想象的空间,于各种可能的维度上尝试进行更广泛的探究与理解。就此,叙事设计可提供以下理解元素:其一,营造情境空间。叙事设计可为学习者提供植入性展开框架,它将故事元素注入游戏结构之中,为学习者创造想象空间与体验境地。通过叙事设计,游戏可让学习者按照设计好的叙事图式进行游戏活动,学习者可在其中徜徉或交互活动。其二,制造故事冲突或角色。历史游戏的叙事是依据一定程度的冲突或限定目标来设计表达的,有些游戏故事可以制造紧密的历史人物或历史事件连环冲突,让学习者按照其情节演绎递进发展;有些游戏故事仅提供情节片段,学习者于每个场景中承担的角色是松散的,游戏中的大量情节以角色在各场景中的相似特征为主线加以联结。其三,嵌入叙事单元。历史游戏常以某些简单的小事件构成,它们是推动历史游戏情节发展的微单位。历史游戏的每个单位可为学习者提供参与、竞争、对抗的空间,学习者在游戏情节中的每个创造性行为,客观上又丰富了游戏本身的情节发展,学习者则形成情感体验的“难忘时刻”。

历史游戏需要将历史信息与特定游戏手段、情境相整合,将历史文化信息潜移默化于学习者心中。其中的整合策略:其一,通过游戏手段控制历史文化名人,加深对历史文化名人的了解,这一点可通过在游戏中扮演与历史人物真实身份相符或相近的角色来实现。其二,通过游戏情境再现历史事件或相关的历史环境。其三,可通过模拟建造实现对历史古迹的再现,让学习者获得对历史知识内容的再认识。当然,历史游戏中的教师角色需要拿捏适当,教师需要保持一定的灵活性,定位于“有限卷入人”角色。也就是说,教师要指导学生围绕主题进行交流,旨在让学生充分发挥其主体积极性,在游戏过程中,学生甚至可超出预先设置的目标、标准展开游戏操作,有时甚至可超越课程标准的限制。所有这些,仍在于保持历史游戏的自主性与学习者的主动性。

五、历史课堂环境设计的操作性举例

案例1:“《马关条约》签订”历史情境的设计(反例)

某教师在讲到《马关条约》的签订时,呈现了日本马关春帆楼的照片、谈判的情境想象图,然后提出“角色扮演,见证历史”的课堂活动主题,选择两名学生分别扮演当时谈判的日方代表伊藤博文和中方代表李鸿章,并将事先编好的台词交给学生。两名学生坐到教室前面摆好的“谈判桌”前,开始表演。在“谈判”中,“伊藤博文”气势汹汹,态度强硬;“李鸿章”仅是屈辱地应允。

问题:

(1)你对上述历史情境的设计做何评论?

(2)你有哪些改进建议?

案例分析:

本案例中的历史情境设计显得较为生硬,没能充分考虑当时的历史条件与场景。历史情境设计要基于特定历史条件,并尽可能结合历史问题进行设计,以便让学生能深入地参与其中。就本案例而言,伊藤博文、李鸿章两名历史人物扮演者的表演都止于表面，况且仅按照事先编好的台词表演，学生很难真正体验历史人物的心态与具体情境。改进的措施至少需要从以下三个方面入手：其一，表演前，应让学生深入理解、体会马关条件谈判时的艰难状况与场景；其二，让表演者从不同历史人物的角度去揣摩当时历史人物的心态与想法；其三，应从不同历史人物角度，设计具体的问题，以便让学生能深入体验。

案例2:《秦末农民起义》一课课堂导入情境的设计

某初中历史教材对秦末农民起义的教学内容列有三个子目：秦的苛政、陈胜吴广起义、西汉的建立。

问题：

设计两种不同类型的课堂导入情境。

案例分析：

本案例结合具体教学目标与内容，可依据教材内容直接设计涉及秦的苛政的情境，呈现相关的图片或资料，设置情境，导入教学；另一类不同的情境设计，可先呈现秦灭亡的场景，再来探讨秦末农民起义爆发的原因及秦灭亡的进程。比如，可先依次呈现秦始皇登临泰山封禅的情境、秦灭亡秦二世出降的情境，提出问题：秦始皇本要建立万世之朝，为何不终二世就灭亡？以此创设问题情境，让学生产生认知冲突，导入新课。

案例3:《鸦片战争》一课历史情境的设计

离下课还有10来分钟，老师合上书说："这节课(《鸦片战争》)的内容讲完了，对于本课你们还有些什么疑问、感想、疑惑、不同观点，请各抒己见！"

"老师，如果我是琦善或者其他大官，我肯定也会选择早日签约，我们教材已经很详细分析了鸦片战争中国战败的必然性，既然必败还打什么呢？要打要杀看起来是爱国，其实：一是闭目塞听，以"天朝上国"自居，没认清敌我力量悬殊、我方必败的形势；二是您成了民族英雄，遭战火之殃的是老百姓；三是你这样打下去，给英国造成的损失越大，他们要求的赔偿必然越多，而且他们为了惩戒你的抵抗，肯定会多多增加赔偿索取。"

老师反问他："不誓死抵抗，就签订卖国条约，那我们民族的尊严呢？

我们的国家权益呢?”

那学生接着说:“对,民族的尊严很重要,可是有时为了国家长远利益需要我们必须忍辱负重,勾践就是这方面最好的典范……”

老师:“中国古人讲得好呀,宁可站着死,不可跪着生。”

学生:“老师,你这是否有些感情用事?站着死固然可贵,但只有保存实力才可以东山再起收复河山啊,暂时受些屈辱和牺牲一点利益又有什么,再说您打来打去最后还不是一样要割地赔款,而且赔得越多。”

问题:

从情境设计的角度评价这名教师与学生的交流是否成功,为什么?如果你是这名教师,后续应采取哪些改进措施?

案例分析:

本案例借助问题、热点、辩论等手段构建历史情境。从情境设计的角度看,教师运用了讨论、引用热点、联系历史人物等手段对鸦片战争进行评价,评价情境却使讨论陷入了混乱,师生交流并不成功。后续的改进措施,至少需要注意以下三方面:其一,设置问题材料与情境,让学生从当时的条件下“神入”历史人物,推测当时的琦善等人怎么想;其二,联系中英双方当时的政治、经济与军事状况,回想双方军事战争状况;其三,推想林则徐等人的思想价值观念。如此,可以能较为辩证地评价鸦片战争。

思考题:

(1)如何理解历史课堂环境?

(2)历史课堂环境的构成要素有哪些?

(3)历史课堂环境的创设策略主要有哪些?

(4)如何理解创设历史课堂环境的手段与途径?

第十二章　历史课堂教学评价与反思的设计

课堂教学评价与反思是课堂教学有效性的重要保证。在历史教学设计中，如何进行历史课堂教学评价，如何进行历史教学反思，都需要深入探讨。

一、何谓历史课堂教学评价

课堂教学评价从属于教学评价，对教学评价的理解，决定了课堂教学评价所采取的立场。涉及教学评价的界定，代表性观点如下：

(1)教学评价是对教师的教学工作和学生的学习质量做出客观的衡量和价值判断的过程。教学评价是教学过程中必不可少的一个环节，它可以提供教学的反馈信息，以便及时地调整和改进教学，保证教学目标的实现。①

(2)教学评价，就其现代意义而言，乃是利用多种技术手段收集系统、客观的信息，依据一定的标准对教师设计、组织的教学过程及其结果所做的测量、分析与评定。②

(3)教学评价就是对学绩测验所得的数据进行分析及解释。③

(4)教学评价是评判教师的教学与学生的学习是否达到既定的目标的过程。④

可以看到，教学评价标准的结构大都是通过对教学因素分解的方法形成的，它既受教学传承影响，又受到现代教育评价方法的制约。有学者指出，课堂教学的本质是教师有目的、有计划地组织学生进行有效学习的活动过程。作为一种活动过程，应该从目的、过程、效果、氛围和特色方面加以评价，并据此确定

① 李秉德.教学论[M].北京：人民教育出版社，2001：307.

② 刘要悟.教育评价导论[M].兰州：甘肃文化出版社，1995：171.

③ 冯忠良.结构—定向教学的理论与实践：改革教学体制的探索(上)[M].北京：北京师范大学出版社，1992：96.

④ 陈中永，刘文霞.教育与心理评价[M].呼和浩特：内蒙古大学出版社，1990：163.

了课堂教学评价标准的五项指标。[①]从评价标准的内容上看，一般是把课堂教学分为教学目标、教学内容、教学方法、教学过程、教学结果几个要素，这几个要素的具体内容则是教学理论中一堂好课的基本要求在课堂教学评价中的具体体现。从各个标准的一致性程度相当高这一事实看，这种策略在实践中已经形成了极强的共识。[②]

课堂是个具有多种结构、多种功能的复杂的综合体，课堂教学评价还需要更广泛的学科理论基础。尽管建构主义学习环境设计强调学习者的自我控制，但是教师的作用仍然不可低估。设计者的任务主要是指导学生如何建构以及如何有效监控、评估和更新已经建构的东西；为学习者定位与设计经验，使之体验到真实的相关的情境。[③]从此意义上讲，在历史教学设计中，历史课堂教学评价更应采取科学取向，即应该是处方式的，它明确告诉历史教师做什么和如何做。如此，可更明确地影响历史教师，促进教师教学设计能力的提升。

课程改革以来，历史教学评价有了新的发展，重视学生的形成性评价，评价的功能由侧重甄别转向侧重学生的发展，强调评价的真实性、情景性等。确立历史课堂教学评价的指导思想也发生了以下几个方面的转变：一是从强化应试转变为强化提高学生素质作为历史课堂教学的目标。历史课堂教学目标关系到历史教学是否有效的首要问题，也是一节历史课的方向和灵魂，它直接关系到历史教学内容的组织、教学行为的选择、历史教学形式的编排和历史教学评定的运用。二是从以历史教材为本转变为以学生发展为本。教师从事历史教学的依据不应该是历史教材有什么，而应该是学生需要什么。历史教材如果不适合学生的知识结构、心理特征和能力水平，也是不适用的。三是对学习结果的强调转变为对学习过程和结果都强调。这就要求教师在历史教学过程中坚持目标导向教学，以历史教学目标来管理或评定整个历史教学的每一段过程，不断注意学生的变化，并根据学生的反映随时调整自己的教学，反对那种只顾结果或一味追求分数的做法。四是从关注教师的“教”转变为关注学生的“学”。因此，即使从教师“可教”的操作性角度上看，历史课堂教学评价一方面关注教师如何实施教学，如教师的言语表述是否流畅、教师的板书设计是否合

① 文喆.课堂教学的本质与好课评价问题(之三)[J].人民教育,2003(7):8-10.

② 刘志军.试论课堂教学质量评价标准的建立[J].华东师范大学学报(教育科学版),2002(2):35-41.

③ 钟启泉.学习环境设计:框架与课题[J].教育研究,2015,36(1):113-121.

理、教师的情感投入是否具有感染力、教师的教学设计是否合理以及教师一节课的教学思路是否清晰等,另一方面,也要关注学生的"学",这主要包括学生在历史课堂教学中的学习表现、师生互动、自主学习以及同伴合作等,学生在学习过程中的参与热情、情感体验和探究以及如何思考的过程。通过了解学生在课堂教学中如何思考、如何交流、如何合作以及如何讨论等学生的行为表现,以此来评价历史课堂教学的效果。

二、历史课堂教学评价的类型

历史课堂教学评价按照不同的分类标准可以有不同的类型,如,按照收集评价信息的方法可以分为现场观察评价、监视监听评价、录像后评价和问卷评价;按照评价性质可分为诊断性评价、形成性评价与表现性评价;按照评价主体可以分为领导评价、同行评价、学生评价和教师自我评价等。以下就后二者略做分析。

(一)依据评价性质的分类

1. 诊断性评价

诊断性评价又称为准备性评价,指的是在教学开始之前或教学进行之中对学生的学习准备情况或特殊困难进行的评价,是对教学活动的准备。它主要是对教育背景、存在的问题及其原因做出诊断,以便"对症下药",据此进行教学设计。诊断性评价的实施时间一般在课程、学期、学年开始或教学过程中需要的时候,内容主要有教学中可能面临的问题;学生知识储备的数量和质量;学生的性格特征、学习风格、能力倾向及对本学科的态度;学生对在校学习生活的态度、身体状况及家庭教育情况等。概括地说,诊断性评价的作用主要表现为三个方面:确定学生的学习准备情况,明确学生发展的起点水平,为教学活动提供设计依据;识别学生的发展差异,因材施教;诊断个别学生在发展上的特殊障碍,以作为采取补救措施的依据。这种诊断性评价类似于医生给病人看病,是针对学生在某一方面的学习内容或认知能力发展上的严重困难,运用某种特殊的评价手段而做的诊断,目的是找出造成严重困难的原因,进而采取相应的补救措施。所以,这种评价既可以在某种教育活动开始之前进行,也可以在教育活动过程之中进行,只要发现有特殊困难的学生,就应该有针对性地实施这种评价。例如,对存在明显交往障碍的孩子进行诊断,分析造成孩子交往障碍的原因,进而提出帮助孩子发展交往能力的措施。一般地说,教师对学生进行诊断性评价的手段主要有以前的相关成绩记录、摸底测验、智力测验、态度和情感调查、观察、访谈等。

2. 形成性评价

形成性评价又称为过程性评价,是在课程研制、教学过程中,对课程编制、教师的教学和学生学习动态情况进行的系统性评价,目的是及时了解活动进程的结果,及时反馈信息,以便及时修正、调整和强化。形成性评价的主要目的不是为了选择少数优秀学生,而是为了发现每个学生的内在潜质,提高学生的学习能力,并为教师提供反馈。对于学生而言,形成性评价可以使他们获得成功的体验,进而强化他们的学习动力及学习结果。对于那些还没有掌握单元学习任务的学生来说,形成性评价有助于发现他们学习中存在的问题,有利于学习问题的解决。

3. 表现性评价

表现性评价是教师让学生在真实或模拟的生活、学习情境中,运用先前所获得的知识解决某个新问题或创造某种东西,以考查学生知识与技能的掌握程度以及实践、问题解决、交流合作、批判思维等多种复杂能力的发展状况,它主要是通过客观测验以外的行动、表演、展示、操作、写作等更真实的表现来评价学生口头表达能力、文字表达能力、思维能力、创造能力、实践能力的评价方法。其基本特点:评价的情境问题具有开放性、真实性、综合性;评价方案具有灵活性;评价主体具有多元性;评价结论以质性描述为主,辅之以必要的等级;评价具有持续性,鼓励学生通过合作解决问题。表现性评价较多适用于对历史实践能力和创新精神的评价,可运用于学生的社会调查、专题研究、作品创作等学习活动。

(二)依据评价主体的分类

1. 领导评价

领导评价主要是指领导班子而不是某一位领导或某几个领导的个人评定,这种评定影响较大,具有较大的权威性。上级教育行政部门或学校领导通过参与历史课堂听课加强和改善教学管理,它可以和教师同行、学生的评定互相参照补充。

2. 同行评价

同行评价是指由教研室或学校的其他教师对该教师的历史课堂教学进行评价。由于教师之间尤其是本学科教师之间相互比较了解,对课堂教学内容较为熟悉,因此,同行评价易于做出恰如其分的评价,同时也有利于教师之间的学习和交流。

3. 学生评价

学生评价主要是指学生参与课堂教学评价。学生是对教师教学的最直接感受者,他们应该是最有发言权的。学生评价可以反映出教师在学生中的威信、受欢迎程度以及师生关系,尤其可以反映出教师的教学能力、教学方法是否符合学生的特点和要求。当然,学生评价主要是从个人学习的角度出发来评定教学,学生缺乏对教学目标或意图、内容和方法上的总体了解,他们的学习方法、学习成绩甚至师生关系都会影响对教师的课堂教学评价。因此,学生评价应该与其他评价相对照。

4. 教师自我评价

教师自我评价是指教师对自我教学活动的评价。教师对自身教学活动进行评价是历史课堂教学评价的一个重要途径。自我评价一般采用自我分析或自我反思的方法。如拟定一份“自我反思单”,以检查自己的教学情况。

三、历史课堂教学评价的基本要素和方法

课程改革的主阵地在课堂,课堂教学是教师传授知识和学生发展智力、培养能力的最佳途径。提高教学质量,课堂是关键。课堂教学是历史学习的主渠道,建立完善的课堂教学评价机制,既关注教师的“教”,又关注学生的“学”,实现促进学生发展和教师专业成长的双重目标,是确保中学新课程课堂教学改革顺利进行的保障。

(一)历史课堂教学评价的基本要素

根据历史课程改革理念,历史课堂教学评价必须坚持以学生发展为本的教育理念,同时,也必须坚持以教师自身的专业发展为本。这就要求历史课堂教学评价需要关注教师、学生两方面的行为和变化。基于此,历史课堂教学评价的基本要素可从以下几个方面进行:

其一,教学目标。教学目标不仅是课堂教学活动的出发点和归宿,还是课堂教学评价的重要参照。在历史课堂教学中,要根据历史教学内容以及学生的历史知识水平,确定比较适宜的教学目标。教学目标的基本要求是要具备科学性、合理性和明确性以及可检测性。教学目标主要评价教师对一节课的历史教学是否体现历史课程目标的三个基本维度,即知识与能力、过程与方法、情感态度与价值观,能否体现历史课程对学生科学精神和人文精神的关怀。对学生而言,主要通过学生的课堂学习,评价学生的学习目标是否明确,是否具有合理性。

其二,教材处理。历史教材是根据历史课程标准编写的教学用书,它根据历史课程标准中的内容标准及要求,用文字的形式系统阐述,是历史课程标准的具体化。历史教材在历史课堂教学中具有重要作用,它不仅是学生学习历史的重要材料,也是教师从事历史教学工作的重要工具。教师要上好历史课,就必须钻研历史教材,真正吃透历史教材,精心组织历史教材,科学处理历史教材。在历史课堂教学中,教师不能把历史教材内容原封不动地搬到历史课堂上,而必须根据历史教学目标、学生的掌握知识情况以及其认知特点,对历史教材进行合理的调整与处理,重新组织、科学安排教学程序,选择合理的教学方法,使历史教材能够发挥最佳作用。

其三,教法选择。教学方法是为了完成一定的教学目标,师生双方在教学活动中采用的手段或策略。当前的历史新课程改革非常强调培养学生的创新精神和实践能力,培养学生积极主动地参与历史教学的意识,培养学生的自学能力。因此,教学方法的选择要做到的是,有利于学生学习积极性、主动性的调动和主体地位的落实,有利于学生良好学习习惯的形成和学习能力的培养,有利于学生个性特长的充分发挥,有利于学生创新能力和实践能力的培养,有利于学生的全面发展。

其四,学法指导。培养学生的学习方法是历史课堂教学的重要环节。对学生的学习方法进行指导具体包括:指导学生养成良好的历史学习习惯,指导学生学会拟定从事历史学习的学习计划,指导学生掌握历史学习的方法,指导学生掌握查阅历史工具书与查找历史参考资料的方法等。

其五,教学过程。这里主要评价教师在历史课堂教学中,各个环节安排是否合理、科学,结构是否紧凑,层次脉络是否清晰;同时,各种课堂教学要素的组合是否有一个最佳的结合点,是否能以学生的学习为中心,通过创设富有情趣的教学情境来组织学生参与学习活动。

其六，现代教育技术。在历史课堂教学中运用现代教育技术特别是多媒体课件，是历史教学发展的趋势。在历史课堂教学中，教师对现代教育技术如果能够熟练操作，运用适当，效果良好，就应该给予充分的肯定。现代教育技术尤其是历史多媒体教学是历史课堂教学评价的重要方面。当然，这里的教育技术运用必须恰如其分，而不是喧宾夺主、华而不实。

其七，师生互动。从某种角度讲，历史课堂教学是一种互动过程。教师能否充分调动学生的积极性，在发挥教师主导作用的同时突出学生的主体地位，反映了历史课堂教学中师生的配合默契程度。师生之间的相互合作程度对提高历史课堂教学质量和达成历史教学目标，具有十分重要的作用。该要素被纳入历史课堂教学的评价体系中，主要评价教师能否充分调动学生的学习积极性，能否合理组织管理以提供给学生更多的参与机会与培养学生主动参与的意识、主动学习和主动探究的精神。

其八，教师教学态度。教师教学态度反映了教师的敬业精神，反映了教师的职业道德水平，是教师素质的一个重要方面，也是体现历史课堂教学质量的重要参照。教师教学态度主要包括教师参与教学的激情、教师的教学准备、教师对学生的态度等方面内容。

（二）历史课堂教学评价的主要方法——课堂听课

所谓听课，是一般教师或评价者凭借眼、耳、手等自身感官及相关的辅助工具，直接从课堂教学情境中获得相关的信息资料，从感性到理性的一种教学评价方法。

1. 听课前的准备

其一，明确听课的目的和要求。无论何种类型的听课，听课前都应该确定具体的目的和要求。听课者必须明确这些目的和要求，否则就不可能得到有效、真实的听课信息。课堂听课是历史课堂教学评价的主要方法，应该有制度、有规范、有明确的目的要求和具体的操作计划。

其二，熟悉历史课程标准和历史教材。历史课程标准是历史教学评价的基础，是进行历史课堂教学评价的主要依据。新课程历史教材是历史课堂教学内容的载体，是开展历史教学的基本教学材料。熟悉历史课程标准和历史教材是听课前的基本要求。

其三，设计听课记录。听课记录是课堂教学听课的必要准备，不同的课型可能有不同的听课需求，听课的侧重点也有所不同。但常规的听课记录一般由听课记录本和听课评价两个方面组成。

2. 听课的进行和反馈

其一，认真听课，做到听、看、记、思有机结合。听课不仅是复杂的脑力劳动，而且是一种方法和技能：一是听什么？怎样听？主要应该听的方面是：教师是否体现新课程的理念、方法和要求；是否突出重点，详略得当；语言是否流畅，表达是否清楚；是否有知识性错误；是否有创新的地方；教师的思维是否宽泛，学生的发言是否准确。二是看什么？怎样看？主要应该看的地方是：教师主导作用的发挥，如教态是否亲切自然，板书是否规范合理，教具运用是否熟练，指导学生学习是否得法，处理课堂偶发问题是否灵活巧妙等；学生主体作用的发挥，如课堂气氛是否活跃，学生是否参与教学过程等。三是记什么？怎样记？原则上听课记录应该包括两个方面：教学实录和教学点评。四是思考什么？怎样思考？主要应该思考的是：教师为什么要这样处理教材，换个角度行不行、好不好；对教师成功的地方和不足或出现错误的地方，要思考原因并预测对学生所产生的影响；如果是自己来上这节课，应该怎样上，进行换位思考；如果我是学生，我是否能够掌握和理解课堂教学内容；新课程的理念、方法、要求到底如何体现在日常教学中，并内化为教师自觉的教学行为；这节课是否反映了教师正常的教学实际水平，如果没有听课者，教师是否也会这样上，等等。总之，应该根据听课目的和要求，有所侧重地把听、看、记、思有机结合起来。在教师和学生发言时，就要以听为主，兼顾观察；教师在板书和学生在练习时，就应该以看为主，兼顾其他；学生在练习时，应该以思考为主。

其二，积极参与评课，反馈要实事求是，以鼓励为主。课后评课与反馈直接关系着听课的成效。课堂听课后，评价者要积极参与评课，对教师的自评、学生的反馈以及其他听课教师的评价都应该认真记录。教师的自评能够提高教师的自我意识，提高教师的教学反思能力。为了使教师的自评有较为明确的目的性，可以在课后讨论时拟定提纲。提纲的内容可以突出以下几方面：本节课是否达成课堂教学目标？课前的教学设计与实际的教学情况有何差别？本节课的优点和特色有哪些？本节课存在的问题有哪些？以后如何改进？等等。学生的反馈对一节课的评价至关重要，搜集学生的反馈信息既可以通过与学生座谈，了解他们所掌握的教学内容情况以及他们对教师教学情况的意见，也可以通过课后调查问卷的方式，直接让学生参与课堂教学的评价。其他听课教师尤其是作为评价者,对课堂教学评价的参与非常重要。评价者在听课结束后要反馈及时,如果需要集体讨论后才能给予反馈,或者采用其他方式,也必须要及时抓住时机。同时,评价者在听课后要尽可能与被听者进行交流,评价者的态度要虚心诚恳、热情主动。针对不同的对象要采取不同的语气和方式,例如,对经验不足的青年教师,不要把存在的问题讲得太多,应该有重点地指出存在的突出问题,以建议的形式提出,并且尽可能地挖掘青年教师的闪光点,让他们多一些成功的体验;对有经验的教师要实事求是地指出其讲课中存在的问题和需要改进的地方,提出更新更高的要求,使他们意识到还有需要改进的地方和提高的空间,促使教师专业能力不断提高。

四、历史课堂教学评价的设计

基于上述分析,历史课堂教学评价的设计至少涉及教学目标、教学内容、教学流程、教学方法、教学实施效果、教学反思等方面。

(1)历史教学目标评价的设计:①是否清晰具体;②是否能针对具体学情;③是否能聚焦内容标准要求。

(2)历史教学内容评价的设计:①是否体现学科教育价值;②教材内容处理是否合理;③是否与教学目标相契合。

(3)历史教学流程评价的设计:①是否基于并超越教材的知识逻辑;②是否适合学生的认知逻辑;③是否能建构学生的历史逻辑。

(4)历史教学方法评价的设计:①是否能基于特定教学目标;②是否与特定教学内容相契合;③是否能体现特定教学方法的特点。

(5)历史教学实施效果评价的设计:①活动节奏是否恰当;②师生互动是否有效;③过程生成是否有质量。

(6)历史教学反思评价的设计:①自我评价是否恰当;②问题反思是否清晰;③教学改进是否有针对性与可行性。

五、何谓历史教学反思

对教学反思的理解是以对“反思”的理解为基础。美国教育学者约翰·杜威认为,反思是思维的一种形式,是个体在头脑中对问题反复、严肃、执著的沉思。反思可以将含糊的、可疑的、矛盾的、某种失调的情境转变为清楚的、有条理的、安定的以及和谐的情境[①]。反思指向于自己所经历的特定思想、心理感受及行为的体验与思考。教学反思是教师以自己的教学活动过程为思考对象，通过回顾、诊断、体验与反省等方式，对自己的教学观念、教学经验、教学行为等进行批判性思考的过程。通过对教学经验的肯定强化或否定修正，旨在提升教师自身的教学能力。

更进一步地，倘若将反思作为人的一种生存方式，反思应是"不断探究他自身的存在物——一个在他存在的每时每刻都必须查问和审视他的生存状况的存在物。人类生活的真正价值，恰恰就存在于这种审视中，存在于对这种人类生活的批判态度中"[②]。反思者把他们自己的命运和整个事件进程的结果富有同情地、戏剧性地看作一件事。[③]对教师而言，教学反思则成了具有主观能动性的教师的教学生活的一部分，是教师对自己专业生活赋予意义的追求与过程，也是教师自主进行专业提升与发展的重要方式。

在历史教学设计中，历史教学反思旨在提升教学设计者的设计与执行能力，是对历史教学设计所涉及诸要素的深入考察与思考。历史教学反思体现为课前反思与课后反思。课前反思通常是在历史教案设计中的教学反思，主要思考如何结合历史课程标准、历史教材特点及学生实际情况，反思教学立意与目标的确立是否合理、对历史教材内容的理解与设计是否得当、教学逻辑与方法的选择是否适切等，它是历史教学设计的一种自觉行动。课后反思主要是对整个历史教学过程的教与学的反思。每节课后，教师要利用一定时间对历史课堂教学过程进行"复盘"，通过总结、思考教与学的得失，客观地评价历史课堂教学目标是否完成、课堂中学生的困惑是否得到解决、教学过程是否得到有效实施、需要有哪些弥补措施与改进方式等。课后反思旨在改进教师的课堂教学，也可使教师的教学经验更加趋于成熟与理性。

六、历史教学反思的类型

教学反思是教师进行的自觉性思维活动，具有能动性、自检性与实践性等

① 杜威.人的问题[M].傅统先，邱椿，译.上海：上海人民出版社，1965：60-85.
② 恩斯特·卡西尔.人论[M].上海：上海译文出版社，1985：8.
③ 杜威.民主主义与教育[M].王承绪，译.北京：人民教育出版社，1990：161.

特点。在教学设计中，根据历史教学反思在不同维度上所呈现的不同内容与特征，可划分为不同的类型。

从发生的时间维度看，历史教学反思可分为历史课堂教学前的反思与历史课堂教学后的反思。历史课堂教学前的反思是指在课堂教学设计中，教师对自己的教学观念、史学观念、历史教学过程以及所采取的教学方法等要素设计的反思，并对可能出现的教学状况做出预测与评估。历史课堂教学后的反思是指教师完成历史教学后，对历史教学过程进行分析并提出改进意见。在日常教学中，教师所做的反思通常就是历史课堂教学后的反思。在教学设计或说课比赛过程中，所涉及的教学反思，常常是历史课堂教学前的反思。

从指向的行为主体维度看，历史教学反思可分为亲历性反思和观察性反思。亲历性反思是教师对自身执教的教学过程的审视与分析。在教学设计中，历史课堂教学后的反思就是此类亲历性反思。亲历性反思在一定程度上讲是教师自身通过“试误”而获得的专业性反思。观察性反思是教师通过观察别人的教学案例、课堂片段或教学实录等而获得的关于他人教学行为的体验与反思。此类反思有利于吸取他人教学的经验或教训。备课设计中的教学反思有些是借鉴他人教学经验的观察性反思。

从指向的对象维度看，历史教学反思可分为历史课堂中的教师行动之反思和教学反思之反思。前者是对历史教学活动的反思，后者是对历史教学反思自身的反思。吉登斯认为，在阐述反思性时，应当包括对反思的反思。[①]教学不是预设方案的简单执行与重复，而是教师利用个人的教学创造性去解决教学中的种种教学事件。教师不仅要对自己的教学活动进行检视，还要对自己的教学体验进行再反省。

从反思的方法上，历史教学反思又可划分为：(1)陈述性反思。即教师从旁观者的角度，全景式地回顾课堂教学中的教学行为与学生反应，对其中的合理性与有效性进行分析与呈现，判断与评述其中的某些要素设计是否合理。(2)对比式反思。即教师通过观察其他教师的课堂设计，将自己的教学行为和过程设计与其他教师的教学行为和过程设计做对比，发现不足，吸取经验，以引起自己的思考。(3)讨论式反思。即教师借助于讨论、交流形成自己的教学反思。(4)复盘式反思。即教师通过对课堂教学的复盘式模拟，分析教学得失，并在此基础

① 安东尼·吉登斯.现代性的后果[M].田禾，译.南京：译林出版社，2002：34.

上对本课教学进行重新设计。

教育学者麦伦曾对教学反思的层次和要素进行了分析，他指出，教学反思有三个层次：第一层次，主要针对课堂情境中各种技能与技术的有效性；第二层次，主要针对课堂实践的假说和教学的结果；第三层次，主要针对道德和伦理以及其他直接的或间接的与课堂教学有关的规范性标准。[①]就历史教学设计而言，教学反思主要侧重于第一、第二层次，尤其侧重于课堂教学的各要素设计与实施结果。具体而言，历史教学设计中的教学反思，首先，对本课教学设计所采用的教学理念、史学观念、教学立意与目标进行反思。其次，还要对教材的理解与处理、教学重难点的理解与把握、教学逻辑与方法的选择与运用、课堂教学效果、课堂教学态度、教学基本功、教学方法、教师素质等进行反思。再次，也要反思学生在历史课堂中的学习态度、学习方式、学习能力、创新意识、思想认识、学习价值观、学习兴趣、学习动机、自学能力等，在知识与能力、过程与方法、情感态度与价值观等方面的发展情况，尤其要聚焦于本课落实历史核心素养的实际状况。对一节课的设计来讲，教学设计既要从整节课的宏观角度反思此节课的立意与价值，也要从微观层面反思具体课堂实施的细节性设计，具体地还可再细分为“对课堂整体状况的反思”“对学生学习状况的反思”“对教学内容、方式、技能技巧的反思”“对教师自身教学状况的反思”等方面。

七、历史教学反思的维度

教师是否进行和怎样进行教学反思取决于其专业身份的定位及学术视野。就目前对教学反思内容的研究来说，存在不同的内容维度及角度。

有学者曾将教学反思的内容划分为以下五个指向：指向1——课堂教学指向：思考的内容主要分析、评价教学活动本身的利与弊以及影响教学活动的因素，包括教学内容重点、难点的分析，教学方法、教学策略、教学技巧的运用等。指向2——学生发展指向：分析、考虑与学生发展、能力培养相关的一些因素。分为三个方面：其一是关注学生的学习成绩和各种能力的培养；其二是关注学生学习兴趣以及学习方法的培养；其三是关注学生健全心理和人格的发展。指向3——教师发展指向：分析、考虑与教师自身发展、素质提高相关的一些因

① 熊川武.反思性教学[M].上海：华东师范大学出版社，1992：2.

素。具体包括三个方面:一是关注教师自身的专业知识和专业能力;二是关注教师的人格魅力与自我形象;三是关注教师的待遇。指向4——教育改革指向:关注考试制度的改革以及当今进行的课程改革,关注宏观教育体制的改革以及教育改革的实效性。指向5——人际关系指向:关注教师如何与学生形成和谐的人际关系以及如何与学生家长相处,共同教育、培养好学生,也包括关注同事之间的和平相处。①针对教学技巧维度与教学理论维度,有学者认为,技术维度的反思是对课堂情境中各种技能与技术的反思,包括常规技能的反思和临床应急技巧的反思。常规技能的反思重点在语言表达是否合适、教学方法与手段运用是否合理上。对教学理念维度的反思是教师对自己的教学理念进行反思,比较自己在教学中"所采用的理论"与专家"所倡导的理论",促进教学理念的自我更新。"所采用的理论"是指每个教师自己特有的关于教学的观念和规则,这些观念和规则多数是存在于教师对教学的"内隐理念"之中。而"内隐理念"是源于教师个人的经验或教师广为接受的假定、规则。②也有学者认为,从关涉的人的角度看,需要反思教师与学生的关系、教师当前的自我与过去的自我的关系、教师本人与其他教师的关系、教师与家长的关系等;从关涉的教学要素的角度看,需要思考教师与教学目标、课程内容、教学方法、教学评价等的关系;从关涉的教学支持系统的角度看,需要思考教师与社会文化、课程与教学改革、时代精神与教学理念等的关系;等等。③

以上所描述的教学反思内容较为宽泛。对历史课堂而言,教学设计中的教学反思主要聚焦于以下内容维度:

(1)教学立意与目标维度:本节课的教学立意是否聚焦;是否能贯通本课内容所涉及的史实;是否能达成课程标准所规定的内容要求;所列的课堂教学目标是否与课程标准的内容要求有内在的一致性。

(2)教学内容维度:教师对教学内容的理解是否准确;是否准确地把握教学重难点;能否较恰当地理解与处理教材内容;能否合理地开发与利用教学资源,包括运用史料、设计历史故事等。

(3)教学逻辑与方法维度:教学逻辑与结构是否合理;是否为学生搭建合理支架;能否体现学生认知结构;课程导入是否恰当;教学层次与结构安排是否合

① 申继亮,刘加霞.论教师的教学反思[J].华东师范大学学报(教育科学版),2004(3):48.

② 杜志强.教学反思的五个维度[J].教育导刊,2009(11):54-56.

③ 李长吉,张雅君.教师的教学反思[J].课程·教材·教法,2006(2):88.

理(体现于教学时间分配、教学内容密度安排、教学过程的条理性、课堂小结等)。

(4)课堂环境创设维度:教师是否创设情境,活跃教学气氛;是否优化教学环境,启迪学生思维;教师能否采取措施,促进学生积极参与课堂教学。

(5)学生参与程度与效度:课堂教学是否体现了学生自主学习与合作学习;学生独立思考的机会是否存在;学习效率是否得到有效保障。

在历史教学设计中,教师要聚焦历史课堂,自主、理性地捕捉课堂中能够引起反思的事件或现象,从上述维度系统地检查与加工,形成更为合理的设计方案。在教学设计中,教师要形成涉及观念与操作的"问题链",即"反思性教学的观念,存在于'我为什么要反思——我什么时候反思——我反思什么——我怎样做就算是反思了'这个问题链中。"[①]反思性教学的操作存在于"'我做了什么——我的做有效吗——我的做自身合理吗——我还能怎样做'这个问题链中。[②]"教学设计要追求教师教学行动的有效性和合理性。比如,教学目标要适当、合理,既不过于艰难或过于轻易,也不要使教学目标偏离课程标准与教学立意,教学目标要充分考虑学生的特点、教学内容的潜力及教学方法的功能。只要教师从上述维度及时反思教学,及时发现与解决问题,其教学行为就会不断趋于有效与理性。

八、历史教学反思的操作性举例

案例1:《美国联邦政府的建立》一课教学反思的设计

本节课的教学活动设计——角色扮演和"政府权力结构"表演都需要在课堂教学中生成,增加了课堂教学中的不可控性。在教学过程中万一碰到不太有表演才能的学生,或者是"唯教材"的回答,情境设置的效果会大打折扣。在合作学习的过程中,可能出现优秀学生大包大揽的现象,无法发挥每个学生的学习积极性和主动性。由于青少年的性格特点,在本课学习中可能会产生一些偏激思想,导致价值观的误导。

在以师生参与学习为主的课堂学习中,对教师的思维敏捷度和应变能力都有很高的要求,而学生的知识储备和经历不同,对同一历史现象的看

① 刘庆昌.反思性教学的两个问题链[J].课程·教材·教法,2006(8):13.

② 刘庆昌.反思性教学的两个问题链[J].课程·教材·教法,2006(8):15.

法和提出问题的层次也会有很大的差异。

本课内容涉及的美国政治制度，由于脱离高一学生的日常生活经验，往往会想当然地感性思考，理解起来有一定的难度，各小组成员可能参与度不一。

针对上述问题，教师要关注不同学生的思维层次，及时捕捉学生的有效信息，尽可能与学生建立良好的课堂互动关系，对角色扮演活动所涉及的美国联邦政府建立的相关内容，要做多种可能性问题预测。对于学生情感态度与价值观方面出现的问题，要以社会主流意识为方向，做有针对性引导。比如，在本课角色扮演活动中，倘若学生过分推崇美国自由、平等的价值观，教师应联系具体的历史背景与条件，阐释美国政治制度的美国特色，并与其他国家做对比，从历史纵深角度矫正学生的盲目崇拜现象。

案例分析：

本课教学反思属于教学设计中的课前反思，主要聚焦课堂教学过程中可能产生的问题，对本课教学活动设计角色扮演与"政府权力结构"表演可能出现的不可控性情况做了预测，并据此对后续可能出现的理解、参与乃至情感态度与价值观问题做了预防性应对设计。本课教学反思并没有面面俱到，而是突出重点，将反思集中于最有可能出现的问题，并寻求原因及制定相应的预防性应对措施。

案例2："南京大屠杀"内容处理的教学反思

我买了两台录像机，普通家庭一台录像机就够用了，我却买了两台。一台录制电视节目，一台用来进行简单对录剪辑。我还买了100多盒空白录像带和一台3 000元的照相机来拍摄教学幻灯片。现在VCD技术媒体出现了，我马上注意到了这个媒体，购买了70多张历史题材的VCD片。1992年，我将自己积累的400多部片和资料馆的2 000多部片，在广州市电化教育馆编制了一套《中国古代、近代、现代历史教学录像片》，共22盒，完成了我多年的夙愿。像"南京大屠杀"，教师是很难去展示这一史实的，我就用纪录片和故事片编制合成了4分钟的录像片。用纪录片去说明"南京大屠杀"的史实性，用故事片去渲染战争的残酷，去再现挣扎的生命。从机枪的扫射到人体靶子，每一个镜头都在呼喊着制止法西斯的残暴，都在呼喊着对生命的热爱。仅仅4分钟，它震撼了学生的心灵，学生流下了眼泪，历史的德育功能也在这4分钟里生效了。为了这4分钟，我整整编辑了4个小时。我曾经在广州音像出版社看到了《马可·波罗行记》电视系列片，共8盒，我马上租了，回家一集一集观看、记录，花了8个多小时，最后才编出了8分钟的教学片。如今，这22盒全套录像片，实现了历史教师按简单程序进行录像教学的要求。

问题：

请问这篇文章片段属于哪种教学反思方法？这种教学反思方法有何特点？

案例分析：

本案例中的教学反思属于课后反思。倘若将教学设计视为连续的过程，并以提升教师专业能力为主旨，课后教学反思能帮助教师反思教学经验，弥补教学不足，并扬长避短，丰富教师本人的教学素养。本案例有关“南京大屠杀”的教学处理，教师多次进行尝试与改善，并最终用制作纪录片、故事叙述的手段，取得了较为满意的效果。

思考题：

(1)如何理解历史课堂教学评价与反思？

(2)历史课堂教学评价的类型与构成要素有哪些？

(3)历史教学反思的维度主要有哪些？

主要参考文献

一、一般教育理论书目

[1]皮连生.教学设计[M].2版.北京:高等教育出版社,2009.

[2]何克抗.教学系统设计[M].北京:北京师范大学出版社,2002.

[3]盛群力,李志强.现代教学设计论[M].杭州:浙江教育出版社,1998.

[4]张祖忻,章伟民,刘美凤.教学设计:原理与应用[M].北京:高等教育出版社,2011.

[5]查尔斯·M.赖格卢斯.教学设计的理论与模型:教学理论的新范式:第2卷[M].裴新宁,郑太年,赵健,译.北京:教育科学出版社,2011.

[6]史密斯,雷根.教学设计[M].6版.庞维国,译.上海:华东师范大学出版社,2008.

[7]R.M.加涅,等.教学设计原理[M].5版.王小明,等译.上海:华东师范大学出版社,2007.

[8]W.迪克,等.系统化教学设计[M].6版.庞维国,译.上海:华东师范大学出版社,2007.

[9]古德,布罗菲.透视课堂[M].陶志琼,等译.北京:中国轻工业出版社,2002.

[10]加里·D.鲍里奇.有效教学方法[M].易东平,译.南京:江苏教育出版社,2002.

[11]理查德·阿兰兹.学会教学[M].6版.丛立新,等译.上海:华东师范大学出版社,2007.

[12]约翰·D.布兰思福特,等.人是如何学习的:扩展版[M].程可拉,等译.上海:华东师范大学出版社,2013.

[13]小威廉姆·E.多尔.后现代课程观[M].王红宇,译.北京:教育科学出版社,2000.
[14]钟启泉.现代课程论[M].上海:上海教育出版社,2003.
[15]廖哲勋,田慧生.课程新论[M].北京:教育科学出版社,2003.
[16]张楚廷.教学论纲[M].北京:高等教育出版社,2001.
[17]张华.课程与教学论[M].上海:上海教育出版社,2001.
[18]李定仁,徐继存.课程论研究二十年[M].北京:人民教育出版社,2004.
[19]高文.现代教学的模式化研究[M].济南:山东教育出版社,2000.

二、历史教育理论书目

[1]何成刚,夏辉辉,等.历史教学设计[M].上海:华东师范大学出版社,2009.
[2]赵克礼,徐赐成.中学历史教材研究与教学设计[M].西安:陕西师范大学出版社,2011.
[3]宾华.中学历史课堂教学设计研究[M].长春:长春出版社,2012.
[4]杜芳,刘汝明.中学历史教学设计与案例研究[M].北京:科学出版社,2013.
[5]袁从秀.中学历史教学设计与案例研究[M].北京:科学出版社,2013.
[6]侯桂红.中学历史教学设计及评价[M].北京:北京师范大学出版社,2016.
[7]孙恭恂.历史教学的艺术与技巧[M].北京:中国地图出版社,1995.
[8]白月桥.历史教学问题探讨[M].北京:教育科学出版社,1997.
[9]赵亚夫.历史课堂的有效教学[M].北京:北京师范大学出版社,2007.
[10]于友西.中学历史教学法[M].3版.北京:高等教育出版社,2009.
[11]叶小兵,姬秉新,李稚勇.历史教育学[M].北京:高等教育出版社,2004.
[12]聂幼犁.历史课程与教学论[M].杭州:浙江教育出版社,2003.
[13]李稚勇.历史教育学新论[M].北京:人民教育出版社,2010.
[14]朱汉国,郑林.新编历史教学论[M].上海:华东师范大学出版社,2008.
[15]黄牧航.历史教学与学业评价[M].广州:广东教育出版社,2005.

[16]朱煜.历史教材学概论[M].上海:人民出版社,1999.
[17]中国教育学会历史教学专业委员会,人民教育出版社历史编辑室.历史课程改革的理论与实践[M].北京:人民教育出版社,2008.
[18]姚锦祥,赵亚夫.历史课程与教学研究[M].南京:南京师范大学出版社,2014.
[19]郑林.中学历史教材分析[M].北京:光明日报出版社,2013.
[20]王德民,赵玉洁.新课程历史怎么教[M].芜湖:安徽师范大学出版社,2013.
[21]亨利·约翰生.历史教学法[M].何炳松,译.上海:上海古籍出版社,2012.
[22]多诺万,等.学生是如何学习的——课堂中的历史[M].张晓光,郑葳,译.桂林:广西师范大学出版社,2011.
[23]特里·海顿,等.历史教学法[M].袁从秀,等译.重庆:重庆大学出版社,2015.